일상 영어에 더한 격식 영어
단어와 표현들

Sebastian Ciszek

Simon Fraser University, Canada. Honor Roll Student. Curriculum Design Concentration
University of Cambridge, CELTA, (Certificate in English Language Teaching to Adults)
Former Lecturer, Dorset College Vancouver, Bundang Campus
Former Principal, Butler Education, Seoul Sangdo Campus
Current Chief Foreign Teacher Lecturer, Kessam English Co., Ltd

케빈 강 (강진호)

美 Illinois State Univ. 언어치료학 최우등 졸업
美 Univ. of Memphis 이중언어 박사과정 1년 수료
美 멤피스 언어청각센터 언어치료사 (Graduate Clinician)
前 강남 이익훈 어학원 영어발음/스피킹 대표 강사 前 스피킹핏 영어 센터 대표강사
現 주식회사 링고애니 대표 現 주식회사 케쌤영어 부원장

저서 〈특허받은 영어발음 & 리스닝〉, 〈영어단어 그림사전〉, 〈미국 영어와 영국 영어를 비교합니다〉,
〈영어 발음은 이런 것이다〉, 〈영어 단어의 결정적 뉘앙스들〉, 〈영어 발음 향상 훈련〉,
〈영어 표현의 결정적 뉘앙스들〉, 〈거의 모든 일상 표현의 영어〉

일상 영어에 더한 격식 영어 단어와 표현들

초판 1쇄 인쇄 | 2025년 11월 25일
초판 1쇄 발행 | 2025년 12월 5일

지은이 | Sebastian Ciszek, 케빈 강

발행인 | 박효상
편집장 | 김현
기획·편집 진행 | 김현

교정·교열 | 최주연
디자인 | 고희선
녹음 제작 | 믹스캠프 스튜디오
콘텐츠 제작 지원 | 이종학(케쌤), 석근혜, 유수빈

마케팅 | 이태호, 이전희
관리 | 김태옥

종이 | 월드페이퍼 인쇄·제본 | 예림인쇄·바인딩

발행처 | 사람in 출판등록 | 제10-1835호

주소 | 04034 서울시 마포구 양화로 11길 14-10 (서교동) 3F
전화 | 02) 338-3555(代) 팩스 | 02) 338-3545
E-mail | saramin@netsgo.com Website | www.saramin.com
인스타그램 | www.instagram.com/saramin_books 블로그 | blog.naver.com/saramcom

ⓒ Sebastian Ciszek, 케빈 강 2025
ISBN | 979-11-7101-198-8 13740

책값은 뒤표지에 있습니다.
파본은 바꾸어 드립니다.

일상 영어에 더한 격식 영어 단어와 표현들

일상 / 영어의 / 격식 / 업그레이드

Sebastian Ciszek, 케빈 강 지음

사람in

저자 서문

When I was first offered the chance to write this book with Kevin, I jumped at the opportunity! The subject intrigued me. English is such a complex language. While the levels of formality are not as widespread as in the Korean language, different levels of formality are indeed needed depending on the context of our conversations and the situations we find ourselves in. I thought this book would open my eyes, and yours, to how complex English can be, but at the same time, how simple it can also be. This book is a product of those possibilities.

As you progress through the chapters, we will start with very simple examples, using one casual word and its equivalent formal counterpart. As the chapters advance, the phrases will become longer and more sophisticated, culminating in Chapter 4, where we delve into maxims. Writing this book was a challenge that opened my eyes to the incredible richness and sophistication of the English language. Ultimately, our goal was to create a book that is both simple and sophisticated, presented in a gentle and logical manner that won't confuse students.

English language learners generally possess a basic understanding of how to speak in simple terms. This book aims to offer you more options—simple alternatives, options that fall somewhere in the middle, and if you truly want to challenge yourself, we provide top-level sentences and scenarios that will elevate your English to a new level.

Writing this book ignited my passion and love for the English language, and I hope it inspires you as well. Remember, learning English is a process. It's something that we measure in millimeters rather than meters. Every page you read and study is a small step forward. By the time you finish this book, we hope you will have gained a rich and deep understanding of the nuances of English. I always tell my students that time is your best teacher. Be patient. Give yourself time to develop your language skills. With this mindset and attitude, you will go far!

Sebastian Ciszek

언어는 사고의 깊이를 드러내는 가장 정직한 표현입니다. 같은 뜻이라도 어떤 단어를 고르는가에 따라 말의 온도와 품격이 달라지죠. 〈일상 영어에 대한 격식 영어 단어와 표현들〉은 단순히 "어려운 단어를 많이 아는 법"을 알려 드리지 않습니다. 이 책의 목적은, 말 한마디가 주는 인상 속에서 지성, 품위, 균형감 있는 어휘 선택의 감각을 키우는 것입니다.

영어에는 뉘앙스 층이 존재합니다. "cool", "awesome", "sweet"처럼 가볍고 자연스러운 일상어가 있는가 하면, 비슷한 의미라 하더라도 "captivating", "remarkable", "delightful"처럼 한층 세련되고 격조 높은 표현도 있습니다. 그러나 그 차이는 단순히 '어렵다'와 '쉽다'의 구분이 아니라, 맥락과 태도의 문제입니다. 이 책은 그 미묘한 경계를 감각적으로 익히게 설계되었습니다. 본문은 '일상 영어(casual)'와 '격식 영어(formal)'가 나란히 제시되어, 독자는 이를 비교하며 읽는 과정에서 상황에 따라 단어의 격을 조절하는 법을 자연스럽게 배우게 됩니다.

모든 단어는 예문과 함께 제시되며, 문맥 안에서 실제로 어떻게 쓰이는지를 보여 줍니다. 단순한 뜻풀이가 아니라, 어휘가 전달하는 분위기, 태도, 인상까지 함께 체험하는 학습이 이 책의 핵심입니다. 각 예문은 원어민이 자연스럽게 구사하는 리듬과 어조를 고려해 구성되었으며, 소리 내어 읽으며 단어의 어감과 문장의 격식의 차이를 느껴 보면 좋습니다. 또 각 표현마다 의미는 비슷하지만 뉘앙스가 살짝 다른 유사 표현들이 함께 정리되어 있어, 하나의 단어를 중심으로 어휘의 폭을 확장할 수 있습니다.

이 책은 시험 대비용 교재가 아닙니다. 이 책은 영어를 사고와 품격의 언어로 다루고 싶은 이들을 위한 길잡이입니다. 이메일 한 줄, 발표에서 말한 한 문장, 인터뷰 답변 한마디 속 단어의 선택이 인상을 결정합니다. 이 책이 그 선택의 순간마다 세련된 균형감을 선물하기를 바랍니다. 언어는 단순한 소통의 도구가 아니라, 말하는 이의 지성을 드러내는 목소리이자 품격의 상징이니까요.

Speak with clarity. Write with elegance. Think with language.

케빈 강

이 책의 구성과 특징

1 ── 독자의 니즈를 캐치한 바이링구얼 전문가와 원어민의 결합

어느 정도 영어가 되는 학습자는 자신의 영어가 원어민에게 너무 가볍게 들리지는 않을까 고민합니다. 그렇지만 비원어민인 학습자가 어떤 표현이 가볍고 캐주얼한 느낌을 주고, 어떤 것이 격식을 차린 느낌을 주는지 판별하기는 힘듭니다. 그래서 이런 뉘앙스 구별에 예민한 원어민과 한국어·영어를 자유자재로 활용하는 바일링구얼 전문가가 의기투합했습니다. 본 마음은 그렇지 않은데, 불필요한 오해를 불러일으킬까 걱정하는 학습자의 마음에 공감합니다.

2 ── 단어 – 표현 – 이디엄 – 격언으로 이어지는 점진적인 전개

같은 의미지만 한국어도 어떤 단어를 쓰느냐, 어떤 표현을 쓰느냐에 따라 사람의 인상이 달라지듯, 영어 역시 단어 하나가 화자의 인상을 바꿉니다. 〈일상 영어에 대한 격식 영어 단어와 표현들〉에서는 일상에서 많이 쓰는 단어/표현/이디엄을 뽑아, 그것의 정체(캐주얼/포멀)를 드러내고 해당하는 상대 표현(캐주얼/포멀)을 알려 줍니다. 참고로, 격언은 그 자체가 격식 표현이기에 상대 표현은 제시되지 않습니다.

3 ── 언어적 배경이 확장되는 설명과 예문

단순한 의미를 넘어, 해당 표현의 유래와 현재의 쓰임, 원어민들이 느끼는 감정 등을 세세히 설명하여 학습자의 배경 지식을 확장합니다. 여기에 뉘앙스의 차이가 바로 느껴지는 예문으로 이해를 돕습니다.

4 ── 어휘의 폭을 넓히는 유사어 제시

각 단어/표현마다 유사어가 함께 제시되어, 어휘 폭을 확장할 수 있습니다. 때에 따라서는 비슷한 단어들이 재차 등장해 반복 학습이 가능하며, 이렇게 반복하기에 기억이 오래 갑니다.

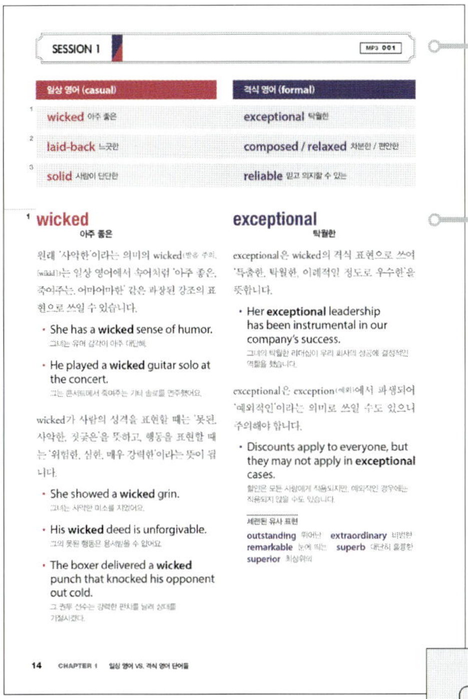

SESSION 1 MP3 001

일상 영어 (casual)	격식 영어 (formal)
1 wicked 아주 좋은	exceptional 탁월한
2 laid-back 느긋한	composed / relaxed 차분한 / 편안한
3 solid 사람이 단단한	reliable 믿고 의지할 수 있는

1 **wicked** 아주 좋은

원래 '사악한'이라는 의미의 wicked(발음 주의, [wikid])는 일상 영어에서 속어처럼 '아주 좋은, 죽여주는, 어마어마한' 같은 과장된 강조의 표현으로 쓰일 수 있습니다.

- She has a **wicked** sense of humor.
  그녀는 유머 감각이 아주 대단해.
- He played a **wicked** guitar solo at the concert.
  그는 콘서트에서 죽여주는 기타 솔로를 연주했어요.

wicked가 사람의 성격을 표현할 때는 '못된, 사악한, 짓궂은'을 뜻하고, 행동을 표현할 때는 '위험한, 심한, 매우 강력한'이라는 뜻이 됩니다.

- She showed a **wicked** grin.
  그녀는 사악한 미소를 지었어요.
- His **wicked** deed is unforgivable.
  그의 못된 행동은 용서받을 수 없어요.
- The boxer delivered a **wicked** punch that knocked his opponent out cold.
  그 권투 선수는 강력한 펀치를 날려 상대를 기절시켰다.

exceptional 탁월한

exceptional은 wicked의 격식 표현으로 쓰여 '특출한, 탁월한, 이례적인 정도로 우수한'을 뜻합니다.

- Her **exceptional** leadership has been instrumental in our company's success.
  그녀의 탁월한 리더십이 우리 회사의 성공에 결정적인 역할을 했습니다.

exceptional은 exception(예외)에서 파생되어 '예외적인'이라는 의미로 쓰일 수도 있으니 주의해야 합니다.

- Discounts apply to everyone, but they may not apply in **exceptional** cases.
  할인은 모든 사람에게 적용되지만, 예외적인 경우에는 적용되지 않을 수도 있습니다.

세련된 유사 표현

outstanding 뛰어난 extraordinary 비범한
remarkable 눈에 띄는 superb 대단히 훌륭한
superior 최상위의

14 CHAPTER 1 일상 영어 VS. 격식 영어 단어들

음원 파일을 들으면서 원어민이 자연스럽게 구사하는 리듬과 어조를 확인해 보세요.

본문 전체가 일상 영어는 붉은색으로, 격식 영어는 푸른색으로 1대 1 대응되어 있어, 일상 영어와 격식 영어를 바로 인식할 수 있습니다.

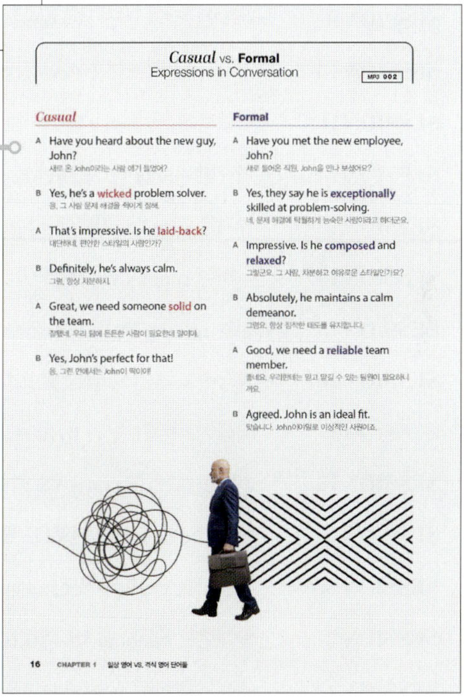

Casual vs. **Formal**
Expressions in Conversation MP3 002

Casual

A Have you heard about the new guy, John?
새로 온 John이라는 사람 얘기 들었어?

B Yes, he's a **wicked** problem solver.
응, 그 사람 문제 해결을 죽이게 잘해.

A That's impressive. Is he **laid-back**?
대단하네. 편안한 스타일의 사람인가?

B Definitely, he's always calm.
그럼, 항상 차분하지.

A Great, we need someone **solid** on the team.
잘됐네. 우리 팀에 든든한 사람이 필요한데 말이야.

B Yes, John's perfect for that!
응, 그런 면에서는 John이 딱이야!

Formal

A Have you met the new employee, John?
새로 들어온 직원, John을 만나 보셨어요?

B Yes, they say he is **exceptionally** skilled at problem-solving.
네, 문제 해결에 탁월하게 능숙한 사람이라고 하더군요.

A Impressive. Is he **composed** and **relaxed**?
그렇군요. 그 사람, 차분하고 여유로운 스타일인가요?

B Absolutely, he maintains a calm demeanor.
그럼요. 항상 침착한 태도를 유지합니다.

A Good, we need a **reliable** team member.
좋네요. 우리한테는 믿고 맡길 수 있는 팀원이 필요하니까요.

B Agreed. John is an ideal fit.
맞습니다. John이야말로 이상적인 사원이죠.

16 CHAPTER 1 일상 영어 VS. 격식 영어 단어들

앞서 배운 일상 영어와 격식 영어가 모두 들어간 회화 지문입니다. 같은 내용이지만(상황에 따라서 다른 내용이 제시되기도 합니다), 일상 영어로 활용할 때와 격식 영어로 활용할 때의 느낌이 어떻게 다른지 확인해 보세요.

왼쪽의 QR코드를 스캔하시고 '바로듣기'를 탭하세요. 해당 도서의 음원을 바로 들으실 수 있습니다. 반복 재생과 속도 조절도 가능합니다.

차례

저자 서문 … 4
이 책의 구성과 특징 … 6

CHAPTER 1 일상 영어 VS. 격식 영어 단어들

SESSION 1	느긋한 laid-back VS. 차분한 / 편안한 relaxed	14
SESSION 2	화사한, 아주 멋진 snazzy VS. 세련된 stylish	17
SESSION 3	끝내주는 cool VS. 마음을 사로잡는 captivating	20
SESSION 4	(~에) 꽂힌 hooked VS. 몰두하는, 전념하는 engrossed	24
SESSION 5	완전 멋진 rad VS. 눈에 띄는, 돋보이는, 뛰어난 remarkable	27
SESSION 6	흥미진진한 lit VS. 주목할 만한 notable	30
SESSION 7	(상대방을 부를 때) 자기야 babe VS. 여보, 당신, 그대 dear	33
SESSION 8	짜릿한 electrifying VS. 매혹적인 mesmerizing	36
SESSION 9	대박인, 정말 멋진 awesome VS. 매우 인상적인 stunning	39
SESSION 10	과시하는, 으스대는 flexing VS. 자랑하는, 전시하는 showcasing	42
SESSION 11	느긋하게 있다 chill VS. 침착한 상태를 유지하다 remain composed	45
SESSION 12	기발한 quirky VS. 독특한 eccentric	48
SESSION 13	즐거운 jolly VS. 기쁨에 찬 joyous	51
SESSION 14	씩씩한 spunky VS. 열정적이고 활기찬 spirited	54
SESSION 15	튀는 splashy VS. 도드라진 showy	57
SESSION 16	당당한 sassy VS. 배짱 있고 대담한 audacious	60
SESSION 17	배꼽이 빠지게 웃긴 hysterical VS. 즐거움을 주는 entertaining	63
SESSION 18	기발한, 교활한 crafty VS. 능숙한 skillful	66
SESSION 19	화려한 glitzy VS. 웅장하고 호화로운 grandiose	69
SESSION 20	쩌는 sick VS. 아주 멋진 splendid	72
SESSION 21	끝내주는 banging VS. 짜릿한 exciting	75
SESSION 22	레전드를 찍은 legendary VS. 경이로운 phenomenal	78
TIP	비격식 줄임말 표현 VS. 격식 영어 표현	81

CHAPTER 2 　일상 영어 VS. 격식 영어 표현들

SESSION 1	별일 없어? What's up? VS. 어떻게 지내세요? How are you?	84
SESSION 2	별일 아니야. No biggie. VS. 큰 문제는 아닙니다. It is not a significant issue.	87
SESSION 3	정말 별로야. It sucks. VS. 만족스럽지 않아요. It is not satisfactory.	90
SESSION 4	미쳤네. That's nuts. VS. 정말 놀랍네요. That is quite surprising.	93
SESSION 5	껌이네. It's a piece of cake. VS. 꽤 쉽습니다. It is quite easy.	96
SESSION 6	전화할게. I'll give you a ring. VS. 전화로 연락드리겠습니다. I will contact you via telephone.	99
SESSION 7	못 참겠어. I can't stand it. VS. 용납이 안 되는데요. I find it intolerable.	102
SESSION 8	망쳤어. I blew it. VS. 성공하지 못했습니다. I did not succeed.	105
SESSION 9	관두자. Let's call it quits. VS. 저희는 이것을 끝내야 합니다. We should end this.	108
SESSION 10	말도 안 돼! Get out of here! VS. ~를 믿기 어렵군요 I find it hard to believe that ~	111
SESSION 11	그만해. Cut it out. VS. 그런 행동은 자제해 주세요. Please stop that behavior.	114
SESSION 12	꺼져. Beat it. VS. 즉시 떠나 주세요. Leave immediately.	117
SESSION 13	그냥 농담이야. Just kidding. VS. 그냥 농담한 것뿐입니다. I was merely making a joke.	120
SESSION 14	완전 바가지야! What a rip-off! VS. 그 가격만큼의 가치가 없어요. That is not worth the price.	123
SESSION 15	망쳤어. I flunked. VS. 통과하지 못했습니다. I did not pass.	126
SESSION 16	얼른 가자. Let's split. VS. 이제 그만 가야겠습니다. We should leave now.	129
SESSION 17	유감이야. Sorry. VS. 그것 참 안타깝군요. That is unfortunate.	132
SESSION 18	오늘은 여기까지 하자. Let's call it a day. VS. 오늘 활동은 여기서 마무리합시다. Let's conclude our activities for the day.	135
SESSION 19	이해했어. I get it. VS. 완전히 이해했습니다. I understand completely.	138
SESSION 20	공짜야. It's on the house. VS. 비용이 부과되지 않습니다. There will be no charge for it.	141
TIP	일상 대화에서 자주 쓰이는 줄임말 표현들	144

CHAPTER 3 구어체 이디엄 VS. 격식 영어 표현

SESSION 1	너 헛다리 짚었어. VS. 상황을 잘못 이해하고 계신 것 같습니다	148
SESSION 2	그녀가 죽었어. VS. 그녀가 안타깝게도 돌아가셨습니다.	152
SESSION 3	그건 내 취향 아닌데. VS. 제 취향에는 맞지 않습니다.	156
SESSION 4	도저히 모르겠어. VS. 상당히 혼란스럽습니다.	160
SESSION 5	비가 억수같이 와. VS. 비가 꽤 많이 내리고 있어요.	164
SESSION 6	본론만 말해. VS. 요점으로 바로 들어가 주세요.	168
SESSION 7	그들은 찰떡 궁합이야. VS. 그들은 성격이나 행동 면에서 매우 비슷합니다.	172
SESSION 8	그는 완전히 맛이 갔어. VS. 그의 행동이 과해/비이성적으로 보입니다.	176
SESSION 9	불난 집에 부채질하네. VS. 안 그래도 어려운 상황을 당신이 더 악화시키고 있어요.	180
SESSION 10	미정이야. VS. 여전히 불확실합니다.	184
SESSION 11	애써 볼게. VS. 열심히 노력하겠습니다.	188
SESSION 12	피는 못 속이네. VS. 부전자전. / 모전여전.	192
SESSION 13	지금 너 감당하기 힘든 벅찬 상황이구나. VS. 복잡하고 파악하기 어려운 난관에 처해 있군요.	196
SESSION 14	우리는 한 배를 탄 거지. VS. 우리는 비슷한 상황입니다.	200
SESSION 15	따 놓은 당상이야. VS. 성공은 사실상 보장된 것이나 다름없습니다.	204
SESSION 16	정곡을 찔렀네. VS. 하신 말씀이/행동이 정확히 옳습니다.	208
SESSION 17	그들은 서로 화해했어. VS. 그들은 분쟁을 끝내기로 했습니다.	212
SESSION 18	배가 출출한데. VS. 지금 꽤 허기가 집니다.	216
SESSION 19	새 발의 피야. VS. 큰 전체에서 극히 일부분입니다.	220
SESSION 20	우리 큰일났어. VS. 저희는 어려운 상황에 처해 있어요.	224
TIP	비격식 감탄사 VS. 격식 표현	228
TIP	세련된 인상을 주는 짧은 반응 표현	229

CHAPTER 4   원어민이 가장 많이 쓰는 격언 표현 60

SESSION 0	왜 격언을 사용할까?	232
SESSION 1	'행동과 노력의 가치' 관련 격언들	234
SESSION 2	'지혜와 협력' 관련 격언들	236
SESSION 3	'성공과 인내' 관련 격언들	238
SESSION 4	'관점과 현실' 관련 격언들	240
SESSION 5	'리스크 관리와 선택' 관련 격언들	242
SESSION 6	'관계와 가치관' 관련 격언들	244
SESSION 7	'삶의 교훈과 회복' 관련 격언들	246
SESSION 8	'한계와 책임' 관련 격언들	248
SESSION 9	'타이밍과 신중함' 관련 격언들	250
SESSION 10	'인식과 현실' 관련 격언들	252
SESSION 11	'겉과 속의 판단' 관련 격언들	254
SESSION 12	'효율과 끝맺음' 관련 격언들	256
SESSION 13	'인간관계와 통찰' 관련 격언들	258
SESSION 14	'선택의 딜레마와 현실 직시' 관련 격언들	260
SESSION 15	'건강, 희생, 그리고 합리적인 선택' 관련 격언들	262
SESSION 16	'기회 포착과 위로의 심리' 관련 격언들	264
SESSION 17	'용서, 화해, 그리고 인연' 관련 격언들	266
SESSION 18	'긍정적인 자세와 문제 극복' 관련 격언들	268
SESSION 19	'전략적 지혜와 끈기' 관련 격언들	270
SESSION 20	'가치의 재발견과 과정의 중요성' 관련 격언들	272

INDEX	274

CHAPTER 1
일상 영어 VS. 격식 영어 단어들

 왼쪽의 QR코드를 스캔하시고 '바로듣기'를 탭하세요. 해당 도서의 음원을 바로 들으실 수 있습니다. 반복 재생과 속도 조절도 가능합니다.

SESSION 1

MP3 001

일상 영어 (casual)	격식 영어 (formal)
1 **wicked** 아주 좋은	**exceptional** 탁월한
2 **laid-back** 느긋한	**composed / relaxed** 차분한 / 편안한
3 **solid** 사람이 단단한	**reliable** 믿고 의지할 수 있는

1 wicked
아주 좋은

원래 '사악한'이라는 의미의 wicked(발음 주의, [wíkid])는 일상 영어에서 속어처럼 '아주 좋은, 죽여주는, 어마어마한' 같은 과장된 강조의 표현으로 쓰일 수 있습니다.

- She has a **wicked** sense of humor.
  그녀는 유머 감각이 아주 대단해.

- He played a **wicked** guitar solo at the concert.
  그는 콘서트에서 죽여주는 기타 솔로를 연주했어요.

wicked가 사람의 성격을 표현할 때는 '못된, 사악한, 짓궂은'을 뜻하고, 행동을 표현할 때는 '위험한, 심한, 매우 강력한'이라는 뜻이 됩니다.

- She showed a **wicked** grin.
  그녀는 사악한 미소를 지었어요.

- His **wicked** deed is unforgivable.
  그의 못된 행동은 용서받을 수 없어요.

- The boxer delivered a **wicked** punch that knocked his opponent out cold.
  그 권투 선수는 강력한 펀치를 날려 상대를 기절시켰다.

exceptional
탁월한

exceptional은 wicked의 격식 표현으로 쓰여 '특출한, 탁월한, 이례적일 정도로 우수한'을 뜻합니다.

- Her **exceptional** leadership has been instrumental in our company's success.
  그녀의 탁월한 리더십이 우리 회사의 성공에 결정적인 역할을 했습니다.

exceptional은 exception(예외)에서 파생되어 '예외적인'이라는 의미로 쓰일 수도 있으니 주의해야 합니다.

- Discounts apply to everyone, but they may not apply in **exceptional** cases.
  할인은 모든 사람에게 적용되지만, 예외적인 경우에는 적용되지 않을 수도 있습니다.

세련된 유사 표현

outstanding 뛰어난 **extraordinary** 비범한
remarkable 눈에 띄는 **superb** 대단히 훌륭한
superior 최상위의

---

14 CHAPTER 1 일상 영어 vs. 격식 영어 단어들

laid-back
느긋한

laid-back은 등을 대고 누운 느긋한 자세로 있는 것에서 유래된 표현으로, '느긋한, 태평한, 편안한, 여유 넘치는'을 뜻합니다.

- Her **laid-back** attitude makes her easy to work with.
  그녀의 편안한 태도 덕분에 함께 일하기가 용이해요.

- We enjoyed a **laid-back** weekend at the beach.
  우리는 해변에서 여유로운 주말을 보냈어.

비격식 유사 표현
easygoing 느긋한   **chill** 차분한

composed / relaxed
차분한 / 편안한

composed와 relaxed는 laid-back의 격식 표현인데, composed는 여유로운 성격을 표현하여 '차분한, 침착한(= calm)'을 뜻하고, relaxed는 여유로운 태도를 표현하여 '편안한, 느긋한'을 뜻합니다.

- He remained **composed** when he received unexpected news.
  예상치 못한 소식을 들었을 때 그는 차분함을 유지했습니다.

- She felt **relaxed** watching movies at home.
  그녀는 집에서 영화를 보며 편안함을 느꼈어요.

solid
사람이 단단한

solid의 기본 의미는 '고체의, 단단한, 확고한'입니다. 여기서 뜻이 확장되어 일상 영어에서 사람의 성향을 표현할 때 '굳건한, 단단한, 믿을 수 있는'의 의미로 쓰입니다.

- This table is made of **solid** wood, so it's quite heavy.
  이 테이블은 튼튼한 원목으로 만들어져서 상당히 무거워요.

- She is a **solid** friend of mine, so you can trust her.
  그녀는 제 친구 중 믿을 수 있는 친구이니 믿어도 돼요.

reliable
믿고 의지할 수 있는

reliable은 solid의 격조 높은 표현으로, '믿고 의지할 수 있는'을 뜻합니다.

- She is the most **reliable** person I know; she always keeps her promises.
  그녀는 제가 아는 사람 중 가장 신뢰할 수 있는 사람입니다. 항상 자기가 한 약속을 지키죠.

- Her work is always **reliable**, so she's valued highly in our team.
  그녀가 하는 작업은 항상 믿을 수 있어서, 그녀는 우리 팀에서 매우 가치 높은 사람으로 여겨집니다.

세련된 유사 표현
dependable 신뢰할 수 있는
trustworthy 믿을 수 있는
steadfast 확고한   **stalwart** 충실한

Casual vs. Formal
Expressions in Conversation

MP3 002

Casual

A Have you heard about the new guy, John?
새로 온 John이라는 사람 얘기 들었어?

B Yes, he's a **wicked** problem solver.
응, 그 사람 문제 해결을 죽이게 잘해.

A That's impressive. Is he **laid-back**?
대단하네, 편안한 스타일의 사람인가?

B Definitely, he's always calm.
그럼, 항상 차분하지.

A Great, we need someone **solid** on the team.
잘됐네. 우리 팀에 든든한 사람이 필요한데 말이야.

B Yes, John's perfect for that!
응, 그런 면에서는 John이 딱이야!

Formal

A Have you met the new employee, John?
새로 들어온 직원, John을 만나 보셨어요?

B Yes, they say he is **exceptionally** skilled at problem-solving.
네, 문제 해결에 탁월하게 능숙한 사람이라고 하더군요.

A Impressive. Is he **composed** and **relaxed**?
그렇군요. 그 사람, 차분하고 여유로운 스타일인가요?

B Absolutely, he maintains a calm demeanor.
그럼요. 항상 침착한 태도를 유지합니다.

A Good, we need a **reliable** team member.
좋네요. 우리한테는 믿고 맡길 수 있는 팀원이 필요하니까요.

B Agreed. John is an ideal fit.
맞습니다. John이야말로 이상적인 사원이죠.

SESSION 2

일상 영어 (casual)	격식 영어 (formal)
1 **neat** 깔끔한, 잘 정리된	**meticulous** 꼼꼼한, 세심한
2 **snazzy** 화사한, 아주 멋진	**stylish** 세련된
3 **yummy** 맛난	**delectable** 매우 맛있는

neat
깔끔한, 잘 정리된

neat의 기본적인 의미는 '깔끔한'입니다. 그래서 사람의 성격을 표현할 때는 '단정한, 말쑥한'을 뜻하며 특정한 공간을 표현할 때는 '잘 정리된, 청결한'의 뜻이기도 합니다. 또 neat가 특정한 대상을 표현할 때는 cool과 동일한 의미의 비격식 표현으로 쓰여서 '훌륭한, 멋진, 아주 좋은'을 의미하기도 합니다.

- He is so **neat**; his clothes and appearance are always perfect.
  그는 매우 깔끔해서 옷차림과 외모가 항상 완벽해.

- This room is so **neat** and tidy.
  이 방은 아주 깔끔하고 정돈되어 있다.

- She showed me her new cellphone; it's really **neat**!
  그녀가 내게 새 휴대폰을 보여줬는데 정말 멋져요!

meticulous
꼼꼼한, 세심한

meticulous는 '꼼꼼한, 세심한'을 뜻합니다. neat는 깨끗하고 잘 정돈되어 있음을 뜻할 뿐 그것을 위해서 세부적인 노력을 기울였는지까지는 알 수 없어요. 하지만 meticulous는 '노력을 통해서 매우 세부적으로 정밀하게 진행해 나가는' 것을 뜻하기 때문에 neat보다 진중한 상황에서 쓸 수 있습니다.

- She was **meticulous** in her planning, ensuring every detail was accounted for in the event schedule.
  그녀는 계획을 세울 때 꼼꼼히 신경을 써서 행사 일정에 모든 세부 사항이 고려되도록 했습니다.

- The restoration work on the antique furniture was **meticulous**, preserving its original beauty.
  골동품 가구의 복원 작업은 본연의 아름다움을 보존하도록 매우 세심하게 진행되었습니다.

세련된 유사 표현

thorough 철저한   **precise** 정밀한
careful 주의 깊은
scrupulous 세심한, 양심적인   **detailed** 상세한

2 snazzy
화사한, 아주 멋진

비격식 표현으로 밝고 화려한 색상과 대담한 디자인을 묘사할 때 쓰여 '화사한, 아주 멋진'을 뜻합니다. snazzy는 단순히 화사함과 거기에서 비롯된 세련됨을 뜻할 뿐, 누구나 보편적으로 그렇다고 느끼는지는 알 수 없습니다.

- He wore a **snazzy** suit to the party that really made him stand out.
  그는 파티에서 아주 멋진 정장을 입었는데 정말 돋보였어요.

- Her living room is **snazzy**, with modern furniture and bright colors everywhere.
  그녀의 거실은 현대적인 가구에다 어디든 밝은 색상이라 화사하답니다.

비격식 유사 표현
cool 멋진 **fancy** 화려한 **flashy** 휘황찬란한
slick 세련된, 매끈한

stylish
세련된

'세련된, 패션 감각이 좋은'이라는 의미입니다. stylish는 대상의 패션이 보편적으로 인정받는 우아함과 정교함을 지니고 있음을 뜻하므로, snazzy보다는 객관적이고 진지한 태도로 '세련되었다'고 표현할 때 씁니다.

- She always looks **stylish**, no matter the occasion, with her perfectly tailored outfits.
  그녀는 어떤 자리에서든 분위기에 완벽하게 맞는 의상을 입어서 항상 세련되어 보입니다.

- The café was redesigned into a **stylish** space, featuring minimalist décor and soft lighting.
  카페는 최소한의 절제된 장식과 부드러운 조명이 특징인 스타일리시한 공간으로 재디자인되었습니다.

세련된 유사 표현
elegant 우아한 **chic** 시크한, 유행에 민감한
sophisticated 정교한 **fashionable** 유행하는
trendy 트렌디한, 유행을 잘 따르는

3 yummy
맛난

yummy는 비격식 표현으로 '맛난, 맛있는'을 뜻하며, 맛이 좋다고 할 때 특히 어린 아이들이 자주 쓰는 표현입니다.

- The homemade cookies she brought to the party were really **yummy**.
  그녀가 파티에 가져온 수제 쿠키는 정말 맛있었어요.

비격식 유사 표현
mouth-watering 군침 돌게 하는
scrumptious 겁나게 맛있는

* 비격식·격식 모든 상황에서
tasty 맛있는 **delicious** 아주 맛있는
appetizing 식욕을 돋우는

delectable
매우 맛있는

맛있음을 나타내는 고급스러운 표현으로, 주로 공을 많이 들인 미식 요리나 유별나게 맛있는 음식을 설명할 때 씁니다.

- The chef prepared a **delectable** seafood platter that impressed all the guests at the dinner.
  요리사는 맛이 훌륭한 해산물 모둠 요리를 준비해 저녁 식사에 참석한 모든 손님들을 감동시켰습니다.

세련된 유사 표현
savory 풍미 있는, 맛이 풍부한
palatable 구미 당기는, 맛이 괜찮은

Casual vs. **Formal**
Expressions in Conversation

MP3 004

Casual

A Have you seen Sarah's new place?
Sarah의 새집 봤어?

B Yes, it's so **neat** and organized.
응. 정말 깔끔하고 잘 정돈되어 있더라.

A And her living room?
거실은?

B It's **snazzy** with a lot of vibrant colors. Plus, she made some **yummy** snacks for us to enjoy.
색감이 화사하고 멋지던데. 게다가 맛있는 간식도 준비해 줬어.

A I can't wait to visit her place!
정말 가 보고 싶다!

Formal

A Have you had the opportunity to visit Sarah's new apartment?
Sarah의 새 아파트에 가 볼 기회가 있었습니까?

B Certainly, it is **meticulously** organized and maintained.
네, 매우 꼼꼼하게 정리되어 있고 잘 관리하고 있더군요.

A What is the living space like?
거실은 어떤가요?

B It emanates sophistication with its **stylishness**. Additionally, she prepared some **delectable** hors d'oeuvres for our enjoyment.
스타일리시하고, 세련됨이 돋보이더군요. 게다가 우리가 즐길 수 있게 맛있는 전채 요리도 준비해 주었고요.

A I eagerly anticipate experiencing her residence firsthand.
그녀의 거주지를 직접 경험해 보기를 간절히 기대해 봐야겠군요.

B It is definitely going to be a joyous affair!
분명히 즐거운 자리가 될 겁니다!

* **Hors d'oeuvres** 오르되브르, 전채
프랑스어에서 유래된 표현으로 영국에서 주로 쓰이며 미국에서는 appetizer, starter라고 함. 보통 본격적인 식사가 시작되기 전에 제공되는 간단한 핑거푸드, 카나페, 미니 샌드위치, 올리브, 치즈, 작은 해산물 요리 등이 포함될 수 있다. 식탁에서 정식으로 제공되는 전채 요리뿐만 아니라, 리셉션이나 칵테일 파티에서 서빙되는 가벼운 안주류까지 포함하는 넓은 개념이다.

SESSION 3

MP3 005

일상 영어 (casual)	격식 영어 (formal)
1 **catch** 보러 가다, 참여하다	**be present** 참석하다, 출석하다
2 **epic** 대박인	**extraordinary** 대단한
3 **cool** 끝내주는	**captivating** 마음을 사로잡는

1 catch
보러 가다, 참여하다

catch의 기본 의미는 '어떠한 대상을 잡다'인데, 여기서 확장되어 '감을 잡다(이해하다), 받다(얻다), 발견[목격]하다' 등의 뜻으로 쓰입니다.

- Can you **catch** the ball when I throw it to you?
  내가 너한테 공을 던지면 잡을 수 있어?

- I didn't **catch** what he said because of the noise.
  소음 때문에 그가 무슨 말을 했는지 이해하지 못했어.

- I **caught** the man smoking in the bathroom.
  나는 그 남자가 화장실에서 담배 피우는 걸 목격했어요.

일상 영어에서 catch는 '보러 가다(see), 참여하다(join)'의 의미로도 쓰일 수 있다는 점을 기억하세요.

- We could **catch** a movie after finishing our homework.
  우리는 숙제 다 끝내고 나서 영화를 볼 수도 있어.

- They managed to **catch** the last tour of the day.
  그들은 오늘의 마지막 투어에 겨우 참여할 수 있었어요.

be present
참석하다, 출석하다

be present는 '보러 가다, 참여하다'는 의미의 catch보다 격식 표현으로, 단순히 그 자리에 존재했다는 것을 의미하여 '참석하다, 출석하다, 참여하다' 등의 뜻으로 쓰입니다. 참고로 present에는 '참석한'이라는 의미 외에도 '현재; 현재의; 선물; 주다, 제출하다, 보여 주다, 나타내다, (격식) 출석하다' 등 다양한 의미가 있으니 맥락을 잘 살펴 이해해야 합니다.

- She was **present** at the ceremony to receive her award.
  그녀는 상을 받기 위해 시상식에 참석했습니다.

- The suspect could not be **present** at the trial due to illness.
  피의자는 질병으로 인해 재판에 출석할 수 없었습니다.

세련된 유사 표현
attend (공식적으로) 참석하다
participate (능동적으로) 참여하다
appear 출현하다, 출연하다, (법정에) 출두하다
show up 나타나다, 모습을 드러내다

epic
대박인

epic은 기본적으로 '서사시, 서사 영화; 서사 시적인'을 뜻하며, 오랜 시간에 걸쳐 일어나는, 많은 어려움을 동반하는 장대한 이야기나 사건을 표현할 때 쓰입니다.

- The ancient poem is an **epic** tale that tells the saga of its heroic character and his battles.
  그 고대 시는 영웅적인 주인공과 그의 전투를 서술한 서사시이다.

- Climbing Mount Everest is an **epic** journey that challenges even the most experienced mountaineers.
  에베레스트산을 등반하는 것은 가장 경험 많은 산악인에게도 도전이 필요한 서사적인 여행이다.

일상 영어에서는 서사적이고 드라마틱한 상황을 강조하는 의미로 쓰여 '어마어마한, 기가 막히는, 레전드인, 대박인'의 뜻으로 쓰일 수 있습니다.

- The game-winning shot at the buzzer was **epic**! The whole crowd went wild.
  경기 종료 안내음이 울릴 때 성공한 그 결정적인 슛은 레전드였어! 모든 관중들이 열광했지.

- The concert last night was **epic**! The band played for three hours straight.
  어젯밤 콘서트는 정말 대박이었어! 밴드가 3시간 동안 쉬지 않고 연주했거든.

extraordinary
대단한

extraordinary는 extra(추가의)와 ordinary(평범한)가 합쳐져서 '평범함을 넘어서는', 즉 '보기 드문, 비범한, 기이한, 대단한' 등의 의미로 쓰이는 격식 표현입니다.

- The scientist made an **extraordinary** discovery that changed the field of genetics.
  그 과학자는 유전학 분야를 변화시키는 대단한 발견을 했습니다.

- She has an **extraordinary** ability to solve complex mathematical problems quickly.
  그녀는 복잡한 수학 문제를 빠르게 풀어내는 비범한 능력이 있습니다.

세련된 유사 표현
remarkable 놀라운, 괄목할 만한
exceptional 예외적인, 특출한
phenomenal 경이로운
incredible 믿을 수 없는
outstanding 두드러진, 탁월한
prominent 특출한, 현저한
marvelous 환상적인, 기적 같은
spectacular 장관인 **magnificent** 웅장한

3 cool
끝내주는

cool의 기본 의미는 '시원한, 서늘한; 식다, 식히다'입니다. 여기서 의미가 확장되어 '차분한, 침착한, 냉담한'의 뜻으로 쓰이기도 합니다.

- After hours in the summer heat, diving into the **cool** pool was very refreshing.
  여름 더위 속에서 몇 시간을 보낸 후, 시원한 수영장에 뛰어드니 매우 상쾌했어요.

- He remained **cool** during the heated debates.
  그는 격렬한 토론이 진행되는 동안에도 침착함을 유지했어요.

비격식 표현으로 쓰이는 cool은 '멋진, 끝내주는'을 뜻하며, 트렌디하고 매력적이거나 인상적인 분위기를 풍기는 사람·사물·상황에 모두 쓸 수 있어요. 그래서 영어권 화자의 일상생활에서 활용 빈도가 매우 높은 표현입니다.

- Your new phone looks really **cool**; I love the design!
  네 새 휴대폰 정말 멋지다. 디자인이 아주 맘에 들어!

또한 cool은 제안에 대한 긍정적인 대답으로 '좋아'의 의미로 쓰일 수도 있습니다.

- A Do you want to go see a movie tonight?
  오늘 밤에 영화 보러 갈래?
- B **Cool**, let's do it!
  좋아, 그렇게 하자!

captivating
마음을 사로잡는

captivating은 cool보다 격식 표현으로 쓰여 '매혹적인, 마음을 사로잡는'을 뜻합니다. 상대방을 홀릴 정도로 매력적이거나 흥미로운 대상을 묘사할 때 씁니다.

- Her voice in the musical was so **captivating** that the entire audience was moved to tears by her performance.
  뮤지컬에서 그녀의 목소리는 너무나 매혹적이어서, 모든 관객들은 그녀의 공연에 감동하여 눈물을 흘렸습니다.

- His **captivating** presentation on renewable energy sparked lively discussions.
  그의 매력적인 재생에너지 발표로 열띤 토론 분위기가 조성되었습니다.

세련된 유사 표현
enchanting 매혹적인
enthralling 매혹적인, 마법 같은
engaging 매력적인 **charming** 매력 있는
fascinating 매우 흥미로운
mesmerizing 마음을 사로잡는, 넋이 나가게 하는
enticing 유혹적인, 매우 끌리는

Casual vs. **Formal**
Expressions in Conversation

MP3 006

Casual

A Did you **catch** the concert last night?
어젯밤 콘서트 보러 갔지?

B Absolutely! It was **epic**! The band played all their hits.
당연하지! 정말 레전드였어! 밴드가 자기네 히트곡을 다 연주했거든.

A Very **cool**. I loved the energetic atmosphere.
대박이었지. 에너지 넘치는 분위기가 정말 좋더라.

B It was so lively. Everyone was dancing and singing along.
진짜 활기찼어. 모두가 춤추고 노래를 따라 불렀으니까.

A Such a fantastic night!
진짜 환상적인 밤이었어!

B I can't wait for their next concert.
(너무 좋았어서) 다음 번 콘서트까지 못 기다릴 것 같아.

Formal

A Were you **present** at the concert last night?
어젯밤 콘서트에 가셨나요?

B Certainly! It was an **extraordinary** occasion. The band delivered an exceptional performance.
그럼요! 정말 대단한 행사였어요. 밴드가 아주 탁월한 공연을 펼쳤지요.

A It was **captivating**. The atmosphere was lively and engaging.
매혹적이었어요. 분위기가 활기차고 매력적이었죠.

B Indeed! Attendees enthusiastically danced and sang.
정말로요! 참석자들은 열정적으로 춤을 추고 노래를 불렀고요.

A A truly memorable evening without a doubt.
의심할 여지 없이 기억에 남을 저녁이었어요.

B I eagerly anticipate their upcoming performance.
전 그 밴드의 다가오는 공연을 열렬히 기대하고 있어요.

SESSION 4

MP3 007

일상 영어 (casual)	격식 영어 (formal)
1 **mind-blowing** 어마어마한	**astonishing** 경이롭게 놀라운
2 **sweet** 유쾌한, 다정한	**delightful** 기쁨을 주는, 아주 유쾌한
3 **hooked** ~에 꽂힌	**engrossed** 몰두하는, 전념하는

1 mind-blowing
어마어마한

mind-blowing은 일상 영어 표현으로 'mind(정신) + blowing(날려 버리는)'의 합성어입니다. 말 그대로 너무나 신나거나, 놀랍거나, 감동적이어서 정신 나가게 만드는 상태를 표현하죠. 우리말의 '어마어마한, 정말 놀라운, 어안이 벙벙할 정도로 좋은, 뿅 가게 하는, 넋이 나가게 하는'과 같은 의미로 쓸 수 있습니다.

- The new virtual game is **mind-blowing**. It feels like you're in another world.
  새로 나온 가상 현실 게임이 정말 놀랍네. 마치 다른 세계에 있는 것 같은 느낌이야.

- The idol band concert was **mind-blowing**. I've never seen anything like it before.
  그 아이돌 밴드의 콘서트는 어마어마했지. 나는 그 정도의 콘서트를 본 적이 없어.

astonishing
경이롭게 놀라운

astonishing은 mind-blowing의 격식 표현으로 쓰여 '믿기 힘든, 정말 놀라운', 즉 '경이로울 정도로 놀라운' 느낌을 표현합니다.

- The magician's **astonishing** trick left the audience in awe.
  마술사의 믿기 힘든 트릭에 관객들은 경탄했습니다.

- It is **astonishing** how quickly technology evolves these days.
  요즘 기술이 얼마나 빨리 발전하는지 정말 경이로울 정도로 놀라워요.

세련된 유사 표현
amazing 아주 놀라운
astounding 경악할 만한, 대단히 놀라운
shocking 충격적인
staggering (너무 엄청나서) 충격적인, 믿기 어려운
incredible 믿을 수 없는
startling 깜짝 놀라게 하는
stunning 굉장한, 너무나 충격적인

sweet
유쾌한, 다정한

sweet의 기본 의미는 '달콤한, 단; 단 것'입니다. 달콤한 맛이 먹는 사람에게 기분 좋은 느낌을 주기 때문에 사람이나 행동을 묘사할 때는 '다정한, 기분 좋게 하는, 배려 깊은, 애정 어린' 같은 뜻으로 쓰이며, 어떠한 이야기가 '감동적인, 즐거운, 유쾌한, 기분 좋게 하는'처럼 즐거움을 주는 것을 표현할 때도 쓰입니다.

- The cake was very **sweet**, almost like it was made with extra sugar.
  케이크가 정말 달았어. 마치 설탕을 추가로 넣은 것처럼.

- Her **sweet** smile always makes everyone more comfortable.
  그녀의 다정한 미소는 늘 모두를 더 편안하게 만들어요.

- His **sweet** story left us all feeling hopeful.
  그의 유쾌한 이야기는 우리 모두가 희망을 느끼게 해 주었죠.

delightful
기쁨을 주는, 아주 유쾌한

delightful은 sweet의 격식 표현으로 '매우 좋은, 아주 유쾌한, 정말 마음에 드는' 같은 뜻으로 쓰입니다. 표현하는 대상이 단순히 좋기만 한 것이 아니라 높은 수준의 즐거움이나 기쁨을 제공하는 것을 시사합니다.

- The weather today is **delightful**, perfect for a picnic.
  오늘 날씨가 아주 좋아서 소풍 가기 딱 좋은 날이에요.

- She has a **delightful** personality that makes her a joy to be around.
  그녀는 기분 좋게 어울릴 수 있는 아주 유쾌한 성격의 소유자입니다.

세련된 유사 표현

pleasant 기분 좋은 **charming** 매력적인
enjoyable 즐거운 **amusing** 재미있는
lovely 사랑스러운

hooked
~에 꽂힌

hook은 '고리; 걸다, 끌다'를 의미합니다. 여기서 파생된 hooked는 일상 영어에서 '중독된, 푹 빠진'을 뜻하며 마치 무언가에 '꽂힌' 것처럼 몰두하거나 중독된 상태를 나타냅니다.

- Once I started reading the novel, I was completely **hooked** and couldn't put it down.
  그 소설을 한번 읽기 시작하니 완전히 푹 빠져서 책을 놓을 수가 없었죠.

- She has been **hooked** on caffeine for years, needing several cups of coffee every day.
  그녀는 몇 년 동안 카페인에 중독되어 매일 여러 잔의 커피를 마셔야 했어요.

engrossed
몰두하는, 전념하는

engrossed는 모든 것을 배제하고 특정 활동에만 완전히 몰입하는 상황을 표현합니다. 주로 긍정적이고 생산적인 상황을 표현할 때 쓰고, 부정적인 의미를 표현할 때는 addicted(중독된), obsessed(집착하는) 등을 씁니다.

- She was so **engrossed** in her book that she didn't hear the phone ring.
  그녀는 책에 완전히 몰두해서 전화가 오는 줄도 몰랐죠.

세련된 유사 표현

absorbed 몰두하는
involved 몰두하는, 열중하는
immersed 푹 빠진, 몰입하고 있는
rapt 완전히 몰입한, 넋이 빠진

Casual vs. Formal
Expressions in Conversation

MP3 008

Casual

A Hey, did you see the new movie that came out yesterday?
야, 어제 새로 나온 영화 봤어?

B Yeah, I watched it last night. The special effects were **mind-blowing**.
응, 어젯밤에 봤어. 특수 효과가 어마어마하더라.

A I've been wanting to see it. Was the storyline any good?
나도 보고 싶었는데. 줄거리는 괜찮았어?

B Absolutely! The plot kept me **hooked** from start to finish.
진짜 좋았어! 처음부터 끝까지 나를 사로잡는 구성이었지.

A I'll definitely check it out then. It sounds like a **sweet** movie.
그럼 꼭 봐야겠다. 좋은 영화 같네.

B Enjoy it! I'm sure you'll have a great time.
즐겁게 봐! 정말 재미있을 거야.

Formal

A Have you had the opportunity to watch the recently released film?
최근에 개봉한 그 영화를 보실 기회가 있으셨나요?

B Yes, I viewed it last evening. The special effects were **astonishing**.
네, 어제 저녁에 관람했습니다. 특수 효과가 정말 놀랍더군요.

A I have been anticipating it. Was the story compelling?
저도 그 영화 기대하고 있었어요. 이야기는 설득력이 있었나요?

B Without a doubt! The storyline had me **engrossed** from beginning to end.
물론이지요! 영화 스토리에 처음부터 끝까지 몰입했답니다.

A I shall certainly make a point to see it. It appears to be a **delightful** film.
꼭 보도록 하겠습니다. 매력적인 영화인 것 같군요.

B I am confident you will thoroughly enjoy it.
그 영화를 아주 즐겁게 보실 거라고 확신합니다.

SESSION 5

MP3 009

일상 영어 (casual)	격식 영어 (formal)
1 dope 쩌는	outstanding 뛰어난
2 stellar 반짝반짝 빛나는	impressive 인상적인
3 rad 완전 멋진	remarkable 눈에 띄는, 돋보이는, 뛰어난

dope
쩌는

dope는 원래 '마약, 금지 약물'입니다. 운동선수들이 약물 검사에서 도핑(doping) 양성 반응이 나왔다고 할 때의 '약물 검사'가 바로 dope test죠. dope는 또한 약물에 취한 것처럼 어벙벙한 사람, 즉 '머저리, 얼간이'라는 뜻으로 쓰이기도 합니다. 여기서 확장되어 비격식 표현에서는 긍정적인 의미로 '어마어마하게 좋은, 쩌는, 뿅 가게 하는' 같은 속어로 쓰입니다. BTS 노래 중 '쩔어'라는 곡의 영어 제목이 dope로 번역되는 이유이기도 하죠.

- He was arrested for possession of **dope** after the police found illegal substances in his car. 경찰이 그의 차에서 불법 물질을 발견한 후 그는 마약 소지죄로 체포되었습니다.
- Don't listen to those **dopes**; they don't know what they are talking about. 그 머저리들 말은 듣지 마. 자기들이 무슨 말을 하는지도 몰라.
- The party last night was so **dope**! 어젯밤 파티는 정말 쩔었어!

비격식 유사 표현
sick 겁나 쩌는 (dope보다 좀 더 강도가 강하거나 긍정적인 상황에 쓰임)
lit 분위기가 쩌는, 대박 신나는 (보통 파티나 콘서트, 이벤트 등 특정 상황의 신나는 분위기를 표현)

outstanding
뛰어난

outstanding은 dope의 격식 표현으로 '탁월한, 뛰어난'을 뜻하며, 무언가가 두드러지거나 주목할 만할 때 쓰는 표현입니다.

- He received an award for his **outstanding** contribution to the field.
그는 그 분야에 대한 탁월한 공로로 상을 받았다.

세련된 유사 표현
exceptional 특출한, 탁월한
remarkable 눈에 띄는, 주목할 만한
distinguished 저명한, 뛰어난
notable 주목할 만한, 유명한
excellent 훌륭한, 탁월한
prominent 두드러진, 저명한

2 stellar
반짝반짝 빛나는

stellar는 별(star)과 연관된 것을 뜻하여 '별의'라는 의미입니다. 여기에서 확장되어 비격식 영어에서 '별처럼 빛나는, (능력이) 아주 뛰어난'의 뜻으로도 쓰입니다.

- The astronomers observed a **stellar** explosion with their telescopes.
  천문학자들은 망원경으로 별의 폭발 장면을 관찰했다.

- Her performance at the competition was **stellar**, earning her a standing ovation from the audience.
  경연 무대에서 그녀의 공연은 매우 뛰어나서 청중의 기립 박수를 받았어요.

impressive
인상적인

stellar의 격식 표현으로 '인상적인'을 뜻하며, 대상의 규모, 행동 등이 매우 긍정적으로 받아들여짐을 표현합니다.

- Her presentation skills were very **impressive**; she captivated the audience from start to finish.
  그녀의 프레젠테이션 능력은 매우 인상적이었습니다. 시작부터 끝까지 청중을 사로잡았죠.

- The architectural design of the new building is truly **impressive**; it perfectly blends modernity with tradition.
  새 건물의 건축 디자인은 정말 인상적입니다. 현대성과 전통이 완벽하게 어우러져 있어요.

3 rad
완전 멋진

rad는 radical의 약어로, radical은 '근본적인, 급진적인, 과격한'을 뜻하지만 속어로는 '아주 멋진, 기가 막히는'의 의미로 쓰입니다. 다만 rad는 80, 90년대에 많이 쓰였던 영어 표현이며, 요즘 젊은 층은 '레트로'한 감성으로 무언가 아주 멋진 것을 나타낼 때 씁니다.

- The concert last night was **rad**! The band's energy was off the charts.
  어젯밤 콘서트 완전 멋있었지! 밴드의 에너지가 지붕을 뚫을 정도였어.

- Check out this **rad** vintage jacket I found at the thrift store! It's in perfect condition.
  내가 중고품 매장에서 찾은 이 근사한 빈티지 재킷을 봐! 상태가 완벽하다고.

* **off the chart(s)** 보통의 범위를 벗어난

remarkable
눈에 띄는, 돋보이는, 뛰어난

remarkable은 '눈에 띄는, 돋보이는, 놀랍도록 좋은'을 뜻합니다. 주로 대상의 중요한 성과나 태도, 업적 등을 표현할 때 사용합니다.

- Her progress in her studies is **remarkable**; she is already mastering advanced concepts.
  그녀가 학업에서 이룬 진전은 놀랍습니다. 이미 고급 개념에 통달해 있어요.

- The patient's recovery was **remarkable**; he made incredible progress in just a few weeks.
  환자의 회복력이 돋보입니다. 단 몇 주 만에 믿기 어려운 진전을 보였어요.

세련된 유사 표현
exceptional 특출한, 탁월한
noteworthy 주목할 만한
impressive 인상적인
outstanding 뛰어난, 탁월한

Casual vs. **Formal**
Expressions in Conversation

`MP3 010`

Casual

A Hey dude! Did you see that new skateboarding video? It was so **rad**.
이봐, 친구! 새로 나온 스케이트보딩 비디오 봤어? 아주 기가 막히더라.

B Yeah man! The tricks they pulled off were **stellar**.
그럼, 봤지! 영상에 나오는 기교가 최고더라.

A Totally, and the editing was so **dope**.
완전 그래. 편집도 쩔더라.

B I know, right? Those skaters are insanely talented.
그렇지? 스케이터들 재능이 정말 미쳤어.

A Absolutely! I wish I could pull off half of those moves.
정말 그래! 나도 저런 기술들 반만 따라 할 수 있으면 좋겠네.

B Same here dude. But hey, it's always inspiring to dream big.
나도 그래. 야. 그치만 꿈은 항상 크게 가져야 더 잘할 수 있는 거야.

Formal

A Have you watched the latest skateboarding video? It was **remarkable**.
최신 스케이트보딩 비디오 보셨어요? 정말 놀랍더군요.

B Indeed. The manoeuvres executed were **impressive**.
진짜 그렇던데요. 펼쳐낸 기술이 인상적이었어요.

A Absolutely. The editing was **outstanding**.
정말 그렇죠. 편집도 뛰어났고요.

B The level of talent displayed by those skateboarders is truly awe-inspiring.
스케이트보더들이 보여준 재능의 수준은 정말 경이로웠어요.

A I must admit, I wish I could achieve even a fraction of what they can do.
인정할 수밖에 없네요. 저도 그들이 할 수 있는 것 중 일부라도 해낼 수 있으면 싶어요.

B Likewise. Seeing them encourages me to dream big.
저도 마찬가지예요. 그들을 보면서 큰 꿈을 꾸게 되네요.

SESSION 6

MP3 011

일상 영어 (casual)	격식 영어 (formal)
1 lit 흥미진진한	notable 주목할 만한
2 zen 평온한	serene 평화로운
3 chic 우아한	elegant 매우 세련되고 품위 있는

1 lit
흥미진진한

dope와 관련해 앞서 잠깐 언급한 lit은 light의 과거형으로, 기본적으로는 무언가에 불이 붙었다, 즉 점화되었다는 것을 뜻합니다. 여기서 의미가 확장되어 주로 젊은 층 사이에서 힙합 공연이나 클럽 같은 장소에서 분위기가 '불이 붙었다'라는 의미로 쓰이죠. 어떤 파티나 이벤트가 매우 활기차고 흥미진진한 것을 나타냅니다. 최근에는 행사의 분위기뿐 아니라 sick, awesome처럼 어떤 것이 매우 멋지거나 인상적이라는 의미로도 사용됩니다.

- The concert last night was absolutely **lit**! Everyone was dancing and singing along.
  어젯밤 콘서트 정말 멋졌어! 모두가 춤추고 노래를 따라 불렀지.

- Check out this **lit** new game I just downloaded! The graphics are amazing.
  내가 방금 다운로드한 이 멋진 새 게임 좀 봐! 그래픽이 정말 놀라워.

notable
주목할 만한

notable은 lit의 격식 표현으로 쓰여 어떤 것이 '주목할 만한' 가치가 있음을 나타냅니다. 격식을 갖추어 긍정적인 평가를 전달하는 공식적인 글쓰기나 연설, 보고서에서 자주 사용됩니다.

- The conference was **notable** for its impressive lineup of keynote speakers, who included several industry leaders.
  그 회의는 여러 업계 리더들을 포함한 인상적인 기조 연설자들이 참여해 주목할 가치가 있었습니다.

- One of the most **notable** features of the new smartphone is its advanced camera system.
  새로 나온 스마트폰의 가장 주목할 만한 기능 중 하나는 첨단 카메라 시스템입니다.

zen
평온한

zen의 원래 의미는 불교 명상 수행의 한 형태로, 마음의 평온과 내적인 평화를 더하는 것을 강조합니다. 여기서 의미가 발전해 '평온한, 고요한, 차분한' 상태를 표현할 때도 쓸 수 있습니다.

- My room feels so **zen** with all these plants and soft lighting.
  이 모든 식물들과 부드러운 조명 덕분에 내 방이 정말 평온하게 느껴져.

serene
평화로운

serene은 zen의 격식 표현으로 '고요한, 평온한, 평화로운' 상태를 뜻합니다. 일상 생활뿐만 아니라 문학과 학문 분야에서도 자주 쓰입니다.

- The **serene** landscape of the countryside was a perfect escape from the busy city life.
  고요한 시골 풍경은 바쁜 도시 생활에서 벗어나기에 완벽했습니다.

chic
우아한

chic은 프랑스어에서 유래한 단어로, 원래 스타일이나 패션이 '우아한, 세련된' 것을 뜻합니다. 현대 영어에서 chic은 패션뿐 아니라 세련되고 우아한 모든 것을 설명하는 데 쓸 수 있는 대중화된 표현입니다.

- Her outfit is so **chic**; she always knows how to dress stylishly.
  그녀의 옷차림은 정말 세련됐어. 그녀는 항상 멋지게 입는 법을 알거든.

elegant
매우 세련되고 품위 있는

elegant는 chic의 격식 표현으로 쓰여 '우아한, 매우 세련되고 품위 있는'을 뜻합니다. 외모나 스타일뿐 아니라 우아한 태도, 행동, 말투를 칭송할 때도 쓸 수 있습니다.

- Her speech at the banquet was **elegant**, capturing everyone's attention with her poise and grace.
  연회에서 그녀의 연설은 우아했고, 품위와 우아함으로 모든 사람의 시선을 사로잡았습니다.

Casual vs. **Formal**
Expressions in Conversation

MP3 012

Casual

A Hey, have you been to that new café downtown? It is **lit**!
야, 시내에 새로 생긴 카페 가 봤어? 진짜 멋지더라!

B Yeah, man! The ambience is **zen**. It's the perfect place to relax.
응! 분위기가 정말 평온해. 쉬기에 딱 좋은 곳이야.

A Totally! And the decor is so **chic**.
맞아! 그리고 장식도 정말 세련됐어.

B You got it? Plus, their coffee is amazing! I can't get enough of it.
맞지? 게다가 커피도 정말 맛있어! 계속 마시게 되더라.

A Exactly. It's my new favorite spot.
그렇지. 이제 거기가 내 최애 장소야.

B Let's plan a coffee date there soon.
곧 거기서 커피 한번 마시자고.

Formal

A Have you visited that recently opened café downtown? It is quite **notable**.
시내에 새로 개업한 카페에 가 보셨나요? 꽤 주목할 만 하더군요.

B Surely. The atmosphere is incredibly **serene**. An ideal place to relax.
그럼요. 분위기가 정말 평화롭고 고요하죠. 휴식을 취하기에 이상적인 장소예요.

A Absolutely. Moreover, the interior design is very **elegant**.
정말 그래요. 게다가, 인테리어 디자인이 매우 우아하더군요.

B I concur. Also, their coffee is exceptional. I find it truly delightful.
동의합니다. 또, 그곳의 커피는 아주 훌륭하지요. 전 정말 만족스러워요.

A Without a doubt. It has become my preferred coffee shop.
두 말할 필요도 없죠. 이제 제가 선호하는 커피숍이 되었어요.

B Let's plan a coffee rendezvous there soon.
곧 그곳에서 커피 마실 약속을 잡아 봅시다.

* **rendezvous** 만날 약속, 만남, 회동, 만나기로 한 장소

주의: 야구에서 두 타자가 연이어 홈런을 치는 것을 이르는 '랑데부 홈런(rendezvous home run)'은 콩글리쉬 로 a back-to-back home run이라고 합니다.

SESSION 7

MP3 013

일상 영어 (casual)	격식 영어 (formal)
1 **babe** (상대방을 부를 때) 자기야	**dear** 여보, 당신, 그대
2 **fling** 가볍게 연애하는 사이	**relationship** 진지한 관계
3 **chummy** 친한	**friendly/close** 친밀한, 우호적인

babe (상대방을 부를 때) 자기야

babe는 baby의 축약형으로 원래는 '아기'를 뜻합니다. 하지만 20세기 초반부터는 귀엽고 사랑스러운 대상을 표현하는 단어로 사용되기 시작해서 현재는 주로 연인이나 매우 친밀한 사람을 부르는, 우리말의 '자기'와 비슷한 애칭으로 쓰입니다.

- Hey **babe**, how was your day?
  자기야, 오늘 하루 어땠어?

비격식 유사 표현

darling / honey / sweetheart
(상대방을 부르는 애정 어린 표현)

dear 여보, 당신, 그대

dear는 형용사로는 '친애하는, 사랑하는'이라는 뜻입니다. 편지 앞부분에 Dear Mr. Kim, 처럼 쓰면 '~께 (드립니다)'의 뜻이 됩니다. 명사로 쓰일 때는 babe보다 공식적이고 전통적인 애정 표현으로 '여보, 당신, 그대'를 뜻하며 사랑하는 사람이나 소중한 사람을 부를 때 쓰입니다. 또 나이 많은 사람이 어린 사람을 부를 때 쓰면 '애야!', '젊은이!'의 의미로, 다정한 어감으로 부르는 말이 되기도 합니다.

- She is such a **dear** friend; she is always there to support me.
  그녀는 정말 사랑스러운 친구야. 항상 나를 지지해 줘.

- **Dear** Sir/Madam,
  I am writing to express my interest in the position advertised.
  존경하는 담당자님,
  저는 공고된 직책에 대한 관심을 표하기 위해 이 편지를 씁니다.

- My **dear**, you mean the world to me.
  내 사랑 그대, 당신은 내게 세상의 전부예요.

- Would you mind helping me with this, **dear**? 젊은이, 이것 좀 도와줄 수 있겠소?

2 fling 가볍게 연애하는 사이

fling은 동사로 쓰이면 무언가를 '거칠게 내던지다, 내팽개치다'를 뜻합니다. 명사로 쓰일 때는 '짧고 격렬한 연애' 또는 '가벼운 사랑'을 뜻하여 주로 진지하지 않은 연애 관계를 나타냅니다.

- She decided to **fling** the old papers into the recycling bin.
  그녀는 오래된 서류를 재활용 쓰레기통에 던져 버리기로 마음먹었다.

- They had a brief **fling** during the summer, but it ended when they returned to their regular lives.
  그들은 여름 동안 잠깐 연애를 했지만, 그 연애는 각자 일상으로 돌아가면서 끝이 났다.

relationship 진지한 관계

relationship은 fling의 격식 표현으로 쓰여 '진지한 관계'를 뜻합니다. fling이 주로 '가볍고 일시적인 연애 관계'를 나타내는 반면에 relationship은 연애 관계뿐만 아니라 보다 공식적으로 진지한 대인 관계를 표현할 때도 씁니다.

- They have been in a committed **relationship** for five years.
  그들은 5년 동안 헌신적이고 진지한 관계를 유지해 오고 있습니다.

3 chummy 친한

chum은 원래 학교 기숙사 방을 함께 쓰는 룸메이트를 의미하는 단어인데, 여기서 의미가 확장되어 친한 친구나 동료를 뜻하기도 합니다. 그래서 형용사형인 chummy는 '친한, 아주 다정한'을 뜻하여 따뜻하고 친근한 관계를 나타냅니다.

- They became quite **chummy** after working on the project together.
  그들은 프로젝트를 함께 작업한 후 매우 친해졌습니다.

friendly/close 친밀한, 우호적인

friendly와 close는 chummy의 격식 표현으로 쓰여 '친밀한, 친근한, 우호적인'을 뜻합니다. friendly는 다정해서 접근하기 쉬운 편안한 사람에게 쓰고, close는 주로 관계가 매우 가까워 믿고 신뢰할 수 있는 사람을 표현할 때 씁니다.

- The new manager is very **friendly** and approachable.
  새 매니저는 매우 친절하고 다가가기 수월합니다.

- They have maintained a **close** relationship for over a decade.
  그들은 10년 넘게 친밀한 관계를 유지해 오고 있습니다.

Casual vs. **Formal**
Expressions in Conversation

MP3 014

Casual

A Have you heard about Stella's new **fling**?
Stella의 새로운 연애 이야기 들었어?

B Yeah. They've been very **chummy** lately.
응. 요즘 그 애들이 아주 친하게 지내고 있더라.

A That's awesome! Stella deserves some fun and excitement in her life.
멋지네! Stella도 자기 인생에서 즐거움과 흥미 요소를 누릴 만하지.

B Totally! They make a cute couple. I hope it works out for them.
완전 동감! 둘이 정말 잘 어울리는 커플이야. 잘되면 좋겠어.

A Me too, **babe**. It's always nice to see Stella happy.
나도 그래, 자기야. Stella가 행복한 걸 보는 건 항상 좋지.

B Let's support her and hope for the best.
우리 Stella를 응원하고 잘되길 빌어주자.

Formal

A Did you hear about Stella's new **relationship**?
Stella의 새로운 연애 소식 들었어요?

B Yes. They have been getting very **close** these days.
네, 요즘 그 두 사람이 매우 가까워지고 있더군요.

A Great! It's nice to see her experiencing joy.
잘됐어요! 그애가 행복을 느끼는 모습을 보니 좋네요.

B They are a charming couple. Let's hope for a long-lasting connection.
그 애들은 매력적인 커플이에요. 오랫동안 관계가 잘 이어지길 바라 보죠.

A Yes, **dear**. Witnessing Stella's happiness brings me great pleasure.
네, 여보. Stella의 행복을 보는 게 저에게도 큰 기쁨이니까요.

B Let's do what we can to help support them.
우리가 할 수 있는 만큼 그 애들을 도와줍시다.

SESSION 8

MP3 015

일상 영어 (casual)	격식 영어 (formal)
1 **electrifying** 짜릿한	**mesmerizing** 매혹적인
2 **hilarious** 매우 웃긴	**amusing** 즐거운
3 **upbeat** 활기찬	**lively** 생동감 넘치는

1 electrifying
짜릿한

electrifying은 동사 electrify(전기를 통하게 하다)의 형용사 표현입니다. 즉각적이고 강렬한 반응을 비유적으로 표현하여 '전율을 느끼게 하는, 짜릿한, 열광시키는'의 의미로 쓸 수 있습니다.

- The concert was **electrifying**, leaving the audience in awe.
  그 콘서트는 청중에게 감동적인 전율을 느끼게 했어요.

mesmerizing
매혹적인

mesmerizing은 electrifying의 격식 표현으로 '매혹적인, 넋이 나가게 하는'을 뜻합니다. mesmerizing은 무언가가 너무나 매력적이고 흥미로워서 주의를 확 잡아 끌고 마음을 사로잡는 상황을 표현할 때 사용합니다.

- The artist's performance was **mesmerizing**, holding the audience's attention from start to finish.
  그 예술가의 공연은 넋이 나갈 정도로 매혹적이어서 시작부터 끝까지 청중의 주의를 끌었습니다.

hilarious
매우 웃긴

hilarious는 '매우 웃긴, 재미있는'을 뜻하며 강한 웃음을 유발하는 상황이나 이야기를 설명할 때 자주 쓰는 표현입니다.

- The comedy show was **hilarious**, making every audience laugh out loud.
  그 코미디 쇼는 정말 웃겨서 청중 모두를 크게 웃게 만들었어요.

amusing
즐거운

amusing은 hilarious보다는 다소 덜 강렬하지만 여전히 재미있는 상황에서 쓰이므로, hilarious보다는 좀 더 차분하고 격식을 갖춘 어감입니다.

- The book contains many **amusing** stories that are enjoyable to read.
  그 책에는 즐겁게 읽을 수 있는 재미있는 이야기들이 많이 담겨 있습니다.

upbeat
활기찬

upbeat는 음악에서 '약박', 즉 강박이 오기 직전의 약한 박자를 의미합니다. 음악에서 다음 강박을 향해 올라가는 느낌을 주기 때문에 긍정적이고 에너지 넘치는 이미지를 갖게 되었습니다. 이러한 맥락에서 뜻이 확장되어 '긍정적인, 활기찬'의 뜻으로 쓰입니다.

- The atmosphere at the party was really **upbeat**.
  파티 분위기가 정말 활기찼어.

lively
생동감 넘치는

upbeat의 격식 표현으로 쓰여 '활기찬, 활발한, 생동감 넘치는'을 뜻하며, 활발하고 에너지가 넘치는 상태를 표현할 때 쓰입니다.

- The city center is always **lively** with street performers and bustling markets.
  도심은 거리의 공연자들과 분주한 상점들로 항상 활기차고 생동감이 넘칩니다.

Casual vs. Formal
Expressions in Conversation

MP3 016

Casual

A Wow, that lecture was **electrifying**.
와, 그 강의 정말 전율이 좌악 올라오더라.

B I agree. It was informative and **hilarious**.
동감이야. 유익하면서도 정말 웃겼어.

A The atmosphere was **upbeat**. I didn't expect it.
분위기도 정말 활기찼지. 그럴 거라 예상 안 했거든.

B The professor's energy was contagious.
교수님의 에너지가 모두에게 전염되더라고.

A Absolutely. The lecture exceeded my expectations.
맞아. 강의가 내 기대를 뛰어넘었어.

B I'm actually looking forward to the next one.
진짜 다음 강의가 정말 기대돼.

Formal

A That keynote lecture was truly **mesmerizing**.
그 기조 강연이 정말 매혹적이었어요.

B I concur. It was enlightening and **amusing**.
맞습니다. 매우 유익하면서도 재미있었어요.

A The ambiance was remarkably **lively**.
분위기가 놀라울 정도로 활기차고 생동감이 넘쳤죠.

B Likewise. The professor's enthusiasm was infectious.
저도 그렇게 느꼈어요. 그 교수의 열정이 전이되더군요.

A The lecture surpassed my expectations.
강의가 제 기대를 훨씬 넘어섰어요.

B Without a doubt. I eagerly anticipate the next lecture.
정말 그렇죠. 전 다음 강의를 열렬히 기대하고 있습니다.

SESSION 9

MP3 017

일상 영어 (casual)	격식 영어 (formal)
1 crisp 선명한	clear 명확한, 확실한
2 fab 아주 멋진	fabulous 매우 훌륭한, 경이로운
3 awesome 대박인, 정말 멋진	stunning 매우 인상적인

crisp
선명한

crisp는 '바삭바삭한, 아삭한, 신선한'이라는 뜻으로 음식의 질감이나 상태를 표현할 때 씁니다. 여기서 파생되어 시각적, 청각적 또는 다른 감각적인 경험이 '매우 명확한, 선명한'의 의미로도 쓰이게 되었습니다.

- The **crisp** texture of the apple and the **crisp** morning air made for a perfect autumn day.
  사과의 아삭한 식감과 상쾌한 아침 공기가 완벽한 가을 날을 만들어 주었어요.

- The new television offers a **crisp** image and sound, making every movie night an extraordinary experience.
  새로 나온 텔레비전은 선명한 이미지와 소리를 제공하여 영화 보는 밤을 매번 특별한 경험으로 만들죠.

clear
명확한, 확실한

clear는 crisp의 격식 표현으로 '감각적으로 선명한, 명확한, 확실한'을 뜻합니다. 또 무언가가 명확하고 쉽게 이해될 수 있다는 것을 표현할 수도 있습니다.

- The photograph was incredibly **clear**, capturing every tiny detail with precision.
  그 사진은 믿을 수 없을 정도로 선명해서 작은 디테일 하나까지도 정밀하게 포착했습니다.

- The instructions were **clear**, so everyone understood what to do.
  지시가 명확해서 모두가 무엇을 해야 하는지 이해했습니다.

2 fab
아주 멋진

fab은 fabulous의 축약형 표현으로 '아주 멋진'을 뜻합니다. 보통 단어의 축약형은 원래의 단어보다 비격식적이고 캐주얼한 느낌으로 젊은 층 사이에서 많이 쓰입니다.

- That new restaurant downtown is totally **fab**!
  시내에 새로 생긴 식당이 정말 멋져!

fabulous
매우 훌륭한, 경이로운

fab의 축약 전 표현인 fabulous는 '매우 훌륭한, 경이로운'을 뜻하며, 무언가가 매우 뛰어나거나 인상적일 때 사용하는 표현입니다.

- The musical show last night was absolutely **fabulous**; it exceeded all my expectations.
  어젯밤에 본 뮤지컬은 대단히 경이로웠어요. 제 모든 기대를 뛰어넘었죠.

3 awesome
대박인, 정말 멋진

awesome은 awe(놀라움, 경외심)와 접미사 -some(~하는, ~하게 만드는)이 합쳐져 놀라움이나 경외심이 느껴질 정도로 '매우 인상적인, 아주 멋진, 대박인'을 뜻하는 표현입니다.

- The movie was **awesome**! I loved every minute of it.
  그 영화 정말 멋졌어! 모든 순간이 다 너무 좋더라.

stunning
매우 인상적인

stunning은 awesome의 격식 표현으로 '매우 인상적인'을 뜻합니다. 큰 충격을 줄 정도로 매우 인상적일 때 씁니다. 사람 외모에 stunning을 쓰면 말이 안 나올 정도로 압도적으로 매력적이라는 뜻입니다.

- Her keynote speech was simply **stunning**; she captivated the entire audience.
  그녀의 기조 연설은 매우 인상적이어서 온 청중을 사로잡았습니다.

- She looked absolutely **stunning** in that evening gown.
  그녀는 그 이브닝드레스를 입으니 정말 눈부시게 아름다워 보였습니다.

Casual vs. **Formal**
Expressions in Conversation

MP3 018

Casual

A Hey, have you seen the new smartphone? It's **fab**!
야, 새로 나온 스마트폰 봤어? 완전 멋져!

B Oh, I know it! It's **awesome**!
오, 알지! 정말 최고야!

A And the display is so **crisp**. Everything looks incredibly clear.
그리고 화면이 정말 선명해. 모든 게 믿을 수 없을 정도로 또렷하게 보여.

B Absolutely! This phone has all the latest features.
맞아! 그 폰에는 최신 기능이 다 들어 있어.

A I'm thinking of getting one. It seems like the perfect upgrade.
나, 하나 살까 생각 중이야. 완벽하게 업그레이드가 된 것 같아.

B Absolutely! I'm actually looking forward to it.
완전 동감! 나도 그거 정말 기대돼.

Formal

A That new smartphone is **fabulous**. Have you seen it yet?
새로 나온 그 스마트폰 정말 멋지더군요. 보셨나요?

B Yes. It is **stunning**.
네, 정말 멋지죠.

A Furthermore, the display is remarkably **clear**. The visuals are sharp and vibrant.
게다가, 화면이 놀라울 정도로 선명해요. 시각적 효과가 또렷하고 생생하네요.

B I agree. The phone incorporates the latest technological advances.
맞아요. 그 폰에 최신 기술이 모두 들어 있어요.

A I am contemplating purchasing one. It is the ideal upgrade for my needs.
하나 구매할까 생각 중입니다. 제 필요에 딱 맞는 업그레이드 같아서요.

B It is hard to resist the allure of such a high-performing device. I would like one too.
성능이 이렇게 뛰어나면 안 끌릴 수가 없지요. 저도 하나 갖고 싶습니다.

SESSION 10

MP3 019

일상 영어 (casual)	격식 영어 (formal)
1 **flexing** 과시하는, 으스대는	**showcasing** 자랑하는, 전시하는
2 **savage** 대담한, 과감한	**bold** 용감한, 대담한
3 **salty** 짜증 내는, 화내는	**resentful** 분개한

1 flexing
과시하는, 으스대는

동사 flex는 '구부리다' 또는 '힘을 주다'라는 의미로, 근육을 구부려 보여 주는 동작을 하는 것을 가리킵니다. 여기서 확장된 표현인 flexing은 원래 보디빌딩에서 근육을 보여 주기 위해 힘을 주는 동작을 의미합니다. 이 표현이 힙합 음악에서 자신의 부나 성공을 '자랑질하는, 과시하는'의 의미를 나타내면서 젊은 층에서 널리 쓰이게 되었습니다.

우리나라에서도 미디어에 많이 등장하는 '플렉스(flex)한다'는 표현이 이와 유사하죠. '과시하는, 돈 많고 잘 나간다는 것을 뽐내는'의 의미로 쓰입니다.

- He showed off his **flexing** arms in front of the mirror.

  그는 거울 앞에서 팔의 근육을 구부려 (튀어나온 알통을) 자랑했다.

- Her **flexing** attitude made people think she was arrogant.

  으스대는 태도 때문에 사람들은 그녀를 거만한 사람으로 여기게 되었다.

showcasing
자랑하는, 전시하는

원래 showcase는 사람이나 제품을 공식적으로 알리는 '공개 행사' 또는 밖으로 보여 주기 위한 '진열장'을 뜻합니다. 동사로는 '전시하다, 소개하다'이고요. 그래서 showcasing은 '장점 등을 대외적으로 보여 주려고 하는' 행동을 나타냅니다. 또 flexing의 격식 표현으로 '전시하는, 자랑하는'을 의미합니다. flexing은 때로는 다소 지나치게 '자랑질'을 하는 부정적인 어감인 반면에, showcasing은 새로운 특징이나 장점을 보여 주려고 하는, 중립적이거나 긍정적인 어감으로 쓰입니다.

- The **showcasing** artwork attracted many visitors to the gallery.

  전시된 예술 작품이 많은 방문객을 갤러리로 끌어들였습니다.

- The student was **showcasing** her research project at the science fair, sharing her ideas with curiosity and confidence.

  그 학생은 과학 박람회에서 자신의 연구 프로젝트를 소개하며 호기심과 자신감을 가지고 자신의 아이디어를 공유하고 있었습니다.

savage
대담한, 과감한

'야만적인' 또는 '잔인한'이라는 원래의 뜻에서 확장되어 '매우 무례한, 사악한'의 의미로 쓰입니다. 무례하지만 동시에 두려움 없이 용감하게 행동하는 '대담한, 과감한' 같은 긍정적인 의미로도 쓸 수 있습니다.

- That was a **savage** act, with no sense of humanity.
  그건 정말 야만적인 행동이었어. 인간다움이 전혀 없고.

- The dictator's **savage** actions against his own people shocked the world.
  독재자가 자국 국민들에게 저지른 사악한 행동은 전 세계를 충격에 빠뜨렸다.

- Her response to the criticism was **savage**, shutting down her detractors with undeniable facts.
  비판에 대한 그녀의 반응은 대담했고, 비방하는 이들의 입들을 부인할 수 없는 사실들로 잠재웠다.

bold
용감한, 대담한

bold는 savage의 격식 표현으로 '용감한, 대담한'을 뜻하며, 용감하고 두려움 없는 태도를 표현할 때 씁니다.

- His **bold** approach to solving the problem impressed the entire team.
  문제를 해결하는 그의 용감한 접근 방식은 팀 전체에게 감동을 주었습니다.

- She made a **bold** decision to take over the failing company.
  그녀는 망해가는 회사를 인수하는 대담한 결정을 내렸습니다.

salty
짜증 내는, 화내는

'맛이 짠, 소금기 있는'의 뜻인데, 게임에 패배하거나 불리한 상황일 때 화를 내는 사람들을 가리켜 salty하다고 말하게 되면서 '화를 내는, 짜증을 부리는'이라는 속어로도 쓰입니다.

- The soup was too **salty** for my taste, so I couldn't finish it.
  그 수프는 내 입맛에 너무 짜서 다 먹을 수가 없었다.

- He was feeling **salty** after losing the game, complaining about the unfair rules.
  그는 게임에서 진 후 짜증스러워하며 불공정한 규칙에 대해 불평했다.

resentful
분개한

resentful은 salty의 격식 표현으로 '분개한, 분노하는'이라는 뜻입니다. salty보다 불만이나 깊은 분노를 느끼는 상태를 격조 있게 나타내는 표현입니다.

- He felt **resentful** towards his colleagues who did not support his proposal.
  그는 자신의 제안을 지지하지 않은 동료들에게 깊은 분노를 느꼈습니다.

Casual vs. **Formal**
Expressions in Conversation

MP3 020

Casual

A Sarah posted a **flexing** photo with her new car on Instagram.
   Sarah가 새 차를 뽐내는 사진을 인스타그램에 올렸어.

B Yeah, so **savage**! She's always showing off.
   그래, 진짜 과감하기도 하지. 걔는 항상 자랑질이야.

A I can't stand her attitude. It's making everyone **salty**.
   난 걔의 그런 태도를 참을 수가 없네. 다들 짜증내고 있잖아.

B It's so unnecessary. We should support each other.
   정말 쓸데없이 말이야. 우리가 서로를 응원해 줘야 하는데 말이지.

A I agree. It creates a toxic environment.
   그러게. 그런 태도 때문에 분위기가 구려지잖아.

Formal

A Sarah's new Instagram post includes a **showcasing** photo of her recently purchased car.
   Sarah의 새 인스타그램 게시물에, 최근 구입한 차를 자랑하는 사진이 있어요.

B She is too **bold**. Always wanting to display her things.
   너무 대담한데요. Sarah가 항상 자기 물건을 보여 주고 싶어 하죠.

A It is making her friends feel **resentful**.
   그런 태도 때문에 친구들이 분노를 하잖아요.

B We need to foster a culture of support. Not competition.
   경쟁이 아닌, 서로 지지하는 문화를 형성해야 하는데 말이죠.

A Her attitude contributes to this toxic atmosphere.
   Sarah의 태도가 이런 유해한 분위기를 만드는 데 일조하고 있어요.

SESSION 11

MP3 021

일상 영어 (casual)	격식 영어 (formal)
1 **chill** 느긋하게 있다	**remain composed** 침착한 상태를 유지하다
2 **breezy** 산들바람이 부는	**pleasantly windy** 바람이 가볍게 부는
3 **snug** 아늑한	**comfortable** 편안한

chill
느긋하게 있다

chill은 원래 '냉기' 또는 '오한'을 뜻합니다. 하지만 힙합 문화와 젊은 세대 사이에서 chill out이라는 표현이 '긴장을 풀다, 진정시키다'의 뜻으로 쓰이면서 '느긋하게 시간을 보내다', 또는 '편안하게 쉬다'의 의미로까지 확장되어 쓰이게 됐습니다. chill은 특히 친구들과 시간을 보내거나 아무 일도 하지 않으면서 쉬는 것을 표현할 때 자주 사용합니다.

- The **chill** wind made me shiver as I walked along the beach.
  차가운 바람 때문에 해변을 걷는 동안 몸이 떨렸다.

- After a long week, I just want to **chill** at home this weekend.
  긴 한 주를 보내고 나니, 이번 주말에는 그냥 집에서 쉬고 싶어.

비격식 유사 표현
kick back 긴장을 풀고 편하게 쉬다
hang out ~와 놀다, 시간을 보내다
veg out 아무 생각 없이 쉬다

remain composed
침착한 상태를 유지하다

'냉기', '차가움'은 들뜨지 않고 차분히 가라앉는 느낌입니다. 그래서 remain composed는 chill의 격식 표현으로 '평온한 상태가 되다' 또는 '고요하게 있다'를 뜻합니다. 주로 마음의 안정, 차분한 태도, 또는 평화로운 환경을 묘사하는 데 쓰입니다.

- Meditation helps me **remain composed**, no matter how stressful life gets.
  삶이 아무리 스트레스가 많아도 명상을 하면 평정심을 유지하는 데 도움이 됩니다.

세련된 유사 표현
be serene 편안한 상태가 되다
stay tranquil 평화로운 상태를 유지하다
keep calm 차분함을 유지하다

2 breezy
산들바람이 부는

breezy는 '바람이 가볍게 부는' 상태를 묘사하는 데 쓰여 '산들바람이 부는'의 뜻이 됩니다. 또 의미가 확장되어 사람이나 분위기가 '가볍고 경쾌한'의 뜻으로도 쓰일 수 있습니다.

- It's a **breezy** day at the beach.
  해변에서 바람이 산들산들 부는 날이다.
- She has a **breezy** personality that puts everyone at ease.
  그녀는 모두를 편안하게 만드는 경쾌한 성격이에요.

비격식 유사 표현
cool 시원한
windy-ish 바람이 약간 부는

pleasantly windy
바람이 가볍게 부는

바람이 가볍게 부는 windy 자체는 breezy보다 더 (강하게) 바람이 부는 상태를 뜻합니다. 그래서 여기에 pleasantly(기분 좋게)를 붙이면 산들바람 같은 가벼운 바람이 부는 것을 객관적이고 격식 있게 표현할 수 있습니다.

- It is a **windy** day, so make sure to hold onto your hat.
  바람이 강하니 모자를 꼭 잡으세요.
- It was **pleasantly windy** at the beach, making our afternoon walk feel refreshing.
  해변에서 기분 좋은 바람이 불어서 오후 산책이 상쾌하게 느껴졌어요.

windy의 유사 표현
blustery 거세고 불안정한 바람이 부는
gusty 돌풍이 부는
blowy 지속적이고 강한 바람이 부는
stormy 폭풍이 부는

3 snug
아늑한

snug는 '아늑한, 포근한, 편안한'의 뜻으로, 몸이나 마음이 편안하고 안정된 상태를 표현할 때 사용합니다.

- The little cabin felt warm and **snug** on a snowy night.
  눈 내리는 밤, 그 작은 오두막은 따뜻하고 아늑하게 느껴졌어요.

비격식 유사 표현
cozy 아늑한
comfy 편안한
toasty 따뜻하고 편안한

comfortable
편안한

comfortable은 snug의 격식 표현으로 쓰여 몸과 마음뿐만 아니라 재정, 직업, 환경 등 다양한 상황에서의 '편안한' 상태를 표현합니다.

- This chair is so **comfortable** that I could sit here all day.
  이 의자가 너무 편안해서 하루 종일 앉아 있을 수 있을 것 같습니다.

세련된 유사 표현
convenient 편리한
relaxed 차분하고 편안한
secure 안전하고 안정적인
at ease (심리적으로) 편안한

Casual vs. **Formal**
Expressions in Conversation

MP3 022

Casual

A How was your weekend?
   이번 주말은 어땠어?

B Just OK. I wanted to **chill** at home.
   그냥 괜찮았어. 집에서 느긋하게 쉬고 싶었지 뭐.

A That sounds nice. I spent mine outside; It was so **breezy** at the park.
   좋네. 나는 밖에서 보냈어. 공원에 바람이 산들산들 불더라고.

B I love it when the weather is like that. I just curled up in my **snug** blanket and watched movies.
   나도 그런 날씨 정말 좋아해. 나는 그냥 포근한 이불 속에서 영화 봤어.

A It's the best way to relax!
   그렇게 쉬는 게 제일 좋지!

B I can't wait until the weekend comes around again.
   주말이 또 빨리 왔으면 좋겠다.

Formal

A Did you have a nice weekend?
   주말 잘 보내셨나요?

B I did. I opted to stay home. **I remained composed**. I enjoyed some much-needed rest.
   네, 집에 있기로 하고 차분하게 지냈죠. 정말로 필요했던 휴식을 취했어요.

A I spent my weekend outdoors and it was **pleasantly windy** at the park.
   저는 주말에 밖에서 시간을 보냈는데, 공원에서 바람이 참 기분 좋게 불었어요.

B I appreciate the outdoors, but nothing beats a **comfortable** blanket while watching movies.
   저도 야외를 좋아하지만, 편안한 이불 속에서 영화 보는 것만큼 좋은 건 없는 것 같아요.

A There is no better way to enjoy our downtime, I think.
   제가 생각하기에도 여가 시간을 즐기기에 그보다 더 좋은 방법은 없는 것 같아요.

B I am looking forward to next weekend!
   다음 주말이 기다려지네요!

SESSION 12

MP3 023

일상 영어 (casual)	격식 영어 (formal)
1 **funky** 독특한	**unconventional** 독창적인
2 **quirky** 기발한	**eccentric** 독특한
3 **fancy** 화려한	**classy** 품격 있고 세련된

1 funky
독특한

funky는 '독특한, 개성 있는' 또는 '멋진'의 뜻으로 쓰입니다. 미국의 재즈, 블루스 음악에서 확장된 펑크 음악(funk music) 장르가 '자연스럽고 개성 있는' 음악을 표현하는 것에서 유래된 표현입니다.

- The café played **funky** jazz all afternoon.
  그 카페는 오후 내내 독특하고 개성 넘치는 재즈를 연주했다.

비격식 유사 표현

quirky 독특한 **edgy** 대담한 **groovy** 멋진
snazzy 화려한 **offbeat** 평범하지 않은
rad 대단한 **cool** 멋진 **chic** 세련된
hip 힙한 **trendy** 유행하는

unconventional
독창적인

conventional은 '관습적인'의 뜻입니다. 반의어인 unconventional은 funky의 격식 표현으로 쓰여 '기존의 전통적 방식에서 벗어난, 독창적이고 새로운'을 뜻합니다.

- She took an **unconventional** path to solve the problem.
  그녀는 그 문제를 해결하기 위해 독창적인 길을 택했습니다.

세련된 유사 표현

nontraditional 전통적이지 않은
innovative 혁신적이고 창의적인
out-of-the-ordinary 평범하지 않은, 특별한
avant-garde 혁신적이고 선구적인;
아방가르드(문학·예술에서 전위적인 사상)

quirky
기발한

quirky는 funky와 유사한 의미로, '기발한, 별난, 특이한, 독특한'의 뜻으로 쓰입니다. funky가 트렌디하면서도 독창적인 느낌의 독특한 것을 뜻한다면, quirky는 엉뚱하고 기발하지만 매력적인 독특한 것을 나타냅니다.

- She has a **quirky** sense of humor.
  그녀에게는 기발한 유머 감각이 있다.

비격식 유사 표현
wacky 좀 이상하지만 웃긴
zany 엉뚱하지만 재미있는
oddball 좀 특이한   **funky** 독특하고 개성 있는
goofy 바보 같지만 귀여운

eccentric
독특한

quirky의 격식 표현으로, quirky가 긍정적으로 쓰여 귀엽고 매력적인 독특함을 표현하는 반면, eccentric은 긍정적 의미뿐 아니라 상황에 따라 '통념에서 벗어난' 같은 부정적인 의미로도 쓰일 수 있으니 주의해야 합니다.

- The **eccentric** professor always wore mismatched socks and carried a parrot on his shoulder during lectures.
  그 독특한 교수는 항상 짝이 안 맞는 양말을 신고 어깨에 앵무새를 올려놓은 채 강의를 진행했습니다.

세련된 유사 표현
unconventional 기존의 틀에서 벗어난
idiosyncratic 특유의, 독창적인
peculiar 특이한, 이상한
distinctive 뚜렷한 특징이 있는
unorthodox 기존 규범에서 벗어난, 파격적인
singular 유일무이한, 매우 뛰어난

fancy
화려한

fancy는 '화려한, 고급스러운'의 뜻으로, 특별하거나, 평범하지 않은 것을 표현할 때 씁니다.

- They went to a **fancy** restaurant downtown to celebrate their anniversary.
  그들은 결혼기념일을 축하하기 위해 시내에 있는 고급스러운 레스토랑에 갔어요.

비격식 유사 표현
snazzy 화려하고 멋진   **flashy** 화려해서 눈에 띄는
chic 세련되고 우아한   **cool** 트렌디하게 멋진
swanky 화려하고 호화로운
spiffy 깔끔하고 세련된

classy
품격 있고 세련된

fancy의 격식 표현으로, '품격 있고 세련된'을 뜻하며 고급스러운 이미지를 격식을 갖추어서 표현할 때 씁니다.

- Her **classy** outfit made a lasting impression at the award ceremony.
  그녀의 품격 있는 의상은 시상식에서 강한 인상을 남겼습니다.

세련된 유사 표현
elegant 우아하고 고급스러운
sophisticated 섬세하고 세련된
stylish 우아하고 세련된

Casual vs. **Formal**
Expressions in Conversation

MP3 024

Casual

A There is a **funky**, new clothing store that just opened downtown. Did you see it?
시내에 새로 오픈한 독특한 옷 가게가 있는데. 봤어?

B Yes! I love how **quirky** their decor is.
응! 그 가게 장식이 독특해서 진짜 마음에 들어.

A I know, right? Their selection looks so **fancy** with all those independent designers.
그렇지? 개인 디자이너의 제품으로 가득해서 셀렉션이 엄청 세련돼 보여.

B I can't wait to go there and buy something.
거기 빨리 가서 뭔가 사고 싶어.

A For sure! Let's go together and hang out.
당연하지! 같이 가서 구경하자.

B I'm in!
좋아, 갈래!

Formal

A Have you noticed the **unconventional** new clothing store that just opened?
새로 오픈한 독특한 옷가게 보셨어요?

B Yes! I appreciate how **eccentric** the decor is.
네. 장식이 굉장히 개성 있어서 감탄스러워요.

A Indeed! The selection appears quite **classy**, featuring numerous independent designers.
그렇죠? 셀렉션이 여러 개인 디자이너 제품으로 꽤 품격 있고 세련된 느낌이 들더군요

B I am looking forward to visiting and making a purchase.
꼭 방문해서 구매하고 싶어요.

A Let us go together and enjoy our time there.
함께 가서 즐겨 보시죠.

B Count me in!
좋아요, 갈게요.

SESSION 13

일상 영어 (casual)	격식 영어 (formal)
1 jolly 즐거운	joyous 기쁨에 찬
2 cheery 쾌활한	jovial 명랑한
3 peppy 활기찬	dynamic 생동감 넘치는

jolly
즐거운

jolly는 '즐거운, 유쾌한, 명랑한'의 뜻으로 특히 사람, 기분, 또는 분위기를 긍정적으로 묘사할 때 쓰입니다. 영국 영어에서는 very(매우)를 대신하는 비격식 표현으로도 쓰입니다.

- He's such a **jolly** fellow!
  그는 정말 유쾌한 사람이야!

- It's **jolly** good weather today.
  오늘 날씨가 정말 좋다. (영국식)

비격식 유사 표현
happy-go-lucky 낙천적인   **chipper** 쾌활한
sunny 밝은   **bubbly** 발랄한

joyous
기쁨에 찬

joyous는 jolly의 격식 표현으로 쓰여 '기쁨에 찬, 행복한'을 뜻하며, jolly보다 정중하고 문학적인 단어입니다. 공식적으로 격식을 갖추어서 표현할 때 씁니다.

- They shared a **joyous** moment together.
  그들은 함께 기쁜 순간을 나누었습니다.

세련된 유사 표현
elated 매우 행복하고 기쁜
exultant 큰 기쁨으로 가득 찬
radiant 기쁨과 행복으로 빛나는
ecstatic 황홀한
overjoyed 벅찬 기쁨을 느끼는
blissful 완전한 행복을 느끼는

2. cheery 쾌활한

cheery는 '활기찬, 쾌활한, 명랑한'의 뜻으로 사람의 긍정적이고 활기찬 기분을 묘사할 때 자주 씁니다.

- She gave me a **cheery** smile.
  그녀는 나에게 명랑한 미소를 지었어.

비격식 유사 표현
cheerful 활기찬   **bubbly** 발랄한
jolly 유쾌한

jovial 명랑한

jovial은 cheery의 격식 표현으로 '명랑한, 활기찬'을 뜻하며 cheery보다 문학적인 어조로 격식을 갖추어서 표현할 때 씁니다.

- He greeted everyone with a **jovial** laugh.
  그는 명랑한 웃음을 지으며 모두를 맞이했어요.

세련된 유사 표현
merry 즐거운   **exuberant** 활기찬
vibrant 생기 넘치는

3. peppy 활기찬

peppy는 '활기찬, 에너지 넘치는'의 뜻으로 생동감이 넘치는 상태를 묘사할 때 자주 사용합니다.

- The coach gave a **peppy** speech before the game that got everyone excited and ready to play.
  코치는 경기 전에 에너지 넘치는 연설을 하여 모두가 신나서 경기를 잘 준비할 수 있도록 만들었다.

비격식 유사 표현
zippy 발랄한, 생기 넘치는   **perky** 기운 넘치는
sprightly 활발하고 경쾌한
bouncy 신나고 에너지 넘치는
spunky 씩씩한   **jazzy** 신나고 활기 넘치는

dynamic 생동감 넘치는

dynamic은 peppy의 격식 표현으로, '역동적인, 생동감 넘치는' 사람, 장소, 행동, 분위기를 격식을 갖추어서 묘사합니다.

- The new CEO is known for her **dynamic** leadership, bringing fresh ideas and motivating the whole team.
  그 새 대표는 신선한 아이디어를 제시하고 팀 전체에 동기를 부여하는 역동적인 리더십을 가진 사람으로 잘 알려져 있습니다.

세련된 유사 표현
jovial 명랑한   **vibrant** 생기 넘치는
lively 활발한   **energetic** 에너지 넘치는
animated 생동감 있는

Casual vs. Formal
Expressions in Conversation

MP3 026

Casual

A Hey! You seem really **jolly** today! What's going on?
안녕! 오늘 왜 그렇게 즐거워 보일까. 무슨 일 있어?

B Thanks. I just got some good news and it's making me feel super **cheery**!
고마워. 좋은 소식을 들어서 완전 기분이 좋아졌어!

A That's awesome! I love seeing you so **peppy**. What's the news?
대박! 너 이렇게 활기찬 모습 보니까 너무 좋아. 무슨 소식인데?

B I finally got that job I applied for. I can't wait to start.
드디어 내가 지원한 직장에 합격했어. 빨리 (일하는 것) 시작하고 싶어.

A Congratulations! You totally deserve it.
축하해! 너야 정말 합격할 만하지.

B Thanks. I want to keep this good vibe going.
고마워. 이 좋은 기분 오래 유지하고 싶어.

Formal

A Good afternoon. You seem quite **joyous** today. What is the occasion?
안녕하세요. 오늘 아주 즐거워 보이시네요. 무슨 특별한 일이라도 있으세요?

B Thank you. I just received some wonderful news, and it has put me in a very **jovial** mood.
감사합니다. 방금 좋은 소식을 듣고 정말 기분이 유쾌해졌어요.

A That is fantastic! I truly enjoy seeing you so **dynamic**. What updates do you have?
정말 잘됐네요! 이렇게 활기차신 모습 보니 저도 기쁩니다. 무슨 새로운 소식인가요?

B I am pleased to share that I finally secured the job I applied for. I am eager to begin.
드디어 지원했던 직장에 합격했다는 소식을 전하게 돼 기쁘네요. 빨리 일 시작하고 싶어요.

A Congratulations. You are so deserving of it.
축하드립니다. 정말 그럴 자격이 있는 분이세요.

B Thank you. I want to maintain this happy mood for as long as possible.
감사합니다. 이 행복한 기분을 최대한 오래 간직하고 싶어요.

SESSION 14

MP3 027

일상 영어 (casual)	격식 영어 (formal)
1 **nifty** 멋진	**ingenious** 독창적인
2 **spunky** 씩씩한	**spirited** 열정적이고 활기찬
3 **dapper** 멋지게 차려입은	**polished** 세련되고 정교한

1 nifty
멋진

nifty는 '멋진, 세련된, 유용한'을 뜻하며 어떤 사물이나 아이디어가 흥미롭거나 실용적인 것을 나타내는 표현입니다.

- This app has a **nifty** feature for quick editing.
  이 앱에는 빠른 편집에 쓸 수 있는 멋진 기능이 있다.

비격식 유사 표현
handy 유용한 **cool** 멋진
neat 깔끔하고 멋진 **slick** 세련된

ingenious
독창적인

ingenious는 '독창적인, 기발한, 창의적인'을 뜻합니다. 어떤 것이 놀랍도록 효율적이고 유용하다는 것을 격식을 갖추어서 표현합니다.

- She found an **ingenious** way to save space.
  그녀는 공간을 절약하는 기발한 방법을 찾아냈습니다.

세련된 유사 표현
innovative 혁신적이고 창의적인
groundbreaking 획기적이고 새로운

2 spunky
씩씩한

spunky는 '씩씩한, 용감한, 활기찬'의 뜻으로, 사람의 성격이나 태도를 묘사할 때 쓰입니다.

- You always have such a **spunky** style.
  넌 늘 독창적이고 활기찬 스타일을 하더라.

비격식 유사 표현
feisty 당돌한 **perky** 쾌활한 **peppy** 발랄한
gutsy 배짱 있는

spirited
열정적이고 활기찬

spirited는 spunky의 격식 표현으로 쓰여 '열정적이고 활기찬, 결단력 있는'을 뜻합니다.

- The players gave a **spirited** effort until the end.
  선수들은 끝까지 열정적으로 임했습니다.

세련된 유사 표현
passionate 열정적인
energetic 활기찬
vigorous 강력한, 활발한 **dynamic** 역동적인

dapper
멋지게 차려입은

dapper는 '멋지게 차려입은, 깔끔하고 단정한, 세련된'을 의미하며, 주로 남성의 외모나 옷차림을 칭찬할 때 씁니다.

- He looked **dapper** in his new suit.
  새 양복을 입은 그는 멋지고 말쑥해 보였다.

비격식 유사 표현
snazzy 화려하고 세련된
sharp 단정한   **cool** 멋진
stylish 아주 세련된   **fly** 힙하고 멋진

polished
세련되고 정교한

polished는 '세련되고 정교한, 완벽하게 다듬어진'의 뜻입니다. dapper가 주로 남성의 옷차림과 패션 스타일을 칭찬할 때 쓰이는 반면에 polished는 외모, 태도, 기술 등이 전반적으로 잘 가꾸어져 있거나 준비되어 있는 상태를 강조하는 포괄적인 의미로 쓰입니다.

- She gave a **polished** presentation, combining clear visuals with confident delivery that impressed the entire audience.
  그녀는 명확한 시각 자료와 자신감 있는 전달로 세련되고 정교한 발표를 하여 청중 전체에게 깊은 인상을 남겼습니다.

세련된 유사 표현
refined 세련되고 품격 있는
elegant 우아하고 고급스러운
sophisticated 정교하고 세련된
immaculate 결점 없이 깔끔한
flawless 흠잡을 데 없는, 완벽한

Casual vs. **Formal**
Expressions in Conversation

MP3 028

Casual

A I love your outfit today. You look really **dapper**.
오늘 네 옷차림 진짜 멋지다. 정말 세련돼 보여.

B Thanks. I wanted to try something new, and I think it turned out pretty **nifty**.
고마워. 새로운 스타일을 시도해 보고 싶었는데, 꽤 괜찮게 된 것 같아.

A It definitely did. You always have such a **spunky** style.
진짜 그래. 너는 보면 늘 독특하고 활기찬 스타일을 하더라.

B Aw, I appreciate that. I just like to have fun with my clothes.
아, 고마워. 난 그냥 옷 입는 걸 즐기려고 해.

A Well, you're pulling it off perfectly!
음, 완벽히 소화하고 있는걸!

B Cool! Mission complete!
좋아! 미션 성공!

Formal

A I must commend you on your appearance today; you look quite **polished**.
오늘 그쪽 외모에 감탄을 안 할 수가 없네요. 정말 빛나 보이십니다.

B Thank you very much. I aimed to present myself well and believe that it turned out rather **ingeniously**.
정말 감사합니다. 잘 차려입으려고 노력했는데, 제 생각엔 꽤 독창적으로 잘된 것 같습니다.

A I agree. It does reflect a **spirited** sense of style.
그러네요. 활기 넘치는 스타일이 잘 반영된 것 같아요.

B I appreciate your kind words. Expressing oneself through attire can be quite invigorating.
친절한 말씀 감사합니다. 옷을 통해 자신을 표현하는 것은 꽤 신나는 일이죠.

A Confidence and attention to detail certainly enhance one's overall impression.
자신감과 디테일에 대한 관심이 있으면 전체적인 인상을 확실히 더 좋게 만들 수 있군요.

B It is essential to maintain that level of professionalism and poise.
그런 수준의 전문성과 품위를 유지하는 게 중요하지요.

SESSION 15

MP3 029

일상 영어 (casual)	격식 영어 (formal)
1 **groovy** 멋지고 트렌디한	**modish** 유행을 따르는
2 **jazzy** 화려한	**vibrant** 생동감 있는
3 **splashy** 튀는	**showy** 도드라진

groovy
멋지고 트렌디한

재즈 음악에서 groovy는 리드미컬하고 멋진 연주를 뜻하는데, 여기서 확장되어 세련되고 자유로우면서도 훌륭한 것을 표현합니다.

- Your new apartment looks really **groovy** with all that modern furniture.
  네 새 아파트는 모던한 스타일인 가구들 덕분에 정말 세련돼 보여.

비격식 유사 표현
cool 멋진　**trendy** 유행하는　**hip** 세련된

modish
유행을 따르는

modish는 groovy의 격식 표현으로, '유행을 따르는, 세련된'을 뜻하는 고급 표현입니다.

- He wore a **modish** jacket to the party.
  그는 파티에 세련된 재킷을 입었습니다.

세련된 유사 표현
stylish 세련되고 멋진
elegant 우아하고 고급스러운
refined 정제된, 고급스러운
debonair 우아하고 품격 있는

jazzy
화려한

jazzy는 재즈 음악 특유의 화려한 선율과 즉흥적이고 에너지 넘치는 리듬감에서 의미가 확장되어 '화려한, 에너지 넘치는, 개성 있고 독창적인'을 뜻하게 되었습니다.

- She wore a **jazzy** red dress that caught everyone's attention.
  그녀는 모두의 시선을 끈 화려한 빨간 드레스를 입었어.

비격식 유사 표현
flashy 과감하고 화려한　**snazzy** 멋지고 독특한
funky 독특한　**glam** 매력적이고 화려한

vibrant
생동감 있는

jazzy의 격식 표현으로 '생동감 있는, 활기찬, 강렬한'을 뜻하며, '에너지 넘치고 눈길을 끄는' 것을 묘사하는 표현입니다.

- The market was full of **vibrant** colors.
  시장은 생생한 색깔들로 가득했어요.

세련된 유사 표현
energetic 에너지 넘치는　**lively** 생기 넘치는
dynamic 역동적인　**radiant** 빛나는, 생기 있는

3 splashy 튀는

splashy는 원래 splash(물이 튀다)의 형용사형으로 '물이 튀는'이라는 뜻입니다. 물이 튀어 올라 눈길을 끄는 것에서 의미가 확장되어 비유적으로 '눈에 띄는, 튀는, 화려해서 주목받는'의 뜻으로 쓰이게 되었습니다.

- He bought a **splashy** sports car.
  그는 눈에 띄는 화려한 스포츠카를 샀다.

비격식 유사 표현
flashy 과감하고 화려한 **bold** 대담하고 강렬한
snazzy 멋지고 독특한 **jazzy** 화려하고 생기 넘치는

showy 도드라진

showy는 splashy의 격식 표현으로 쓰여 '도드라진, 눈에 띄는, 과시적인'을 의미합니다. 화려하고 눈에 띄는 것을 긍정적으로 표현하기도 하지만, 지나치게 드러내어 과시하는 것 같은 느낌의 부정적인 의미로도 쓰일 수 있습니다.

- The garden was filled with **showy** flowers that brightened the entire neighborhood.
  그 정원에는 눈에 띄는 화사한 꽃들로 가득 차 있어 온 동네를 환하게 밝혔습니다.

- He arrived at the meeting in a **showy** sports car, which many thought was unnecessary.
  그가 삐까뻔쩍한 스포츠카를 타고 회의에 나타나자, 많은 이들이 이를 두고 쓸데없는 짓이라고 여겼습니다.

세련된 유사 표현
ornate 복잡하고 정교하게 꾸민
flamboyant 대담하고 눈에 띄는
eye-catching 시선을 끌 정도로 매력적인
resplendent 눈부실 정도로 화려한
ostentatious 과시적인
extravagant 필요 이상으로 사치스러운

Casual vs. **Formal**
Expressions in Conversation

MP3 030

Casual

A There's a new hotel that just opened downtown. It looks so **groovy**!
시내에 새로 호텔이 하나 생겼는데, 정말 멋져 보여!

B Yes! The lobby has a really **jazzy** design with colorful lights.
맞아! 로비 디자인이 다채로운 조명 덕분에 정말 화려하더라.

A And the pool area is **splashy**, with bright cabanas and fun loungers.
그리고 수영장도 너무 눈에 띄어. 밝은 카바나랑 재밌어 보이는 일광욕 의자도 있어.

B It seems like the perfect spot for a weekend getaway.
주말 여행에 딱 좋은 곳인 것 같아.

A I'd love to check it out again.
정말 또 가고 싶다.

B Let's plan a staycation there soon! It'll be a blast.
우리 곧 거기서 호캉스 계획 세우자! 정말 재밌을 것 같아.

Formal

A A very **modish** hotel has just opened downtown.
시내에 매우 세련된 호텔이 새로 문을 열었어요.

B I know it. The lobby features a **vibrant** design with colorful lighting.
저도 알고 있어요. 로비가 컬러풀한 조명이 돋보이는 활기찬 디자인을 자랑하더군요.

A The pool area is quite **showy**, complete with great cabanas and loungers.
수영장도 꽤 눈에 띄더라고요. 멋진 카바나와 일광욕 의자도 갖추고 있고요.

B It is the ideal location for a weekend retreat.
주말 휴양지로는 완벽한 장소 같습니다.

A I would be very interested in experiencing it one more time.
주말 휴양을 그곳에서 한 번 더 꼭 경험해 보고 싶습니다.

B It sounds delightful. Let's visit soon.
정말 멋질 것 같네요. 곧 방문해 봅시다.

SESSION 16

일상 영어 (casual)	격식 영어 (formal)
1 **sassy** 당당한	**audacious** 배짱 있고 대담한
2 **hunky** 건장하고 잘생긴	**attractive** 매력적인
3 **spiffy** 멋진	**sophisticated** 고급스럽고 세련된

1 sassy
당당한

sassy는 '당당한, 건방지지만 매력적인'을 뜻합니다. 주로 씩씩하면서 독창적인 매력을 지닌 여성을 칭찬할 때 자주 쓰는 표현입니다.

- The little girl gave a **sassy** reply to her brother.
  그 어린 소녀는 오빠에게 맹랑한 대답을 했다.

___
비격식 유사 표현
saucy 건방지지만 귀여운, 대담한
feisty 활기차고 당돌한   **spunky** 용감하고 활기찬
cheeky (건방지지만) 재치 있는
perky 명랑하고 쾌활한

audacious
배짱 있고 대담한

sassy의 격식 표현으로 쓰여 '배짱 있고 대담한'을 뜻하는 격식 있는 어조의 표현입니다. 행동이나 아이디어가 대담하고 파격적일 때 쓰며, 긍정적으로는 혁신·대담함을, 부정적으로는 무례하거나 무모함을 의미할 수 있습니다.

- He made an **audacious** plan to climb the tallest mountain.
  그는 가장 높은 산을 오르겠다는 대담한 계획을 세웠습니다.

___
세련된 유사 표현
courageous 용감한   **daring** 과감한, 대담한
bold 대담한   **assertive** 단호한
valiant 용감하고 단호한

hunky
건장하고 잘생긴

hunky는 '건장하고 잘생긴, 매우 매력적인'이라는 뜻으로, 매력적인 남성을 칭찬할 때 자주 쓰는 표현입니다.

- The actor looked **hunky** in the new movie.
  그 배우는 새 영화에서 근사해 보였다.

비격식 유사 표현

hot 매력적이고 섹시한   handsome 잘생긴
stud 남성적이고 매력적인
dashing 세련되고 우아한
gorgeous 눈부시게 멋진
sexy 매력적이고 섹시한

attractive
매력적인

hunky의 격식 표현으로 '매력적인, 눈길을 끄는'을 뜻하며 격식 있는 어조를 나타냅니다. hunky가 주로 외모와 체격이 매력적임을 나타내는 반면, attractive는 외모뿐 아니라 성격, 태도, 분위기까지 포함한 전체적인 매력을 표현할 때 쓰입니다.

- She has an **attractive** personality that makes people feel comfortable.
  그녀는 사람을 편안하게 만드는 매력적인 성격입니다.

세련된 유사 표현

appealing 매력적이고 흥미로운
charming 매력적이고 사랑스러운
engaging 사람을 끌어당기는
alluring 매혹적인
magnetic (자석처럼) 끌어당기는 힘이 있는

spiffy
멋진

spiffy는 '멋진, 세련된'을 뜻하여 주로 옷차림이나 외모가 단정하고 매력적일때 자주 씁니다.

- You look **spiffy** in that new outfit.
  너 그 새 옷 입으니까 멋져 보여.

비격식 유사 표현

dapper 단정하고 멋진   snazzy 독특하고 멋진
chic 감각적이고 세련된   fancy 화려하고 멋진
posh 고급지고 세련된   neat 깔끔한

sophisticated
고급스럽고 세련된

spiffy보다 격식 있는 어조의 표현으로, '고급스럽고 세련된, 정교하게 다듬어진'을 뜻합니다.

- The new smartphone features a **sophisticated** design with advanced technology and sleek aesthetics.
  신형 스마트폰은 선진 기술과 세련된 미학이 결합된 고급스럽고 정교한 디자인을 갖추고 있습니다.

세련된 유사 표현

elegant 우아한   polished 정제되고 완성된
refined 품위 있고 정교한
impeccable 흠잡을 데 없이 완벽한

Casual vs. **Formal**
Expressions in Conversation

MP3 032

Casual

A Did you see that new guy in HR? He's so **hunky**!
인사팀에 새로 온 그 남자 봤어? 완전 훈남이야!

B Oh, totally! He's got that **sassy** vibe too. I love it!
완전 인정! 게다가 당당하고 매력적인 느낌도 있잖아. 나 그게 너무 좋아!

A Right? And did you notice how **spiffy** his clothes are?
그렇지? 그리고 옷차림이 얼마나 세련되었는지 봤어?

B I know. It looks like he's in a fashion show.
그러니까. 꼭 패션쇼에 나오는 사람 같아.

A Honestly, that combination of sassy and hunky is hard to resist.
솔직히, 당당함과 멋짐의 조합은 진짜 매력적이야.

B For real! We should totally go talk to him next time we see him.
진짜! 다음에 보면 꼭 말 걸어야겠어.

Formal

A There is a very **attractive**, new employee in HR. Have you seen him yet?
인사팀에 정말 매력적인 새 직원이 들어왔더군요. 혹시 보셨나요?

B I certainly have. He has an **audacious** demeanor that is quite appealing to me.
네, 봤죠. 그분의 대담한 태도가 저는 굉장히 마음에 들어요.

A And did you observe how **sophisticated** his work attire was? It is exceptionally well-coordinated.
그 사람 업무복이 얼마나 세련되었는지 보셨나요? 전체적으로 조화가 완벽했어요.

B I agree. It appears as though he just stepped off the runway at Paris Fashion Week.
맞아요. 마치 파리 패션위크 런웨이에서 막 내려온 것 같아요.

A His boldness and attractiveness are hard to overlook.
그 대담함과 매력이 정말 눈에 띄더군요.

B Quite true. We should certainly consider approaching him next time.
정말 그래요. 다음에 만나면 한번 다가가 보는 것도 좋을 것 같네요.

SESSION 17

MP3 033

일상 영어 (casual)	격식 영어 (formal)
1 **hysterical** 배꼽이 빠지게 웃긴	**entertaining** 즐거움을 주는
2 **witty** 재치 있는	**clever** 영리한
3 **zany** 엉뚱한	**comical** 우스꽝스러운

hysterical
배꼽이 빠지게 웃긴

hysterical은 원래 '감정적으로 매우 격해진 상태, 히스테리 환자'를 표현하는 hysteric에서 유래한 표현입니다. 그래서 '히스테리 상태의' 라는 뜻으로 쓰이지만, 일상 영어에서는 '웃겨서 참을 수 없는, 배꼽이 빠지게 웃긴'의 뜻이 되기도 합니다.

- She was **hysterical** after hearing the shocking news.
  그녀는 그 충격적인 소식을 듣고 감정적으로 매우 격해졌다.

- That comedy show was absolutely **hysterical**!
  그 코미디 쇼는 정말 너무 웃겼어!

비격식 유사 표현

funny as hell 겁나게 웃긴
cracking me up 나를 웃겨 죽게 만드는
side-splitting (너무 웃어서) 옆구리가 찢어질 정도로 웃긴
gut-busting (너무 웃어서) 배가 터질 정도로 웃긴
ridiculously funny 말도 안 되게 웃긴

entertaining
즐거움을 주는

entertaining은 hysterical보다 세련되고 격식 있는 어조의 표현으로 '즐거움을 주는, 유쾌한'을 뜻합니다.

- The movie was really **entertaining** to watch.
  그 영화는 정말 재미있게 보았어요.

세련된 유사 표현

engaging 몰입감을 주는
amusing 가벼운 즐거움을 주는
delightful 유쾌하고 즐거운
pleasurable 기쁨을 주는
fascinating 아주 흥미롭고 매력적인

2 witty
재치 있는

witty는 wit(재치)의 형용사 형태로 '재치 있는, 기지가 넘치는'을 뜻합니다. 날카롭고 재치 있는 유머를 표현할 때 주로 쓰이는 표현입니다.

- He made a **witty** comment that made everyone laugh.
  그는 모두를 웃게 만드는 재치 있는 말을 했다.

비격식 유사 표현
funny 웃긴, 재미있는
snappy 재빠르고 재치 있는
sassy 당돌하고 재치있는
cheeky 장난스럽고 재치 있는

clever
영리한

clever는 witty보다 세련되고 격식 있는 어조의 표현입니다. '영리한, 기발한, 영민한'을 뜻합니다.

- She came up with a **clever** idea to solve the problem.
  그녀는 문제 해결을 위한 기발한 아이디어를 생각해 냈습니다.

세련된 유사 표현
intelligent 지적인
ingenious 독창적이고 기발한
astute 날카롭고 기만한   inventive 창의적인
shrewd 영민한, 상황 판단이 빠르고 영리한

3 zany
엉뚱한

zany는 '엉뚱한, 괴짜 같은, 유머러스 하면서도 이상한'을 뜻합니다. 상식에서 벗어난 독특한 행동이나 기발한 유머를 묘사할 때 사용하는 표현입니다.

- The clown wore a **zany** hat at the party.
  광대는 파티에서 생뚱맞은 모자를 썼다.

비격식 유사 표현
wacky 엉뚱하고 우스꽝스러운
quirky 독특하고 매력적인
ridiculous 터무니없고 우스꽝스러운
kooky 이상하면서도 재미있는
bonkers 완전히 엉뚱한

comical
우스꽝스러운

comical은 zany보다 세련되고 격식 있는 어조의 표현으로 '우스꽝스러운, 웃긴, 유머러스한'이라는 뜻입니다. 꼭 엉뚱하지 않아도 단순히 우스꽝스러운 모습일 때 쓰입니다.

- His **comical** expressions made everyone laugh.
  그의 우스꽝스러운 표정이 모두를 웃게 했지요.

세련된 유사 표현
humorous 웃음을 유발하는
whimsical 기발하고 엉뚱하게 유머러스한
facetious 익살스러운, 가벼운 농담을 하는
jocular 농담을 잘하고 익살스러운

Casual vs. **Formal**
Expressions in Conversation

MP3 034

Casual

A There is a new **hysterical** sitcom on Netflix. Everyone is talking about it. Have you seen it?
넷플릭스에 새로 나온 엄청 웃긴 시트콤이 있어. 다들 그 얘기하더라. 본 적 있어?

B Yes! The dialogue is incredibly **witty**. I can't stop laughing.
응, 봤어! 대사가 진짜 재치 넘치더라. 계속 웃음이 나와서 멈출 수가 없어.

A I know it! And the characters are just so **zany**. They always find themselves in the craziest situations.
그렇지! 그리고 등장인물들이 완전 엉뚱해. 항상 아주 이상한 상황에 빠지잖아.

B I love how unpredictable it is. You never know what's going to happen next!
난 예상을 할 수 없어서 더 좋아. 다음에 무슨 일이 생길지 도대체 알 수가 없잖아!

A Exactly! I find myself binge-watching episodes because I just can't get enough.
맞아! 자꾸 더 보고 싶어서 계속 정주행하게 돼.

B Same here. We should have a watch party and catch up on the latest episodes together.
나도 그래. 우리 같이 최신 에피소드들 모아서 파티하면서 보자.

* binge-watch
  (짧은 시간 안에) 텔레비전 프로그램의 여러 에피소드를 한꺼번에 보다

Formal

A I have been watching a very **entertaining** new sitcom series on Netflix. Have you had a chance to see it yet?
넷플릭스에서 새로 나온 매우 재미있는 시리즈를 보고 있어요. 혹시 보신 적 있으세요?

B Yes, I have. The dialogue is exceptionally **clever**. It's a pleasure to watch.
네, 봤습니다. 대사가 정말 재치 있고 뛰어나더군요. 보는 게 즐겁습니다.

A I agree. The characters often find themselves in **comical** situations.
맞아요. 등장인물들이 종종 웃기는 상황에 처하더라고요.

B I really enjoy its unpredictability; it keeps you guessing about what is coming next.
저는 그 예측 불가능한 점이 정말 좋아요. 다음에 어떤 일이 벌어질지 계속 추측하게 만들잖아요.

A So true. I eagerly anticipate each new episode.
정말 그래요. 새로운 에피소드가 나올 때마다 기대가 됩니다.

B Me as well. It is refreshing to see such well-crafted comedy on television.
저도 그렇습니다. 그렇게 잘 만들어진 코미디를 TV에서 보는 게 신선하네요.

SESSION 18

MP3 035

일상 영어 (casual)	격식 영어 (formal)
1 **playful** 장난기 많은	**whimsical** 기발한
2 **crafty** 기발한, 교활한	**skillful** 능숙한
3 **perky** 활기찬	**energetic** 활발한

1 playful
장난기 많은

playful은 play(놀다)에서 파생된 단어로 '장난기 많은, 유쾌한, 활기찬'을 뜻하며, 장난스럽고 가벼운 즐거움을 주는 특성을 묘사할 때 사용하는 표현입니다.

- The puppy gave a **playful** bark.
  강아지가 장난스럽게 짖었어.

비격식 유사 표현
cheeky 약간 짓궂고 장난스러운
mischievous 짓궂고 장난스러운
lighthearted 가볍고 유쾌한

whimsical
기발한

whimsical은 playful의 격식 표현으로 쓰여 '기발하고 독창적인, 엉뚱하면서 유머러스한'의 뜻으로 격식 있는 어조를 나타냅니다.

- She painted a **whimsical** picture of flying cats.
  그녀는 고양이들이 하늘을 나는 기발한 그림을 그렸어요.

세련된 유사 표현
fanciful 상상력이 풍부한
quaint 독특하고 고풍스러운
imaginative 상상력이 풍부한

crafty
기발한, 교활한

crafty는 '교활한, 능수능란한, 잔꾀를 부리는'이라는 뜻이며, 주로 속임수를 쓰거나 영리하게 문제를 해결하는 상황을 묘사합니다.

- The **crafty** fox tricked the hunters.
  교활한 여우가 사냥꾼들을 속였다.
- She told a **crafty** story that impressed everyone.
  그녀는 모두를 감탄시킬 기발한 이야기를 했다.

비격식 유사 표현
sneaky 교묘하고 몰래 하는
cunning 약삭빠르고 교활한
tricky 잔꾀를 잘 부리는   **sly** 교활하고 은밀한
foxy 영리하고 간교한

skillful
능숙한

crafty보다 세련되고 격식 있는 어조의 표현으로 '능숙한, 솜씨 좋은'을 뜻합니다. crafty가 긍정적인 의미뿐 아니라 교활한 술수를 쓰려고 한다는 부정적인 의미로도 쓰이는 반면에, skillful은 주로 전문적인 능력이나 숙련도를 강조하는 긍정적인 의미로 사용됩니다.

- The surgeon is highly **skillful**, performing complex operations with precision and care.
  그 외과 의사는 매우 능숙하여 정교하고 세심하게 복잡한 수술을 집도합니다.

세련된 유사 표현
adept 숙련된, 능숙한
proficient 능숙하고 숙련된
masterful 뛰어난 기술을 가진
dexterous 손재주가 뛰어난, 능숙한

perky
활기찬

perky는 '활기찬, 쾌활한'을 뜻하며, 주로 밝고 자신감 넘치는 태도를 표현할 때 씁니다.

- She walked into the office with a **perky** smile that lifted everyone's mood.
  그녀는 활기찬 미소를 지으며 사무실에 들어와 모두의 기분을 좋게 만들어 주었어요.

비격식 유사 표현
bubbly 활발하고 생기 넘치는
chirpy 쾌활하고 기분 좋은
peppy 활기차고 에너지 넘치는
cheerful 밝고 명랑한
upbeat 낙관적이고 활기찬

energetic
활발한

energetic은 perky의 격식 표현으로 쓰여 '활발한, 에너지 넘치는'을 뜻하며 활동적이고 열정적인 태도를 강조하는 어조를 띱니다.

- The **energetic** young team worked late into the night to finish the project on time.
  그 활발하고 젊은 팀은 프로젝트를 제때 마치기 위해 밤늦게까지 일했습니다.

세련된 유사 표현
vigorous 강인하고 활력 있는
dynamic 역동적인
passionate 열정적인
enthusiastic 열정이 넘치는

Casual vs. Formal
Expressions in Conversation

MP3 036

Casual

A Have you met Jamie? He's such a **playful** new member of the class.
Jamie 본 적 있지? 새로 온 반 친구인데 아주 장난기가 넘쳐.

B For sure. He always has the most **crafty** ideas for projects. I'm impressed.
맞아, 과제할 때 항상 가장 기발한 아이디어를 내더라. 진짜 대단해.

A Right? And his **perky** personality makes him so much fun to be around.
그러니까. 그리고 밝고 활기찬 성격 덕분에 같이 있으면 너무 즐거워.

B And he can brighten up even the dullest classes with his energy.
Jamie의 에너지 덕분에 가장 지루한 수업 시간도 분위기가 밝아지는 것 같아.

A I love how he gets everyone involved in games during recess. It's great to see.
쉬는 시간에 애들 다 같이 게임하게 만드는 거 정말 멋지더라. 보기 좋아.

B I think he has a way of making learning feel more like an adventure. I love it.
맞아, Jamie는 공부를 모험처럼 느껴지게 만드는 재주가 있어. 아주 마음에 들어.

Formal

A I had the pleasure of meeting our new employee Jamie yesterday. He is such a fascinating, **whimsical** person!
어제 새로 온 직원 Jamie를 만나 봤는데, 아주 즐거웠어요. 정말 멋지고 기발한 사람이더군요!.

B I did too. He consistently demonstrates very **skillful** ideas for his projects which is quite impressive.
저도 만났습니다. 프로젝트에서 항상 매우 창의적이고 능숙한 아이디어를 보여줘서 감탄했어요.

A And his **energetic** personality brings so much joy to the office.
그리고 그 활발한 성격이 사무실 분위기를 정말 즐겁게 만드네요.

B I think so. He has the ability to enhance even the most mundane workdays with his enthusiasm.
저도 그렇게 생각해요. 가장 평범한 업무일도 자신의 열정으로 훨씬 활기차고 즐겁게 느껴지게 만드는 능력이 있더군요.

A I admire how he engages his coworkers in interesting conversations during our lunch break. It is wonderful to witness.
점심시간에 동료들과 흥미로운 대화를 나누는 그의 모습을 보면 감탄이 나와요. 그런 장면을 지켜보는 것만으로도 놀라워요.

B As well, he has a remarkable talent for making work feel like an enjoyable journey.
게다가, 일을 하나의 즐거운 여정처럼 느끼게 만드는 특별한 재능을 지니고 있지요.

SESSION 19

MP3 037

일상 영어 (casual)	격식 영어 (formal)
1 **glitzy** 화려한	**grandiose** 웅장하고 호화로운
2 **buzzing** 흥분으로 가득 찬	**exuberant** 활기 넘치고 열정적인
3 **wild** 엄청 대단한	**extravagant** 화려한

glitzy
화려한

glitzy는 '화려한, 눈부신, 매혹적인'이라는 뜻으로, 주로 겉보기에 화려하거나 대담한 매력을 가진 대상을 표현할 때 사용합니다.

- The banquet hall was full of **glitzy** decorations.
  그 연회장은 화려한 장식으로 가득했다.

비격식 유사 표현

flashy 현란하고 눈길을 끄는
fancy 화려하면서 멋진
blingy 반짝이고 과시적인
sparky 반짝반짝 빛나는

grandiose
웅장하고 호화로운

grandiose는 glitzy의 격식 표현으로 쓰여 '웅장하고 호화로운'을 뜻합니다. 주로 눈에 띄는 외양이나 과장된 매력을 강조하는 격식 있는 어조의 표현입니다.

- The hotel lobby featured a **grandiose** chandelier that dazzled every guest upon arrival.
  호텔 로비에는 웅장하고 호화로운 샹들리에가 걸려 있어서 도착한 손님들은 모두 그걸 보고 황홀해했습니다.

- His **grandiose** plans surprised everyone.
  그의 거창한 계획은 모두를 놀라게 했습니다.

세련된 유사 표현

ostentatious 과장되고 과시적인
ornate 화려하고 장식이 많은
flamboyant 현란한 **showy** 도드라진

2 buzzing
흥분으로 가득 찬

buzzing은 벌이나 곤충이 내는 '윙윙거리는 소리'를 나타내는 buzz에서 유래되었습니다. 여기서 의미가 확장되어 '활기가 넘치는, 흥분으로 가득 찬, 소문이 자자한'을 뜻하게 되었죠. 주로 활력과 열정이 넘치는 사람이나 분위기를 표현할 때 씁니다.

- **The café was buzzing with people and laughter.**
  그 카페는 사람들과 웃음소리로 활기가 넘쳤어요.

비격식 유사 표현
lively 활기찬   hyped 들뜬, 흥분한
excited 신난, 흥분한
thrilled 아주 신나고 설레는
vibing 분위기가 좋은

exuberant
활기 넘치고 열정적인

exuberant는 buzzing의 격식 표현으로 '활기 넘치고 열정적인, 풍부한'을 뜻하며 보다 격식 있는 어조입니다.

- **They gave an exuberant cheer when their team won.**
  그들은 자기네 팀이 이기자 활기 넘치는 환호성을 질렀습니다.

세련된 유사 표현
energetic 에너지 넘치는
vibrant 생동감 넘치는
elated 매우 기쁘고 들뜬
buoyant 쾌활하고 자신감 있는

3 wild
엄청 대단한

wild의 기본 의미는 '야생의'입니다. 여기서 의미가 확장되어 '제어되지 않는, 엄청 대단한'을 뜻하며, 주로 과장되거나 대담한 상황·행동을 표현할 때 사용합니다.

- **That party last night was wild; everyone was dancing like crazy until 3 a.m.**
  어젯밤 파티는 진짜 대단했어. 모두가 새벽 3시까지 미친 듯이 춤을 췄지.

비격식 유사 표현
crazy 미친 듯이 대담한
insane 믿을 수 없을 정도로 과감한
over-the-top 지나치게 과장된

extravagant
화려한

extravagant는 wild의 격식 표현으로 '사치스러운, 과장된, 지나치게 화려한'을 뜻하여, 주로 지나치게 화려하거나 낭비하는 행동을 격식 있는 어조로 묘사합니다.

- **The gala was extravagant, with lights and music filling the entire hall.**
  그 갈라 쇼는 엄청 화려했습니다. 조명과 음악이 홀 전체를 가득 채우면서 말이죠.

세련된 유사 표현
lavish 낭비하는   immoderate 과도하고 지나친
sumptuous 값비싸고 고급스러운

Casual vs. Formal
Expressions in Conversation

MP3 038

Casual

A Have you heard about that new **glitzy** show on Broadway? Everyone is talking about it!
새로 나온 화려한 브로드웨이 쇼 얘기 들었어? 다들 그 얘기만 하네!

B Yeah! I heard the buzz around it is insane. People are saying it's a must-see.
응! 그거 완전 핫하다고 들었어. 사람들이 꼭 봐야 한다고 하더라.

A I can only imagine. I love when the energy in the theater is **buzzing** with excitement.
상상만 해도 재밌을 것 같아. 극장이 흥분으로 가득 찬 에너지를 느끼는 게 너무 좋아.

B Totally! I bet the performances are **wild**, too. I can't wait to check it out.
완전 공감! 연기도 엄청 대단할 것 같아. 진짜 빨리 보고 싶다.

A Same here!
나도 마찬가지야!

B Let's plan to go this weekend. It'll be so much fun!
이번 주말에 같이 보러 가자. 엄청 재밌을 거야!

Formal

A Have you had the opportunity to see that **grandiose** new production on Broadway? It has generated quite a reputation.
브로드웨이에서 새로 나온 화려하고 웅장한 작품을 보신 적 있으세요? 꽤 큰 명성을 얻었더군요.

B Not yet, but I have heard that the reception has been **exuberant**. Many people are recommending it as essential viewing.
아직이요. 하지만 그 공연에 대한 반응이 열광적이라고 들었습니다. 많은 분들이 반드시 봐야 할 공연이라고 추천하더군요.

A I can only surmise. I appreciate when the atmosphere in the theater is filled with such vibrant energy.
정말 그렇겠네요. 저는 극장이 그런 활기찬 에너지로 가득 찰 때가 참 좋습니다.

B I anticipate the performances are quite **extravagant** as well. I look forward to experiencing it first-hand.
연기도 꽤나 화려할 것 같아 저 또한 기대가 큽니다. 직접 경험해 보고 싶네요.

A I completely agree.
정말 동감이에요.

B If your schedule permits, would you be interested in going to see it together next weekend? It promises to be an enjoyable outing.
시간이 되신다면 다음 주말에 같이 보러 가시는 거 어떠실까요? 즐거운 나들이가 될 것 같습니다.

SESSION 20

일상 영어 (casual)	격식 영어 (formal)
1 **slick** 세련된	**wonderful** 훌륭한
2 **killer** 끝내주는	**magnificent** 감탄할 만한
3 **sick** 쩌는	**splendid** 아주 멋진

1 slick
세련된

slick의 기본 의미는 '매끄러운'입니다. 여기서 의미가 확장돼 '세련된, 능숙한'의 뜻이 되었는데, 주로 겉모습이 깔끔하거나 행동이 능숙하고 영리함을 표현할 때 씁니다. 또 '겉만 번드르르한, 말을 번지르르하게 하는'이라는 뜻의 부정적인 의미로도 쓰일 수 있습니다.

- He showed a **slick** move on the skateboard.
  그는 스케이트보드에서 능숙하고 세련된 동작을 선보였다.

- The salesman gave a **slick** pitch that sounded convincing, but it lacked real substance.
  세일즈맨은 그럴듯하게 들리지만 실속은 없는 번드르르한 영업 멘트를 늘어놓았습니다.

비격식 유사 표현
cool 멋진　**smooth** 부드럽고 능숙한
sharp 똑똑하고 세련된

wonderful
훌륭한

wonderful은 slick의 격식 표현으로 쓰여 '훌륭한, 멋진, 경이로운'을 뜻합니다. 주로 매우 훌륭하거나 인상적인 것을 격식 있는 어조로 묘사합니다.

- We had a **wonderful** time at the beach.
  우리는 해변에서 멋진 시간을 보냈어요.

세련된 유사 표현
excellent 매우 훌륭한
magnificent 웅장하고 감탄할 만한
outstanding 두드러진, 탁월한
remarkable 주목할 만한
impressive 깊은 인상을 주는

killer
끝내주는

killer는 명사로 '살인자'를 뜻합니다. 하지만 killer가 형용사로 쓰이면 '죽여주는, 대단한, 끝내주는'이라는 뜻이 되어 비격식적인 상황에서 매우 뛰어나거나 인상적인 것을 묘사할 때 사용할 수 있습니다.

- That band just released a **killer** new song, and it's been stuck in my head all day.
  저 밴드가 죽여주는 신곡을 발표했는데, 그 노래가 종일 머릿속에서 떠나질 않아.

비격식 유사 표현
awesome 정말 멋진   epic 엄청난
sick 쩌는, 끝내주는   dope 쩌는, 아주 짱인

magnificent
감탄할 만한

magnificent는 killer의 격식 표현으로, '훌륭한, 웅장한, 감탄할 만한'을 뜻하는 격식 있는 어조의 표현입니다.

- The palace offered a **magnificent** view of the city, leaving visitors in awe.
  그 궁전에서는 도시가 내려다보이는 감탄할 만한 풍경이 보여서 방문객들을 경탄케 했습니다.

세련된 유사 표현
outstanding 두드러진, 탁월한
remarkable 주목할 만한
exceptional 예외적으로 뛰어난
notable 눈에 띄는

sick
쩌는

sick의 기본 의미는 '아픈'이지만 '쩌는, 끝내주는, 대단한'이라는 또 다른 의미의 비격식 표현으로도 쓰일 수 있습니다.

- That trick you did was **sick**!
  네가 한 그 묘기 정말 멋졌어!

- The skateboarder pulled off a **sick** trick that had the crowd cheering wildly.
  그 스케이트보더가 쩌는 기술을 선보여서 관중들이 열화와 같은 환호를 보냈어.

비격식 유사 표현
cool 멋진   epic 대단한   dope 쩌는, 아주 짱인
killer 끝내주는

splendid
아주 멋진

sick의 격식 표현으로, '아주 멋진, 훌륭한'을 뜻하여 주로 대단히 인상적이거나 아름다운 것을 격식 있는 어조로 묘사합니다.

- They enjoyed a **splendid** dinner at the seaside restaurant, watching the sunset over the ocean.
  그들은 바닷가 레스토랑에서 아주 멋진 저녁을 즐기며 바다 위로 지는 노을을 감상했습니다.

세련된 유사 표현
exceptional 예외적으로 뛰어난
remarkable 주목할 만한
impressive 깊은 인상을 주는
notable 눈에 띄는
exquisite 정교하고 아름다운

Casual vs. **Formal**
Expressions in Conversation

MP3 040

Casual

A Did you see that **slick** new car Kevin just got? It's amazing.
Kevin이 새로 산 멋진 차 봤어? 완전 대박이야.

B I know, right? That thing looks **killer** on the road!
맞아! 도로에서 보니까 진짜 끝내주더라!

A For real! Kevin said that the features of his car are so **sick**. I can't believe all the tech it has.
진짜로! Kevin 말로는 차의 기능도 완전 끝내준다더라고. 그런 기술들이 다 적용되어 있다는 게 믿기지 않아.

B Totally! I'd love to take a ride in it sometime.
그러게! 나도 한번 타 보고 싶어.

A Same here! We should ask him to take us out for a spin.
나도 마찬가지야! Kevin한테 우리 태워 달라고 하자.

B Definitely! It'll be a blast!
완전 좋아! 진짜 재밌을 것 같아!

* spin 드라이브

Formal

A I met Kevin yesterday and he showed me his **wonderful** new car. It is truly **magnificent**! Have you seen it yet?
어제 Kevin을 만났는데, 새로 산 멋진 차를 보여주더군요. 정말 훌륭했어요! 혹시 보셨나요?

B I have, and I completely agree. That vehicle looks quite impressive on the road.
네, 봤습니다. 저도 말씀에 완전히 동의해요. 도로에서 보니 차가 정말 인상적이더군요.

A Kevin mentioned that the features it possesses are **splendid**. I can hardly believe all the technology it includes.
Kevin이 그 차가 갖춘 기능들이 탁월하다고 언급하더군요. 그 기술들을 모두 탑재했다는 게 믿기지 않을 정도입니다.

B I would love the opportunity to drive it sometime or just be a passenger.
언젠가 그 차를 운전해 보거나, 아니면 그냥 타기라도 해 보고 싶어요.

A I share your sentiment! We should certainly ask him to take us out in it.
저도 같은 마음이에요! Kevin에게 우리 좀 한번 태워 달라고 부탁해야겠어요.

B Without a doubt! It would be an enjoyable experience!
맞아요! 확실히 즐거운 경험이 될 겁니다!

SESSION 21

MP3 041

일상 영어 (casual)	격식 영어 (formal)
1 **gnarly** 대단한	**astounding** 믿기 어려울 정도로 놀라운
2 **brutal** 엄청난	**fierce** 어마어마한
3 **banging** 끝내주는	**exciting** 짜릿한

gnarly
대단한

gnarly는 비격식 표현으로 '대단한, 끝내주는'을 뜻하는 긍정적인 의미와 '거칠고 힘든'을 뜻하는 부정적 의미로 쓰일 수 있습니다. 앞의 g는 묵음으로 발음하지 않습니다.

- That was a **gnarly** wave to surf!
  서핑하기에 끝내주는 파도였어!

- Driving through the storm was pretty **gnarly**, with fallen trees blocking the road and zero visibility.
  폭풍우 속에서 운전하려니 도로를 가로막은 쓰러진 나무들에다 전혀 보이지 않는 시야 때문에 정말 힘들었어.

비격식 유사 표현
(긍정적 상황에서)
cool 멋진   **epic** 대단한   **rad** 끝내주는
(부정적 의미로)
tough 부당한, 가혹한, 힘든

astounding
믿기 어려울 정도로 놀라운

astounding은 gnarly의 세련되고 격식 있는 어조의 표현으로, '경이로운, 믿기 어려울 정도로 놀라운'을 뜻하는 긍정적인 의미를 나타냅니다.

- The magician's tricks were truly **astounding**.
  그 마술사의 묘기는 정말 놀라웠어요.

세련된 유사 표현
incredible 놀라운   **remarkable** 주목할 만한
extraordinary 비범한, 대단한
phenomenal 경이로운
unbelievable 믿기 힘든, 놀라운

2 brutal
엄청난

brutal은 brute(짐승)의 형용사 표현으로 '짐승 같은'이라는 뜻입니다. 여기서 확장되어 비격식 표현으로 '잔인한, 극도로 힘든, 엄청난'을 뜻하며, 상황이 힘들고 감당하기 어렵거나, 인상적이고 강렬할 때 사용하는 표현입니다.

- The soldiers suffered under a **brutal** dictator.
  군인들은 짐승 같은 독재자 밑에서 고통받았다.

- That workout was **brutal**, seriously.
  그 운동 엄청 빡셌어, 진짜로.

비격식 유사 표현
harsh 가혹한   tough 힘든, 고된
rough 거친, 힘든   savage 잔인한

fierce
어마어마한

fierce는 '사나운'의 뜻이지만, brutal의 격식 표현으로, '어마어마한, 맹렬한, 격렬한, 강렬한'을 뜻하는 격식 있는 어조를 나타냅니다.

- The team faced **fierce** competition in the finals, pushing them to perform at their very best.
  그 팀은 결승전에서 어마어마한 경쟁에 직면해 최선을 다해서 경기를 펼쳤습니다.

세련된 유사 표현
intense 강렬한
formidable 만만치 않은, 강력한
vigorous 격렬한, 활발한
ferocious 맹렬한, 사나운
powerful 강력한

3 banging
끝내주는

banging은 원래 '세게 부딪히거나 강타하는 소리'를 뜻하는 bang에서 유래한 표현으로 '세게 두드리는, 쿵쾅거리는'을 뜻합니다. 여기서 의미가 확장된 비격식 표현으로, '끝내주는, 대단히 멋진'이라는 뜻이 되었습니다. 주로 음악, 음식, 파티 등 매우 인상적이고 흥미로운 것을 묘사할 때 씁니다.

- I heard someone **banging** on the door late at night.
  나는 밤늦게 누군가 문을 세게 두드리는 소리를 들었다.

- This pizza is **banging**; the crust is so crispy and the toppings are perfect.
  이 피자 끝내준다. 도우는 바삭하고 토핑도 완벽해.

비격식 유사 표현
awesome 정말 멋진   epic 대단한
lit 완전히 멋진   killer 끝내주는

exciting
짜릿한

exciting은 banging의 격식 표현으로 쓰여 '흥미로운, 짜릿한'을 뜻하는 격식 있는 어조를 나타냅니다.

- The concert last night was truly **exciting**, with an incredible atmosphere all around.
  어젯밤 콘서트가 정말 멋졌습니다. 분위기도 아주 기가 막혔어요.

세련된 유사 표현
thrilling 짜릿한, 흥분되는
exhilarating 아주 신나는
invigorating 활기를 주는
stirring 감동적이고 흥분되는
stimulating 자극적이고 흥미로운

Casual vs. **Formal**
Expressions in Conversation

| MP3 042 |

Casual

A Did you check out that **gnarly** trick Jake pulled off at the break-dancing competition yesterday?
어제 브레이크 댄스 대회에서 Jake가 선보인 멋진 기술 봤어?

B I did. That was totally **brutal**. I can't believe he landed it!
봤지! 완전 엄청나던데. 그걸 완벽하게 해냈다니 믿을 수가 없어!

A For real! Everyone was cheering. It was so **banging**.
진짜! 모두가 환호했잖아. 진짜 끝내줬어.

B And the way he just kept going like it was nothing. Pure talent!
그리고 아무 일도 없었다는 듯 계속 춤추는 거. 타고난 순수한 재능이야!

A I can't wait to see what he does next. He's on fire!
다음에 또 뭘 보여줄지 빨리 보고 싶다. 물이 오를 대로 올랐어!

B We seriously need to go watch him again next week and then see if he tries something even crazier.
우리 다음 주에 꼭 가서 또 봐야 해. 이번엔 더 미친 기술을 시도할지도 몰라.

Formal

A Jake performed an **astounding** trick at the break-dancing competition yesterday. Were you able to see it?
Jake가 어제 브레이크댄스 대회에서 훌륭한 기술을 선보였더군요. 보셨나요?

B I was there. It was quite **fierce**! I can hardly believe he managed to land it so flawlessly.
현장에 있었습니다. 정말 어마어마하던데요. 그렇게 완벽하게 기술을 성공시키다니 믿기 어려웠어요.

A The crowd's response was truly **exciting**; everyone was cheering with admiration.
관중들의 반응도 정말 짜릿했죠. 모두가 감탄하며 환호하더군요.

B And the way he confidently continued with his performance was remarkable. It showcased how talented he really is.
그리고 자신감 있게 공연을 이어가는 모습이 정말 놀라웠습니다. Jake가 얼마나 재능을 타고났는지가 확실히 드러났죠.

A I am looking forward to seeing what he attempts next time. His skills are truly impressive.
다음에는 또 어떤 시도를 할지 정말 기대됩니다. 실력이 정말 놀라워요.

B Let's go watch him next week and see if he attempts any new feats.
다음 주에 또 보러 가서 그가 새로운 기술을 시도하는지 확인해 봅시다.

SESSION 22

MP3 043

일상 영어 (casual)	격식 영어 (formal)
1 **legendary** 레전드를 찍은	**phenomenal** 경이로운
2 **check it out** 살펴보다	**watch** 관찰하다
3 **next-level** 차원이 다른	**unbelievable** 믿기 어려운

1 legendary
레전드를 찍은

legendary는 명사 legend(전설)에서 나온 형용사 표현으로 '전설적인'이라는 뜻입니다. 여기서 의미가 확장되어 비격식 표현으로 우리말의 '레전드를 찍은'과 같은 뜻으로 쓰입니다. 즉 '잊을 수 없는, 엄청난'이라는 의미로, 주로 매우 특별하거나 대단한 사람·사건을 묘사할 때 사용합니다.

- She is a **legendary** singer in our country.
  그녀는 우리나라에서 전설적인 가수야.

비격식 유사 표현

awesome 정말 멋진   **epic** 대단한
next-level 차원이 다른, 엄청난   **killer** 끝내주는
unreal 믿기 어려울 정도로 대단한

phenomenal
경이로운

phenomenon은 '현상', '경이로운 것[사람]'의 뜻입니다. 이것의 형용사형인 phenomenal은 legendary의 격식 표현으로 '경이로운, 놀라운'을 뜻하는 격식 있는 어조의 표현입니다.

- The band gave a **phenomenal** performance last night.
  그 밴드는 어젯밤 경이로운 공연을 했습니다.

세련된 유사 표현

remarkable 주목할 만한
extraordinary 비범한, 특별한
exceptional 예외적으로 뛰어난
outstanding 두드러진, 훌륭한
magnificent 웅장하고 훌륭한

check it out
살펴보다

check it out은 '한번 확인해 보다, 살펴보다, 직접 보다'를 뜻하는 비격식 표현으로 특정 대상이나 상황에 관심을 가져 보라는 요청이나 권유를 할 때 많이 씁니다.

- Hey, there's a new café around the corner—let's **check it out** this weekend.
  야, 모퉁이에 카페가 새로 생겼어. 이번 주말에 한번 가 보자.

비격식 유사 표현
take a look   한번 보다
give it a try   한번 시도하다
look into it   조사해 보다, 알아보다
scope it out   둘러보다
peep it   한번 훑어보다

watch
관찰하다

watch는 '관찰하다, 보다'를 뜻하는 격식 있는 어조의 표현으로 주로 특정 대상이나 사건을 주의 깊게 지켜보는 것을 나타냅니다.

- They **watched** the stars in silence.
  그들은 조용히 별들을 관찰했습니다.

세련된 유사 표현
observe   관찰하다
examine   살펴보다, 검토하다
inspect   조사하다, 점검하다
view   보다, 감상하다
monitor   지속적으로 관찰하다

next-level
차원이 다른

next-level은 '차원이 다른, 엄청난, 압도적인'이라는 뜻입니다. 보통의 수준을 넘어서는 매우 뛰어난 것을 묘사하는 표현입니다.

- Her cooking skills are **next-level**; every dish tastes like it came from a five-star restaurant.
  그녀의 요리 실력은 차원이 달라서 모든 요리가 마치 5성급 레스토랑에서 나온 것 같아요.

비격식 유사 표현
epic   엄청난, 전설적인
insane   믿기 어려울 정도로 대단한
unreal   비현실적으로 놀라운

unbelievable
믿기 어려운

unbelievable은 '믿기 어려운, 경이로운'을 뜻하는 격식 있는 어조의 표현으로 주로 매우 뛰어나거나 예상치 못한 상황을 묘사할 때 쓰입니다.

- The scientist made an **unbelievable** discovery that could change the future of medicine.
  그 과학자는 의학의 미래를 바꿀 수도 있는 경이로운 발견을 해냈습니다.

세련된 유사 표현
incredible   믿기 힘든
astounding   경이로운, 놀라운
extraordinary   비범한, 특별한
remarkable   주목할 만한

Casual vs. **Formal**
Expressions in Conversation

MP3 044

Casual

A The football match last night was **legendary**. I hope you were able to **check it out**.
어젯밤 미식축구 경기 레전드를 찍더군. 혹시 그거 봤다면 좋겠는데.

B Oh yeah! It was absolutely **next-level**. I couldn't believe the final score.
당연히 봤지! 완전히 수준이 다르더라. 마지막 점수는 믿을 수가 없었어.

A And the comeback in the last quarter was insane!
그리고 마지막 쿼터에서 역전한 거 진짜 대박이었지!

B I was on the edge of my seat the whole time. I've never seen a game turn around like that!
나 진짜 내내 자리에서 쫄아 있었어. 그런 반전은 처음 봤어!

A I'm still buzzing from all the excitement. We should totally watch the highlights together.
아직도 흥분이 가시질 않아. 우리 하이라이트 같이 보자.

B I'm in. I wanna relive that last play. It was just too epic!
완전 좋아. 그 마지막 플레이 다시 보고 싶어. 진짜 너무 대단했어!

Formal

A Did you happen to **watch** that **phenomenal** football match last night? I hope so.
어젯밤 그 경이로운 축구 경기 보셨나요? 보셨기를 바랍니다.

B I did. It was absolutely **unbelievable**! I could hardly imagine the final outcome.
네, 봤어요. 정말 믿기 어려울 정도로 놀라웠죠! 마지막 결과는 거의 상상도 못 했어요.

A The comeback in the last quarter was truly out of this world.
마지막 쿼터에서의 역전은 정말 비현실적일 정도였죠.

B I found myself captivated by the intensity; it was unlike any game I've ever witnessed.
전 경기의 긴장감에 완전히 사로잡혔다니까요. 그런 경기는 본 적이 없었어요.

A I am still reliving the excitement of it all. We should arrange to view the highlights together.
아직도 그 흥분을 곱씹고 있어요. 우리, 날 정해서 하이라이트를 함께 보면 좋겠네요.

B That sounds like a wonderful idea. Let's revisit that final play. It was simply extraordinary.
정말 좋은 생각이에요. 그 마지막 플레이를 다시 보죠. 진짜 놀라웠어요.

TIP — 비격식 줄임말 표현 vs. 격식 영어 표현

비격식 영어에서는 SNS 또는 문자 메시지를 보낼 때 가볍고 재미있게 감정을 표현하기 위해 줄임말을 자주 사용합니다. 하지만 공식적인 상황에서는 부적절하고, 또 오해를 부를 수도 있으므로, 같은 뜻을 좀 더 세련되고 명확하게 전달하는 표현도 알아 두었다가 상황에 맞게 활용하는 것이 좋습니다.

비격식 표기	의미	격식 영어 표현
OTL	좌절, 절망(엎드린 사람 모습)	I feel so discouraged. 절망적이네요. That was really disappointing. 아주 실망스러웠어요.
LOL	Laughing Out Loud 크게 웃음	That's hilarious! 그거 아주 재미있네요! I couldn't stop laughing. (재미있어서) 웃음을 참을 수 없었어요.
OMG	Oh My God! 맙소사!	Oh my goodness! 저런! I can't believe it. 믿을 수 없군요.
BRB	Be Right Back. 곧 돌아오겠음.	I'll be right back. 곧 돌아오겠습니다. Give me a moment. 잠시 시간을 주세요.
TTYL	Talk To You Later. 나중에 이야기해.	I'll talk to you soon. 곧 다시 이야기 나누죠. Speak to you later. 나중에 이야기하시죠.
FYI	For Your Information 참고용	Just so you know… 참고로 말하자면… I'd like to inform you that… ~한 사실을 알려드리고 싶어요
IDK	I Don't Know. 몰라.	I'm not sure. 확실하지는 않아요. I don't know about that. 그것에 관해선 전 모르겠습니다.
SMH	Shaking My Head 절레절레(어이없음)	That's unbelievable. 믿을 수 없어요. I really don't get it. 정말 납득할 수가 없네요.
TBH	To Be Honest 솔직히	Frankly speaking 솔직히 말씀드리면 In all honesty 모든 진심을 담아 말하자면
ICYMI	In Case You Missed It 혹시 놓쳤을까 봐 알려드리면	Just to recap… 간단히 요약하자면… In case you didn't catch this earlier… 아까 놓치셨을 수도 있어서 말씀드리자면…
AFK	Away From Keyboard 잠시 부재중	I'm away from my desk at the moment. 잠시 자리를 비웠습니다.
BFF	Best Friends Forever 가장 친한 친구	We've been close friends for years. 우리는 오랫동안 가까운 친구로 지내왔어요.
FOMO	Fear Of Missing Out 놓치는 것에 대한 두려움	I didn't want to miss out on the fun. 즐거운 자리에 빠지고 싶지 않았어요.

CHAPTER 2
일상 영어 vs. 격식 영어 표현들

왼쪽의 QR코드를 스캔하시고 '바로듣기'를 탭하세요. 해당 도서의 음원을 바로 들으실 수 있습니다. 반복 재생과 속도 조절도 가능합니다.

SESSION 1

MP3 045

일상 영어 (casual)	격식 영어 (formal)
1 What's up? 별일 없어?	How are you? 어떻게 지내세요?
2 I'm beat. 지쳤어.	I am exhausted. 녹초가 되었어요.
3 Catch you later. 나중에 봐.	Goodbye for now. 여기서 그만 인사드리죠.

1 What's up?
별일 없어?

What's up?은 보통 두 가지 의미로 쓰입니다.
❶ 구어체에서 안부 인사: 안녕? 어쩐 일이야?
❷ 무언가 잘못됐거나 상대방이 걱정스럽게 보일 때: 뭐 해? 뭔 일 있어? 별일 없는 거야?

별일 없을 때의 대답은 다음과 같이 두 가지 형태로 말합니다.

- Not much. / Nothing (much). / Not bad. / (Pretty) Good. / Perfect.
- What's up? (질문과 똑같이 화답)

What's up?을 더 쿨하게 What up?[와덥, 와럽], Wassup?[와썹], Sup?[썹]처럼 말하기도 하지만, 지나치게 격이 떨어지는 느낌을 줄 수도 있으니 사용에 주의해야 합니다.

How are you?
어떻게 지내세요?

How are you?는 영어에서 안부를 물을 때 가장 많이 쓰는 표현입니다. 보통 Good morning! / Good afternoon! / Good evening! / Hello! / Hi! 같은 인사 뒤에 놓여서 '어떻게 지내세요?'의 의미로 쓰입니다.

How are you?는 How are you doing?보다 더 격식을 갖춘 느낌이며, 이 인사 표현을 듣게 되면 자신의 안부를 짧게 말하고 How are you (doing)?나 How about you?처럼 상대방의 안부도 묻는 것이 일반적입니다.

I'm beat.
지쳤어.

I'm beat.는 '나는 지쳤다'라는 뜻입니다. beat는 원래 '때리다' 또는 '타격을 가하다'라는 뜻인데, 여기서 의미가 확장되어 미국 속어로 '지치다' 또는 '피곤하다'는 의미로도 쓰입니다. 특히 육체적으로 힘든 활동 후에 자주 씁니다.

- After moving all day, **I'm beat**.
  종일 이사한 후라서 내가 지쳤어.

I am exhausted.
녹초가 되었어요.

I am exhausted.는 '너무 피곤하다, 방전되었다'라는 뜻입니다. 동사 exhaust가 '다 써버리다, 고갈시키다'를 뜻하기 때문에 I am exhausted.는 자신의 에너지가 고갈되어 극도로 피로한 상태일 때 쓰는 표현입니다.

- After finishing the project, **I am exhausted** from all the hard work.
  프로젝트를 마친 후, 나는 모든 힘든 작업으로 인해 녹초가 되었습니다.

Catch you later.
나중에 봐.

Catch you later.는 '나중에 보자, 나중에 만나자'라는 인사말입니다. catch는 원래 '(붙)잡다'를 뜻합니다. 여기서 확장되어 '우연히 만나다, 약속된 만남을 가지다'라는 뜻으로도 사용되어 Catch you later.가 '나중에 보자'의 의미로 쓰이게 됐죠.

보통 '나중에 봐(요)'라는 인사말로는 See you later.가 일반적으로 더 많이 쓰이고, Catch you later.는 좀 더 구어체적인 느낌입니다. '잡다'라는 동작 표현이 들어 있어서 좀 더 적극적인 느낌으로 다시 보자고 하는 어조입니다. 대화 중에 또는 전화 통화 중에 작별을 고할 때는 Talk to you later. 또한 자주 씁니다.

- I'll **catch you later** at the café.
  카페에서 나중에 보자.

Goodbye for now.
여기서 그만 인사드리죠.

Goodbye for now.는 공식적인 상황에서 만남을 끝낼 때 적절하게 사용할 수 있는 작별 인사입니다. 보통은 잠시 동안의 작별을 의미하며, 다시 만날 것을 기대한다는 뉘앙스를 내포하는 격식 있는 표현입니다.

- **Goodbye for now**, we will discuss this further in our next meeting.
  여기서 그만 인사드리고, 다음 회의에서 이것을 더 논합시다.

Casual vs. **Formal**
Expressions in Conversation

MP3 046

Casual

A Hey, **what's up?**
   어이, 좀 어떠냐?

B Not much, just chilling. How about you?
   별거 없어. 그냥 쉬고 있어. 너는 어때?

A Ah, **I'm beat.** I can't wait for the weekend. Gonna catch up on some sleep.
   아, 나 완전 지쳤어. 주말이 너무 기다려지네.
   잠 좀 자려고.

B I feel you, man. It's been a tiring week for me too. I need to recharge.
   나도 그래. 나도 진짜 피곤한 한 주였어. 충전 좀 해야 해.

A Definitely. Well, I gotta run now. **Catch you later!**
   맞아. 음, 나 지금 가 봐야 해. 나중에 보자!

B Sure thing! Take care and have a good one. See you later!
   그래! 잘 지내고 좋은 하루 보내. 나중에 봐!

Formal

A Good morning, **how are you?**
   좋은 아침입니다. 어떻게 지내세요?

B I am doing well, thank you. How about yourself?
   잘 지내고 있습니다. 감사합니다. 그쪽은 어떠세요?

A **I am exhausted** to be honest. I am looking forward to the weekend. I plan to relax and recharge.
   솔직히 말해서, 정말 피곤합니다. 주말을 고대하고 있어요. 쉬면서 충전할 계획입니다.

B I can understand that. Sometimes work can really drain us.
   이해합니다. 가끔 일 때문에 정말 지칠 때가 있죠.

A Absolutely. Well, I have to get going now. **Goodbye for now.**
   맞아요. 그럼, 이제 가 봐야겠네요. 여기서 그만 인사드리죠.

B Alright, take care and have a productive day. Goodbye and see you soon.
   알겠습니다. 잘 지내시고 생산적인 하루 보내세요. 안녕히 가시고, 곧 뵙겠습니다.

SESSION 2

MP3 047

일상 영어 (casual) | 격식 영어 (formal)

1. **No biggie. / Not a big deal.** 별일 아니야. | **It is not a significant issue.** 큰 문제는 아닙니다.

2. **wanna** ~를 원하다, ~하고 싶다 | **would like to** ~하면 좋겠습니다

3. **Give me a sec.** 잠깐만 기다려줘. | **Please give me a moment.** 잠시만 기다려 주세요.

No biggie. / Not a big deal.
별일 아니야.

두 표현 다 '큰일 아니다, 별일 아니다'라는 뜻입니다. biggie는 big deal의 줄임말 표현이며, 영어에서는 보통 줄임말이 좀 더 일상적인 표현이라서 No biggie.보다는 Not a big deal.이 조금 더 격식을 갖춘 표현입니다. 둘 다 상대방을 안심시키거나, 상대방의 걱정이나 감사 표현에 대해 별로 문제가 되지 않는다고 겸손하게 대답할 때 사용합니다.

A **Thanks for helping me out.**
도와줘서 고마워.
B **No biggie, happy to help.**
별일 아니야, 도와줄 수 있어서 기쁘지 뭐.

A **I'm sorry for being late.**
늦어서 미안해.
B **Not a big deal, don't worry.**
큰일 아니야, 걱정하지 마.

비격식 유사 표현

No problem. 문제없어.
No sweat. (땀 한 방울 흘릴 일 없는 쉬운 일이니까) 걱정 마.
No worries. 걱정하지 마.
It's all good. 다 괜찮아.
Don't worry about it. 걱정하지 마.
It's nothing. 별거 아니야, 괜찮아.

It is not a significant issue.
큰 문제는 아닙니다.

1

It is not a significant issue.는 No biggie.와 Not a big deal.의 격식 표현으로, 어떤 일이 중요하지 않거나 큰 문제가 되지 않으니 걱정할 필요가 없다는 것을 정중하게 전달할 때 쓰입니다.

A **I'm sorry I sent the report a bit late.**
보고서를 조금 늦게 보냈는데 죄송합니다.
B **It is not a significant issue.**
큰 문제 아닙니다.

세련된 유사 표현

It is not a major concern. 큰 걱정거리가 아닙니다.
It is not a critical issue. 중요한 문제가 아닙니다.
It is not a pressing matter. 급한 문제가 아닙니다.
It does not require immediate attention.
즉각적인 주의가 필요하지는 않습니다.
It is a minor issue. 사소한 문제입니다.
It is of little importance. 중요한 일이 아닙니다.

2 wanna
~를 원한다, ~하고 싶다

wanna는 want to의 축약형으로, 일상 대화에서 발음을 간소화하여 빠르고 간편하게 의사를 전달하기 위해 사용합니다.

wanna는 어떤 대상을 원하거나 원하는 행동을 하려 한다는 것을 나타내는 꽤 자기 중심적인 표현이라 정중한 영어가 필요한 자리에서 지나치게 많이 쓰면 상대방에 대한 배려가 부족한 사람처럼 오해받을 수도 있습니다.

- Do you **wanna** grab some coffee later?
  나중에 커피 한잔할래?

would like to
~하면 좋겠습니다

wanna의 격식 표현으로 '~하고 싶다, ~하면 좋겠다'는 뜻을 더 격식 있고 공손하게 나타냅니다. want가 하고 싶은 걸 대놓고 말하는 거라면 would like to는 '~하게 되면 좋겠다'처럼 원하는 바를 에둘러 정중하게 표현합니다.

- I **want to** go back home now.
  (매우 강한 어조로) 지금 당장 집에 가고 싶어요.

- I **would like to** go back home now.
  (가능하다면/허락한다면) 지금 집에 갔으면 합니다.

3 Give me a sec.
잠깐만 기다려.

Give me a sec.은 Give me a second.의 축약형으로, '잠깐만 기다려 줘'라는 뜻입니다. second는 '1초'를 의미하는데, 일상 대화에서는 비유적으로 '짧은 시간, 잠깐'을 뜻합니다.

- **Give me a sec**, I just need to find my keys.
  잠깐만 기다려 줘. 열쇠 좀 찾아야 해.

비격식 유사 표현

Hold on a sec(ond). 잠깐만.
Hang on a sec(ond). 잠깐 기다려.
Just a moment. 잠깐만.
Wait a sec(ond). 잠깐 기다려.
Give me a minute. 잠깐이면 돼.
Hang tight. 기다려.

Please give me a moment.
잠시만 기다려 주세요.

격식을 갖춰야 하는 상황에서 상대방에게 잠시 기다려 달라는 요청을 정중하게 할 때 사용합니다. 보통 문장 앞에 Please를 쓰면 '~해 주시겠어요?' 같은 정중한 요청의 표현이 됩니다. moment 또한 second보다 격조 있게 '짧은 순간'을 표현하는 단어입니다.

- **Please give me a moment** to review the document.
  그 문서 검토할 시간을 잠시만 주세요.

세련된 유사 표현

Could you please wait a moment?
잠시만 기다려 주시겠어요?

Please bear with me for a moment.
잠시 양해 부탁드립니다.

May I ask you to wait for a moment?
잠시만 기다려 주시겠어요?

Kindly allow me a moment.
잠시 기다려 주세요.

Casual vs. Formal
Expressions in Conversation

MP3 048

Casual

A Hey, can you **give me a sec**?
저기, 잠깐 시간 좀 줄 수 있어?

B Sure, take your time.
물론, 천천히 해.

A I just **wanna** grab my jacket before we head out.
나가기 전에 재킷 좀 가져오려고.

B No problem, I'll wait for you. Ready when you are.
문제없어. 기다릴게. 준비되면 말해.

A **No biggie** if we're a bit late, right?
우리 조금 늦어도 별일 아니지, 맞지?

B No, it's not a big deal. We're just meeting friends.
응, 큰일 아니야. 그냥 친구들이랑 만나는 거니까.

* **Ready when you are.** (나는 준비되었으니)
너만 준비하면 돼. 네가 준비되면 하자.

Formal

A Excuse me, would you **please give me a moment**?
저기요, 잠시만 기다려 주시겠어요?

B Certainly. Do not rush yourself.
그럼요. 서두르지 않으셔도 됩니다.

A I **would like to** take my coat before we leave.
출발하기 전에 코트를 가져오고 싶어서요.

B Of course. We can leave when you are ready.
물론이죠. 준비되시면 출발할 수 있어요.

A It would **not be a significant issue** if we were to arrive late, correct?
우리가 늦게 도착해도 큰 문제가 되지는 않겠죠, 그렇죠?

B No, it is not a matter of great importance. We are simply gathering with friends.
네, 그리 중요한 문제가 아닙니다. 단지 친구들과 모이는 자리니까요.

SESSION 3

MP3 049

일상 영어 (casual)	격식 영어 (formal)
1 **It sucks.** 정말 별로야. 형편없어.	**It is not satisfactory.** 만족스럽지 않아요.
2 **Keep your cool.** 진정해. 편안하게 해.	**Maintain your composure.** 침착하시기 바랍니다.
3 **Hold on a sec.** 잠깐만 기다려.	**Please wait.** 기다려 주십시오.

1 It sucks.
정말 별로야, 형편없어.

It sucks.는 매우 나쁘거나 실망스러워서 강한 불만·실망을 나타낼 때 쓰는 표현입니다. suck은 원래 '빨다'라는 뜻이지만, 속어로 '좋지 않다, 형편없다'라는 의미로 확장되었습니다. suck은 it 대신 다른 주어와 함께 사용해도 됩니다.

- The weather today **sucks**.
  오늘 날씨 정말 별로야.

비격식 유사 표현

It stinks. 그거 정말 구려.
It's awful. 정말 형편없어.
It's terrible. 정말 끔찍해.
It's a drag. 정말 귀찮아.
It's lousy. 정말 엉망이야.
It's crap[garbage / rubbish]. 그거 쓰레기야.
It's no good. 별로야.
It blows. 최악이야.

It is not satisfactory.
만족스럽지 않아요.

It sucks.의 격식 표현으로 어떤 일이 기대에 미치지 못하거나 만족스럽지 않다는 것을 정중하게 전달할 때 쓰입니다. not satisfactory는 it 대신 다른 주어와 함께 사용해도 됩니다.

- The performance review results are **not satisfactory**.
  성과 평가 결과가 만족스럽지 않습니다.

세련된 유사 표현

It is not adequate[sufficient]. 불충분합니다.
It is substandard. 기준 이하입니다.
It is not up to par. 기준에 미치지 못합니다.
It does not meet the required standards. 요구되는 기준을 충족하지 못합니다.
It falls short of expectations. 기대에 미치지 못합니다.
It is below expectations. 기대 이하입니다.

Keep your cool.
진정해, 편안하게 해.

cool은 여기서 '침착함, 차분함'을 의미하며 감정이 격해지는 상황에서 자신을 억제하고 평정을 유지하라고 할 때 쓰입니다. 즉 일상 대화에서 상대방에게 침착함을 유지하거나 감정을 잘 다스리라는 의미를 전달하는 표현입니다.

- Just **keep your cool** during the interview, and you'll do fine.
  면접 동안 침착함을 유지하기만 하면 잘할 거야.

비격식 유사 표현
Stay calm[cool]. 침착해.
Keep it together. 정신 차려.
Chill out. 진정해.
Take it easy. 마음 편하게 먹어.
Hang tight. 조금만 버텨.
Keep your head. 이성적으로 행동해.

Maintain your composure.
침착하시기 바랍니다.

Keep your cool.의 격식 표현으로, 침착함을 유지하라는 뜻을 정중하게 전달할 때 쓰입니다. 내적 평정을 묘사할 때 사용합니다.

- Please **maintain your composure** during the presentation.
  발표 동안 침착하시기 바랍니다.

세련된 유사 표현
Stay composed. 침착함을 유지하십시오.
Remain calm. 차분함을 유지하십시오.
Retain your poise. 품위를 유지하십시오.
Stay level-headed. 신중함을 유지하십시오.
Maintain your equilibrium.
평정을 유지하십시오.
Hold steady. 흔들리지 마십시오.

Hold on a sec.
잠깐만 기다려.

Hold on a sec.은 Hold on a second.의 축약형으로, 잠깐만 기다리라는 말입니다.
hold on은 원래 '붙잡다', '유지하다'라는 뜻인데, 여기서 '기다리다' 또는 '잠깐 멈추다'라는 의미로 확장되어 명령문으로 사용된 것입니다. 같은 의미로 hang on을 쓰기도 합니다.

- **Hold on a sec**, I'll grab my coat.
  잠깐만 기다려. 나 코트 가져올게.

Please wait.
기다려 주십시오.

Please wait.은 Hold on a sec.의 격식 표현으로 '잠시만 기다려 주세요'라는 의미이며 직장, 서비스를 제공하는 상황이나 격식을 갖춘 대화에서 상대방에게 대기를 요청할 때 사용할 수 있습니다.

- **Please wait** while I transfer your call.
  전화 연결해 드리는 동안 잠시 기다려 주십시오.

Casual vs. **Formal**
Expressions in Conversation

MP3 050

Casual

A **Hey, did you hear about the new policy at work? It sucks.**
저기, 새로운 회사 정책에 대해 들었어? 정말 별로야.

B Yeah, I heard about it. It's definitely not ideal. Let's **keep our cool** and see how it plays out.
응, 들었어. 확실히 이상적이지 않아. 어찌 될지 침착하게 지켜보자.

A I know, it's just frustrating.
알아. 그냥 답답해서.

B I understand but let's **hold on a second** before jumping to conclusions.
이해하지. 하지만 결론을 내리기 전에 잠깐 기다리자.

A You're right, we shouldn't let it get to us.
맞아. 너무 신경 쓰지는 말아야겠어.

B Absolutely, staying positive and flexible is key.
그래, 핵심은 긍정적이고 유연하게 대처하는 것이지.

* **get to** ~에게 영향을 미치다, ~를 괴롭히다

Formal

A Have you had an opportunity to evaluate the new work policy? **It is not satisfactory** in my opinion.
새로운 회사 정책을 평가할 기회가 있었나요? \제 생각에는 만족스럽지가 않네요.

B Yes, I reviewed it. I concur that it does not meet our expectations. However, let us **maintain our composure**.
네, 검토했어요. 기대에 부응하지 않는다는 점에 동의합니다. 하지만 침착합시다.

A Indeed, it is disheartening.
사실, 정말 실망스럽네요.

B It is regrettable but may I ask you to **please wait** while we gather more information?
유감스럽긴 하지만, 더 많은 정보를 수집할 때까지 기다려 주시겠습니까?

A Yes. I know we should refrain from making hasty judgments and letting this get the best of us.
네, 성급한 판단을 삼가야 하고 이 일에 너무 신경 쓰지 않아야 한다는 것은 알고 있습니다.

B Precisely. Let us exercise prudence and explore potential solutions.
정확합니다. 신중함을 발휘해서 잠재적인 해결책을 모색해 보도록 하지요.

SESSION 4

MP3 051

일상 영어 (casual)	격식 영어 (formal)
1 **What's cookin'?** 뭔 일 있어?	**What are you working on?** 무슨 일을 하고 계신가요?
2 **I'm pooped.** 지쳤어.	**I am rather tired.** 꽤 피곤합니다.
3 **That's nuts.** 미쳤네.	**That is quite surprising.** 정말 놀랍네요.

What's cookin'?
뭔 일 있어?

What's cookin'?은 '뭔 일 있어?'라는 뜻입니다. What's cooking?을 간소화한 것으로, 앞에서 언급했듯 축약형 표현은 원래 표현보다 더 격의 없고 구어체적인 느낌을 줍니다. cook은 원래 '요리되다'이니 What's cooking?은 원래 '무슨 요리가 되고 있어?'라는 뜻이지만 일상 영어에서는 친한 사이인 상대방에게 무슨 일이 일어나고 있는지, 또는 무슨 꿍꿍이나 계획이 있는지를 물어보는 표현으로 쓰이기도 합니다.

- Yo, **what's cookin'?** You look excited today!
  야, 뭔 일 있어? 오늘 신나 보이네!

What are you working on?
무슨 일을 하고 계신가요?

What are you working on?은 What's cookin'?의 격식 표현으로 '무슨 일을 하고 계신가요?'의 의미입니다. work on이 '노력을 들이다, 애쓰다, 착수하다'라는 뜻이므로, 격식을 갖춘 상황에서 상대방이 어떤 일을 하고 있는지 물어볼 때 사용합니다.

- **What are you working on** now? Do you need any help?
  지금 뭐 하고 계세요? 도움이 필요하지는 않으세요?

2 I'm pooped.
지쳤어.

I'm pooped.는 '나는 지쳤다, 매우 피곤하다'는 의미입니다. poop은 '똥을 싸다, (모든 것을) 발산하다'의 뜻이고, pooped는 '녹초가 된, 기진맥진한'을 뜻하는 속어로 쓰여 피곤한 상태를 표현합니다.

- After a long day at work, **I'm** completely **pooped**.
  직장에서 긴 하루를 보내고 나 완전히 지쳤어.

I am rather tired.
꽤 피곤합니다.

I'm pooped.의 격식 표현으로 '나는 꽤 피곤합니다'라는 뜻입니다. 여기서 rather는 '꽤, 어느 정도, 좀'을 뜻하며, 격식을 갖춘 상황에서 피곤한 상태를 덜 강하게 표현하는 조금 더 완곡한 표현입니다.

- After that long meeting, **I am rather tired**.
  긴 회의를 하고 나니 꽤 피곤합니다.

3 That's nuts.
미쳤네.

That's nuts.는 '그건 미쳤다, 그건 정말 이상하다'라는 뜻으로 무언가가 매우 이상하거나 믿기 힘들 정도로 놀라울 때 씁니다. nut은 딱딱한 견과를 뜻하지만, 복수 형태의 nuts를 사람에게 쓰면 머리가 돌 같은 '미친 사람'을 뜻하는 속어가 됩니다.

- He ran a marathon without any training. **That's nuts!**
  그는 아무런 훈련도 없이 마라톤을 뛰었어. 정말 미쳤다!

비격식 유사 표현
That's crazy. (그거) 정말 미쳤어.
That's insane. (그거) 정말 정신 나갔어.
That's wild. (그거) 정말 대박이야.
That's unbelievable. (그거) 정말 믿기 어려워.
That's bonkers. (그거) 정말 말도 안 돼.

That is quite surprising.
정말 놀랍네요.

That's nuts.의 격식 표현으로 '그것 정말 놀랍습니다'라는 뜻입니다. 여기서 quite은 rather와 마찬가지로 '꽤, 어느 정도, 좀'을 뜻하여 지나치게 과장되지 않은 완곡한 문장이 되게 해 줍니다.

- Have you heard about the results of the study? **That is quite surprising.**
  그 연구 결과에 대해 들으셨어요? 상당히 놀랍습니다.

세련된 유사 표현
That is quite[rather] unexpected.
(그거) 정말 예상치 못한 일이군요.
That is quite[rather] astonishing.
(그거) 정말 놀랍군요.
That is indeed remarkable.
(그거) 정말 놀라운 일이군요.
That is quite astounding.
(그거) 정말 경이롭군요.
That is quite an eye-opener.
(그거) 정말 새로운 사실이군요.

Casual vs. **Formal**
Expressions in Conversation

Casual

A **Hey, what's cookin'?**
어이, 뭐 하고 있어?

B I'm working on a report for work.
아, 회사 보고서 작성 중이야.

A **That's nuts.** It's after 9:00 PM. Is it an emergency?
미쳤다. 벌써 9시가 넘었는데. 급한 일이야?

B Definitely. I sure could use some help but there's nobody to do this but me. **I'm pooped!**
응, 나 정말 도움이 필요하지만 나밖에 이걸 할 사람이 없어. 완전 지쳤어!

A That sucks man. If I could, I would.
정말 안됐다. 내가 할 수 있으면 도와줄 텐데.

B I know you would. Thanks for the offer though.
너라면 그럴 거야. 그 말만으로도 고마워.

Formal

A **What are you working on?**
무슨 일 하고 계세요?

B I am working on the new business plan the vice president asked me to prepare.
부사장님께서 준비하라고 하신 새로운 사업 계획서를 작업 중이에요.

A **That is quite surprising.** It is already past 9:00 PM. Is it an urgent matter?
정말 놀랍군요. 벌써 9시가 넘었는데요. 급한 일인가요?

B Absolutely. I could really use some assistance but unfortunately there is no one available to help me. **I am feeling rather tired.**
네, 그래요. 정말 도움이 필요하지만 아쉽게도 도와줄 수 있는 사람이 없어요. 꽤 피곤하네요.

A That is unfortunate. If I had the opportunity, I would lend a hand.
안타깝네요. 제가 기회가 있으면 도와드릴 텐데요.

B I know you would. I appreciate the gesture though. Thank you.
그러실 것 알아요. 그래도 제안해 주셔서 감사합니다.

SESSION 5

MP3 053

일상 영어 (casual)	격식 영어 (formal)
1 **goof up** 망치다	**make a mistake** 실수를 하다
2 **It's a piece of cake.** 쉽네. 껌이네.	**It is quite easy.** 꽤 쉽습니다.
3 **in the dumps** 우울한, 처참한	**feeling depressed** 기분이 우울한 상태인

1 goof up
망치다

goof up의 goof는 원래 '어리석은 사람'을 칭하는 말이었으나, 현대 영어에서는 동사로 '어리석은 실수를 하다, 바보 같은 행동을 하다'라는 의미입니다. goof up은 여기서 파생되어 '큰 실수를 하다, 망치다'라는 의미로 사용됩니다. 일상 대화에서 큰 실수나 실패를 했다고 할 때 자주 씁니다.

- I really **goofed up** on that project.
  내가 그 프로젝트에서 정말 큰 실수를 했어.

비격식 유사 표현
mess/screw/foul up 실수하다, 망치다
flub 실수하다, 틀리다
blow it 기회를 망치다, 실수하다
bungle 망치다, 서투르게 하다
botch 서투르게 하다, 망치다

make a mistake
실수를 하다

make a mistake는 goof up의 격식 표현으로 '실수하다'를 뜻합니다. goof up은 큰 실수를 해서 자책하는 의미도 내포하지만, make a mistake는 단순히 자신의 실수가 있음을 인정하는 뉘앙스의 표현입니다.

- I **made a mistake** in the report, but I corrected it as soon as I noticed it.
  보고서에서 실수를 했지만, 알아차리자마자 바로 고쳤습니다.

세련된 유사 표현
commit an error 오류를 범하다
make an oversight 간과하다, 실수를 저지르다
err 실수하다
be at fault 잘못이 있다

It's a piece of cake.
쉽네, 껌이네.

It's a piece of cake.는 '매우 쉽다'는 뜻입니다. 우리말의 '식은 죽 먹기'처럼 '케이크 한 조각 먹는 것처럼 쉬운 일이다' 같은 뉘앙스로 쓰입니다. 특히 간단하고 쉬운 일을 묘사할 때 사용하는 표현입니다.

- Don't worry about the assignment. **It's a piece of cake.**
  과제는 걱정하지 마. 식은 죽 먹기야.

비격식 유사 표현

It's a breeze/cinch/doodle/snap/pushover. 그거 정말 쉬워.
It's a walk in the park. 그거 정말 (공원을 걷는 것처럼) 쉬워.
It's a cakewalk. 그건 식은 죽 먹기야.
Easy peasy. 아주 쉬운 일이지.
No sweat. (땀 한 방울 나지 않을 정도로) 별거 아냐, 문제없어.

It is quite easy.
꽤 쉽습니다.

It's a piece of cake.의 격식 표현으로 '꽤 쉬운 일이다'라는 뜻을 보다 격조 있게 전달할 때 씁니다.

- Don't worry, **it is quite easy** once you get the hang of it.
  걱정 마세요, 일단 이 일에 익숙해지면 꽤 쉽습니다.

세련된 유사 표현

It is straightforward. 그것은 간단합니다.
It is uncomplicated/simple.
그것은 복잡하지 않습니다.
It is easily manageable.
그것은 쉽게 관리할 수 있습니다.
It is effortless. 그것은 수월합니다.
It is readily achievable.
그것은 쉽게 달성할 수 있습니다.

in the dumps
우울한, 처참한

'우울한, 기분이 처진' 상태를 뜻합니다. dump는 '폐기물 처리장'이나 '쓰레기 더미'를 뜻하죠. 그래서 마치 홀로 쓰레기장 안에 버려진 것 같은 우울한 상태를 표현할 때 쓰입니다.

- I've been **in the dumps** since I lost my job.
  직장을 잃고 나서 계속 우울해.

비격식 유사 표현

feeling blue 우울함을 느끼고 있는
bummed out 기분이 좋지 않은
feeling down/low 기분이 처지는
in a funk 기분이 안 좋은
in a slump 기분이 침체되어 있는
moody 기분이 왔다 갔다 하는, 우울한
blue 기분이 우울한

feeling depressed
기분이 우울한 상태인

in the dumps의 격식 표현으로 '우울한 상태인'을 뜻합니다. 우울증(depression) 같은 더 심각한 우울 상태를 의미할 수도 있어서 상대방에게 좀 더 진지하게 받아들여집니다.

- She has been **feeling depressed** ever since the breakup.
  그녀는 이별 이후로 계속 기분이 우울한 상태입니다.

세련된 유사 표현

experiencing depression 우울증을 겪고 있는
suffering from depression
우울증으로 고통받고 있는
in a state of depression 우울감에 빠져 있는
feeling melancholic 우울감을 느끼고 있는

Casual vs. **Formal**
Expressions in Conversation

MP3 054

Casual

A Hey, I really **goofed up** today. I accidentally spilled coffee all over my laptop.
야, 나 오늘 진짜 큰 실수했어. 어쩌다 내 노트북에 온통 커피를 쏟아버렸지 뭐야.

B Oh no, that's a bummer. But don't worry, fixing it will be **a piece of cake.**
오, 저런. 정말 짜증 나겠다. 하지만 걱정 마, 고치는 건 식은 죽 먹기일 거야.

A I hope so, but I'm still **in the dumps** about it.
그랬으면 좋겠어. 하지만 아직도 기분이 몹시 안 좋아.

B Hey, we all make mistakes sometimes. Don't be too hard on yourself.
야, 우리 모두 가끔 실수하잖아. 너무 자책하지 마.

A You're right, I shouldn't let this ruin my mood. Thanks for cheering me up.
네 말이 맞아, 이걸로 내 기분을 망치면 안 되겠지. 위로해 줘서 고마워.

B No problem, that's what friends are for.
괜찮아. 친구 좋다는 게 뭔데.

Formal

A I must admit, I **made a mistake** today. I inadvertently spilled coffee all over my laptop.
사실, 오늘 제가 실수를 저질렀어요. 부주의하게도 노트북에 커피를 쏟아버렸거든요.

B Oh dear, that is unfortunate. However, rectifying it **is quite easy.**
아, 그거 유감이군요. 하지만 고치는 건 상당히 쉽습니다.

A I sincerely hope so, but I am still **feeling** rather **depressed** about it.
그러길 진심으로 바라지만, 그 일 때문에 여전히 좀 기분이 우울한 상태입니다.

B We all err occasionally. Please do not beat yourself up.
우리는 모두 때때로 실수를 하니까요. 자신을 너무 자책하지 마세요.

A You are absolutely right. I should not allow this mishap to dampen my spirits. Thank you for making me feel better.
그 말씀이 맞아요. 이 실수 때문에 제 기분이 나빠지도록 놔두지 않아야겠어요. 기분이 나아지게 해 줘서 감사합니다.

B It is my pleasure, that is what friends are here for.
고맙긴요. 친구란 그런 존재죠.

SESSION 6

MP3 055

일상 영어 (casual)	격식 영어 (formal)
1 **I'm all ears.** 내가 잘 들어 줄게.	**I am fully ready to listen to you.** (말씀하세요.) 들을 준비가 되어 있습니다.
2 **I'll give you a ring.** 전화할게.	**I will contact you via telephone.** 전화로 연락드리겠습니다.
3 **Let's touch base.** 연락하자.	**Let's make a time to discuss this further.** 더 논의하게 만날 시간을 정합시다.

I'm all ears.
내가 잘 들어 줄게.

'들을 준비가 되어 있다, 귀를 기울여 듣겠다'라는 뜻으로, 누군가의 말을 주의 깊게 듣겠다는 것을 강조하는 표현입니다.

- Tell me what happened, **I'm all ears.**
  무슨 일이 있었는지 말해 봐. 내가 잘 들어 줄게.

비격식 유사 표현

I'm listening. 듣고 있어.
Tell me more. 더 말해 봐.
Go ahead, I'm all yours. 말해. 내가 다 들어 줄게.
You have my full attention. 너에게 완전히 집중하고 있어.
Spill the beans. 말해 봐[다 털어놔].

I am fully ready to listen to you.
(말씀하세요.) 들을 준비가 되어 있습니다.

I'm all ears.의 격식 표현으로, '경청할 준비가 되어 있습니다'를 뜻하여 상대방의 말에 귀 기울여 들을 준비가 되어 있음을 강조합니다.

- Please proceed with your explanation. **I am fully ready to listen to you.**
  설명을 계속해 주세요. 경청할 준비가 되어 있습니다.

세련된 유사 표현

I am prepared to give you my full attention.
그쪽 말씀에 완전히 집중할 준비가 되어 있습니다.
I am ready to listen attentively.
주의 깊게 들을 준비가 되어 있습니다.

2 I'll give you a ring.
전화할게.

I'll give you a ring.은 '전화를 걸겠다'라는 뜻입니다. ring은 원래 '종소리'를 의미하는데, 전화기가 발명되면서 '전화벨 소리'도 ring으로 통하게 되었죠. give someone a ring은 '누군가에게 전화벨 소리를 주다'라는 의미에서 '전화를 걸다'로 발전한 표현입니다.

- **I'll give you a ring** tomorrow to discuss the details.
  내일 전화할 테니 자세한 사항을 논의하자.

비격식 유사 표현

I'll call you. 전화할게.
I'll give you a call. 전화할게.
I'll hit/ring you up. 연락할게.
I'll give you a buzz. 전화할게.
I'll get in touch. 연락할게.
I'll reach out to you. 연락할게.

I will contact you via telephone.
전화로 연락드리겠습니다.

I'll give you a ring.의 격식 표현으로 전화를 걸겠다는 의사를 상대방에게 정중하게 표현할 때 씁니다.

- **I will contact you via telephone** to discuss the details.
  자세한 사항을 논의하기 위해 전화를 통해 연락드리겠습니다.

세련된 유사 표현

I will reach out to you by phone.
전화로 연락드리겠습니다.
I will make a phone call to you.
당신에게 전화하겠습니다.
I will telephone you. 전화를 하겠습니다.
I will be in touch with you by phone.
전화로 연락드리겠습니다.

3 Let's touch base.
연락하자.

야구에서는 주자가 베이스를 터치해야 한다는 규칙이 있습니다. 여기서 발전해 touch base는 서로 간에 중요한 정보를 교환하거나 현재 상황을 점검하기 위해 만나는 것을 의미하게 되었습니다. 그래서 Let's touch base.는 '연락을 취하다, 만나서 논의하다'를 뜻하는 표현입니다.

- **Let's touch base** next week to finalize the project details.
  프로젝트 세부 사항을 마무리하게 다음 주에 연락하자.

Let's make a time to discuss this further.
더 논의하게 만날 시간을 정합시다.

Let's touch base.의 격식 표현으로 '무언가에 대해 논의하기 위해 만날 시간을 정하자'라는 의미로 쓰입니다.

- **Let's make a time to discuss this further** at your earliest convenience.
  편하신 가장 빠른 때에 이 문제에 대해 더 논의하게 시간을 정합시다.

Casual vs. Formal
Expressions in Conversation
MP3 056

Casual

A Hey, I've noticed that you've been a bit out of touch lately. Everything cool? **I'm all ears** if you wanna chat.
저기, 요즘 우리 사이가 멀어진 것 같은데. 다 괜찮아? 이야기하고 싶으면 언제든지 잘 들어 줄게.

B Thanks for asking. Actually, I've been feeling a bit swamped with stuff and I think it's affecting me personally.
물어봐 줘서 고마워. 사실 요즘 일이 너무 많아서 영향을 받은 것 같아.

A I see. It's good to talk these things out.
그렇구나. 이런 얘기하니 좋네.

B I agree. Thanks for caring.
그러게. 마음 써 줘서 고마워.

A **Let's touch base** soon. I can help.
조만간 만나서 해결책을 찾아 보자. 내가 도와줄게.

B Sure, **I'll give you a ring** tomorrow. It's going to be OK.
그래, 내일 전화할게. 다 잘될 거야.

Formal

A Jeff, I have noticed that you have been a bit distant lately. Is everything OK? **I am fully ready to listen to you** if you want to talk.
Jeff, 요즘 우리가 좀 소원해진 것 같아서요. 다 괜찮으신 건가요? 말씀하시고 싶으면 언제든지 들을 준비가 되어 있습니다.

B Thanks for asking. I have been feeling a bit overwhelmed with a lot of things lately, and I think it has been affecting my mood.
물어봐 주셔서 감사합니다. 사실 요즘 많은 일로 인해 좀 벅찼는데, 그게 제 기분에도 영향을 미친 것 같네요.

A I understand. It is important to talk about these things.
이해해요. 이런 것들에 대해 이야기하는 건 정말 중요하죠.

B I think you are right. I appreciate your concern.
맞는 말씀이에요. 걱정해 주셔서 감사합니다.

A You can work through this. I am here to help anytime you need it.
잘 해내실 수 있을 거예요. 언제든 도움 필요하시면, 제가 여기 있고요.

B Thank you. I think I will take you up on your offer. **Let's make a time to discuss this further. I will contact you via telephone** soon.
감사합니다. 그 도움 받아들일 것 같아요. 이 얘기를 더 나눌 시간을 정하시죠. 곧 전화로 연락드리겠습니다.

* **take somebody up on something**
(제의·내기 등을) 받아들이다

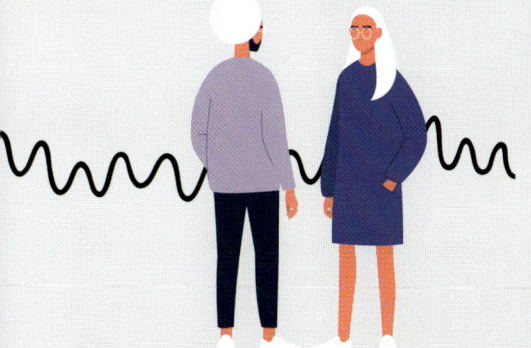

SESSION 7

MP3 **057**

일상 영어 (casual)	격식 영어 (formal)
1 **I can't stand it.** 못 참겠어.	**I find it intolerable.** 용납이 안 되는데요.
2 **He's a show-off.** 그는 잘난 척하는 사람이야.	**He tends to display ostentatious behavior.** 그는 과시적인 태도를 보이는 경향이 있어요.
3 **I'm ticked off.** 화나. 짜증 나.	**I am rather upset.** 상당히 불쾌합니다.

1 I can't stand it.
못 참겠어.

I can't stand it.은 '더 이상 참을 수 없다, 견딜 수 없다'를 뜻합니다. 여기서 stand는 '서다'가 아닌 '견디다, 참다'의 의미로, 부정어 can't와 함께 참을 수 없는 강한 불만이나 짜증을 표현할 때 쓰입니다.

- The noise is really annoying. **I can't stand it.**
  소음이 짜증 나네. 더 이상 못 참겠어.

  비격식 유사 표현
  I can't take it. 더 이상 못 참겠어.
  I'm fed up. 지긋지긋해.
  I'm sick of it. 정말 지겨워.
  I can't handle it. 더 이상 감당할 수 없어.
  It's driving me nuts/crazy. 정말 미치겠어.
  I can't put up with it. 더 이상 못 참겠어.
  I'm losing it. 참을 수 없어.

I find it intolerable.
용납이 안 되는데요.

I can't stand it.의 격식 표현으로 특정한 상황이나 행동이 매우 불쾌하고 참을 수 없다는 것을 정중하게 표현할 때 쓰입니다.

- **I find it intolerable** that employees are not given sufficient breaks.
  직원들이 제대로 쉴 시간을 못 받는다는 게 저는 용납이 안 되네요.

  세련된 유사 표현
  It is unacceptable. 받아들일 수 없습니다.
  It is insufferable. 참을 수 없습니다.
  It is deplorable. 개탄스럽습니다.
  It is inadmissible. 용납할 수 없습니다.
  It is unendurable. 오래 버틸 수 없습니다.
  It is unmanageable. 감당할 수 없습니다.

He's a show-off.
그는 잘난 척하는 사람이야.

show off는 동사로, 자신의 능력이나 소유물을 '과시하다'라는 뜻입니다. 여기서 파생된 명사 show-off는 '과시하거나 잘난 척하는 사람'을 뜻하게 된 것이죠.

- **He always talks about his expensive car. He's such a show-off.**
  그는 항상 자신의 비싼 차에 대해 이야기해. 정말 잘난 척하는 사람이라니까.

비격식 유사 표현

He's a braggart/blowhard. 그는 허풍쟁이야.
He's full of himself. 그는 자만심에 가득 차 있어.
He's a showboat. 그는 과시하는 사람이야.
He loves to brag. 그는 자랑하는 걸 좋아해.
He's always flaunting his stuff.
그는 항상 자기 물건을 과시해.
He's a peacock. 그는 허세꾼이야.
He's a big shot. 그는 잘난 척하는 사람이야.

He tends to display ostentatious behavior.
그는 과시적인 태도를 보이는 경향이 있어요.

He is a show-off.의 격식 표현입니다. ostentatious는 '과시하는, 호사스러운'의 의미로, 전체 문장은 감정적인 뉘앙스보다 객관적으로 관찰하는 듯한 느낌을 줍니다.

- **He tends to display ostentatious behavior** at social gatherings.
  그는 사교 모임에서 과시적인 태도를 보이는 경향이 있습니다.

세련된 유사 표현

He is inclined to show off his achievements.
그는 자신의 성과를 과시하는 경향이 있습니다.
He frequently engages in self-aggrandizing behavior.
그는 자주 자기 과시적인 행동을 합니다.
He has a penchant for flaunting his possessions.
그는 자신의 소유물을 과시하는 성향이 있습니다.

I'm ticked off.
화나, 짜증 나.

be ticked off는 '화가 나다' 또는 '짜증 나다'를 뜻합니다. tick이 명사로 쓰일 때는 '시계의 똑딱 소리'와 같은 '반복적이고 강한 소리'를 의미합니다. tick이 동사로 쓰인 tick ~ off는 (이러한 반복적인 자극으로) '~를 짜증 나게 하다, 귀찮게 하다'라는 뜻이 됩니다.

- **I'm** really **ticked off** about the way they treated me.
  그들이 나를 그렇게 대한 것 때문에 정말 화가 나.

비격식 유사 표현

I'm pissed off. 정말 열 받아.
I'm annoyed/irritated. 짜증 나.
I'm angry. 화가 나.   I'm mad. 미치겠어.
I'm fed up. 지긋지긋해.   I'm furious. 격분했어.

I am rather upset.
상당히 불쾌합니다.

I'm ticked off.의 격식 표현으로, upset은 계획했던 일이 엎어지거나 속이 뒤틀린 상태를 표현할 수 있는데, 여기서는 '상당히 불쾌하고 화가 난' 것을 뜻합니다.

- **I am rather upset** about the way the project was handled.
  프로젝트가 처리된 방식에 대해 상당히 불쾌합니다.

세련된 유사 표현

I am displeased. (저는) 불쾌합니다.
I am distressed. (저는) 마음이 불편합니다.

Casual vs. **Formal**
Expressions in Conversation

MP3 058

Casual

A Ugh, have you seen Jake lately? **I can't stand it, he's** such **a show-off!**
어우, 최근에 Jake 봤어? 정말 못 참겠더라. 걔 너무 잘난 척해!

B I know, right? He's always trying to one up everyone with his flashy stuff.
내 말이. 그렇지? 늘 화려한 물건으로 남들보다 우월한 척하려고 해.

A It's so annoying. **I'm ticked off** every time he brags about his latest purchase.
너무 짜증나. Jake가 최근에 산 물건들 자랑할 때마다 화가 나.

B Totally get you. He's just trying to get attention all the time.
완전 공감해. 걘 항상 주목받으려고 하니까.

A Well, I'm not gonna let it bother me. Let's just focus on having a good time.
그래, 신경 쓰지 말아야지. 그냥 즐거운 시간 보내는 데 집중하자.

B Agreed, let's enjoy ourselves and not let him ruin our day.
맞아. 우리 신나게 놀고, 걔 때문에 우리 하루를 망치진 말자고.

* **one up** ~보다 한 발 앞서다, 능가하다

Formal

A **I find it intolerable** to witness Jake's recent conduct. **He tends to display ostentatious behavior**, constantly seeking to outshine others.
Jake의 최근 행동을 목격하니 용납이 안 되네요. 그는 항상 다른 사람들을 압도하려고 하면서 과시적인 행동을 보이는 경향이 있거든요.

B Indeed, his incessant need for attention through extravagant displays is quite noticeable.
맞습니다. 과도한 과시로 끊임없이 관심을 받으려 하는 것이 상당히 눈에 띄지요.

A I must admit, **I am rather upset** whenever he boasts about his latest acquisitions.
인정합니다. 그가 최근에 구입한 물건들 자랑할 때마다 매우 불쾌해요.

B I completely understand. It appears that he is consistently seeking validation through his actions.
완전히 이해합니다. 그는 일관되게 자신의 행동을 통해서 인정받으려 하는 것 같습니다.

A Nevertheless, I refuse to allow his behavior to affect my enjoyment. Let us focus on having a pleasant time.
그럼에도 불구하고, 그의 행동이 제 즐거움에 영향을 미치게 두지는 않겠어요. 우리, 즐거운 시간을 보내는 데 집중합시다.

B Absolutely, we should not allow his conduct to dampen our spirits.
물론이에요. 그의 행동이 우리의 기분을 망치게 해선 안 되지요.

SESSION 8

MP3 059

일상 영어(casual)	격식 영어(formal)
1 **I'm broke.** 나 돈 없어, 빈털터리야.	**I am financially strapped.** 재정적으로 어려움을 겪고 있어요.
2 **It's a drag.** 짜증 나, 힘들어.	**It is quite inconvenient.** 상당히 불편하군요.
3 **I blew it.** 날려 먹었네, 망쳤어.	**I did not succeed.** 성공하지 못했습니다.

I'm broke.
나 돈 없어, 빈털터리야.

broke는 break(부서지다, 망가지다)의 과거형이지만 비격식 영어에서는 '무일푼의, 빈털터리인'이라는 뜻의 형용사로 쓰이기도 합니다.

- **I can't go out for dinner tonight. I'm broke.**
  오늘 밤에는 저녁 식사하러 나갈 수 없어. 돈이 없거든.

비격식 유사 표현

I'm out of cash. 현금이 없어.
I'm skint. 빈털터리야.
I'm tapped out. 돈을 완전히 다 썼어.
I'm penniless. 무일푼이야.
I'm cleaned out. 다 써 버렸어.
I'm hard up. 돈이 궁해.

I am financially strapped.
재정적으로 어려움을 겪고 있어요.

strap은 '끈; 끈으로 묶다, 조여 매다'라는 의미인데, 과거분사인 strapped는 우리말로 치면 '돈이 없어서 허리끈을 조여 매야 하는' 상태를 뜻하여 '쪼들리는'이라는 뜻이 됩니다.

- **I am financially strapped at the moment and cannot make any large purchases.**
  현재 재정적으로 어려움을 겪고 있어서 대량 매입은 할 수 없습니다.

세련된 유사 표현

I am experiencing financial difficulties.
재정적인 어려움을 겪고 있습니다.
I am facing financial constraints.
재정적인 제약을 받고 있습니다.
I am under financial stress.
재정적인 스트레스를 받고 있습니다.
I am in a difficult financial situation.
어려운 재정 상황에 처해 있습니다.
I am financially challenged.
재정적으로 어려움을 겪고 있습니다.

2 It's a drag.
짜증 나, 힘들어.

동사 drag는 '무거운 물체를 끌다, 질질 끌다'의 뜻으로, 여기서 의미가 확장되어 명사로는 '무언가를 질질 끌고 가는 것처럼 힘들고 불쾌한 행동'을 뜻하게 되었습니다.

- We need to wait in long lines. **It's a drag.**
  우리는 긴 줄에 서서 기다려야 해. 짜증 나.

비격식 유사 표현

It sucks. 짜증 나.
It's a bummer. 아쉽다./실망이야.
It's a pain. 성가셔.
It's a hassle. 번거로워.
It's a bore. 지루해.
It's annoying. 짜증나.
It's a downer. 실망스러워.

It is quite inconvenient.
상당히 불편하군요.

특정 상황이나 경험이 불편하고 번거롭다는 것을 의미하는, 격식을 갖춘 표현입니다.

- **It is quite inconvenient** to have to change the entire schedule.
  전체 일정을 변경해야 하는 건 상당히 불편합니다.

세련된 유사 표현

It poses a significant inconvenience.
상당한 불편을 초래합니다.
It is not ideal. 이상적이지 않습니다.
It creates certain difficulties.
특정한 어려움을 초래합니다.
It imposes an undue burden.
과도한 부담을 줍니다.
It results in significant disruption.
상당한 혼란을 초래합니다.

3 I blew it.
날려 먹었네, 망쳤어.

'망쳤다, 기회를 날렸다'라는 뜻입니다. 동사 blow는 '불다, 날리다'를 뜻하는데, 여기에서는 과거시제인 blew가 '기회를 날렸다'의 의미가 된 것이죠.

- I had a chance to get the promotion, but **I blew it**.
  승진할 기회가 있었는데, 내가 망쳤어.

비격식 유사 표현

I messed/screwed/goofed up. 내가 망쳤어.
I botched/flubbed it. 내가 망쳤어.
I dropped the ball. 내가 실수로 일을 그르쳤어.
I made a boo-boo. 내가 바보 같은 실수를 했어.

I did not succeed.
성공하지 못했습니다.

I blew it.의 격식 표현으로, 말 그대로 '나는 성공하지 못했다', 즉 '목표를 달성하지 못했다, 실패했다'는 의미로 쓰입니다.

- Despite my efforts, **I did not succeed** in securing the contract.
  노력했지만, 나는 계약을 따내는 일을 성공하지 못했습니다.

세련된 유사 표현

I was not successful. 성공하지 못했습니다.
I failed to achieve. 달성하지 못했습니다.
I was unable to accomplish.
성취하지 못했습니다.
I was not able to fulfill. 충족하지 못했습니다.

Casual vs. **Formal**
Expressions in Conversation

MP3 060

Casual

A Hey, how's it going?
야, 잘 지내?

B Not great, **I'm broke**.
아니, 별로. 돈이 다 떨어졌거든.

A Ah, I feel you. **I blew** my budget too.
아, 나도 그래. 나도 예산을 다 날려 먹었어.

B Tell me about it. Traveling can be expensive.
나도 그거 잘 알아. 여행하는 덴 돈이 많이 들지.

A Definitely, but it's worth it for the experiences.
맞아, 하지만 경험을 얻었으니 그만한 가치는 있으니까.

B True, I just need to save up better next time. **It's** such **a drag**.
그렇지, 다음에는 저축을 더 잘해 봐야지. (돈 없으니) 진짜 힘드네.

Formal

A Good day, how are you?
좋은 날입니다. 어떻게 지내세요?

B Unfortunately, **I am financially strapped** at the moment.
안타깝게도 현재 재정적으로 어려움을 겪고 있습니다.

A I understand. **I did not succeed** in managing my budget either.
이해합니다. 저도 예산 관리에 성공하지 못했거든요.

B Oh dear, traveling can be quite expensive.
저런, 여행에는 상당한 비용이 들어갈 수 있죠.

A Indeed, but the experiences gained are worth it.
그렇습니다. 하지만 얻은 경험은 그만한 가치가 있으니까요.

B Absolutely, I must ensure better savings for future endeavors. This situation **is quite inconvenient**.
정말 그래요. 앞으로 더 잘 저축해야겠어요. 지금 이 상황은 상당히 불편하네요.

SESSION 9

MP3 061

일상 영어 (casual)	격식 영어 (formal)
1 **Let's call it quits.** 관두자.	**We should end this.** 저희는 이것을 끝내야 합니다.
2 **You bet.** 당연하지.	**Indeed, I agree completely.** 정말로, 전적으로 동의합니다.
3 **It's a no-go.** (실행이) 불가능해.	**It is not going to proceed.** 진행되지 않을 겁니다.

1 Let's call it quits.
관두자.

'관두자, 이제 그만두자, 여기서 끝내자'를 뜻합니다. 원래 call it quits는 게임이나 도박에서 더 이상 진행하지 않고 현재 상태에서 종료하겠다는 의미로 쓰던 표현으로, 여기서 확장되어 무언가를 중단하거나 끝내는 결정을 내릴 때 사용하게 되었습니다.

- **We've been working on this project for months without much progress. Let's call it quits.**
  우리가 몇 달 동안 이 프로젝트를 진행했지만 큰 진전이 없네요. 이제 그만하죠.

비격식 유사 표현
Let's end it here. 여기서 끝내자.
Let's pack it in. 그만하자.
Let's throw in the towel. 포기하자.
Let's give up. 포기하자.
Let's drop it. 그만두자.
Let's quit while we're ahead.
더 나빠지기 전에 그만두자.

We should end this.
저희는 이것을 끝내야 합니다.

Let's call it quits.를 세련되게 말하려면 We should end this.라고 하면 됩니다. 어떤 활동이나 일을 중단하고 끝내자는 의미를 좀 더 정중하게 표현할 수 있습니다.

- **As the project is not yielding the desired results, we should end this.**
  프로젝트가 원하는 결과를 내지 못하고 있으므로 이것을 끝내야 합니다.

세련된 유사 표현
We should cease/halt this.
우리는 이것을 중단해야 합니다.
It would be prudent to terminate this.
이것을 종료하는 것이 현명할 것입니다.
We ought to bring this to a close/an end.
우리는 이것을 마무리해야 합니다.
It is advisable to discontinue this.
이것을 중단하는 것이 바람직합니다.

You bet.
당연하지.

'당연하지, 물론이지', 또는 '확실해'라는 뜻으로 확신을 가지고 긍정적으로 대답할 때 씁니다. 도박에서 베팅을 하는(bet) 것은 결과에 대한 확신을 가지고 거는 것이므로, 일상 영어에서 무언가에 확신을 가지고 말할 때도 쓰이게 되었습니다.

A Are you coming to the party tonight?
오늘 밤 파티에 올 거야?

B You bet!
당연하지!

비격식 유사 표현

Absolutely. 물론이지. **Definitely.** 확실히.
For sure. 당연하지. **Of course.** 물론이지.
Sure thing. 물론이지. **Totally.** 완전.
No doubt. 의심할 여지가 없어.
Right on. 맞아, 좋아.

Indeed, I agree completely.
정말로, 전적으로 동의합니다.

You bet.의 격식 표현으로, 상대방의 말에 대해 전적으로 동의함을 나타냅니다.

A This strategy will significantly improve our sales.
이 전략은 우리 매출을 크게 향상시킬 것입니다.

B Indeed, I agree completely.
정말로, 전적으로 동의합니다.

세련된 유사 표현

I concur wholeheartedly.
전적으로 동의합니다.
Absolutely, I am in full agreement.
절대적으로, 전적으로 동의합니다.
I fully endorse this view.
이 견해를 전적으로 지지합니다.
I completely support this.
이를 전적으로 지지합니다.
I am fully in accord with this.
이에 전적으로 동의합니다.

It's a no-go.
(실행이) 불가능해.

'불가능해, 안 되는 거야'라는 뜻으로, 어떤 계획이나 아이디어가 실행 가능하지 않음을 나타냅니다.

A Can we go hiking tomorrow?
내일 우리 하이킹 갈 수 있을까?

B No, **it's a no-go.** The forecast says heavy rain.
아니, 불가능해. 일기예보에서 폭우가 올 거래.

비격식 유사 표현

It's not happening. 그건 일어나지 않아.
No way. 절대 안 돼.
It's out of the question. (그건) 불가능해.
It's a dead end.
(그건) 막다른 길이야(불가능한 일인 거야).
It's not doable. (그건) 실행할 수 없어.
It's not going to fly. (그건) 통하지 않을 거야.

It is not going to proceed.
진행되지 않을 겁니다.

어떤 계획이나 일이 진행되지 않을 것임을 정중하게 나타냅니다.

- After carefully considering our project, we have decided that **it is not going to proceed**.
우리는 프로젝트를 신중히 고려한 후, 그것을 진행하지 않기로 결정했습니다.

세련된 유사 표현

It will not move forward. 진행되지 않을 겁니다.
It will not be pursued. 추진되지 않을 것입니다.
It will not be carried out/implemented.
실행되지 않을 것입니다.
It will not be undertaken.
착수되지 않을 것입니다.
It will be discontinued. 중단될 것입니다.
It will be terminated. 종료될 것입니다.

Casual vs. **Formal**
Expressions in Conversation

MP3 062

Casual

A Hey, how's our collab going in Singapore?
저기, 싱가포르에서 우리 협업은 어떻게 되고 있어?

B Honestly, I think it's time to **call it quits**.
솔직히 말해서, 이제 그만두는 게 좋을 것 같아.

A Really? I thought we were doing well.
정말? 난 우리가 잘하고 있다고 생각했는데.

B Nah, **it's a no-go**. We're not seeing the results we expected.
아니, 전혀 아니야. 우리가 기대했던 결과가 안 나오고 있어.

A Well, if you think it's best. **You bet!**
음, 네가 그렇게 하는 게 제일 좋다고 생각한다면야. 당연하지!

B I do. This is not going to work.
그래. 이건 잘 안 될 것 같아.

Formal

A Good morning. How is our Singapore collaboration going?
좋은 아침입니다. 싱가포르에서의 우리 협업은 어떻게 진행되고 있습니까?

B Honestly, I believe it is prudent for us to consider ending it.
솔직히 말씀드리면, 이제 그만두는 것을 고려하는 것이 현명하다고 생각합니다.

A Truly? I had thought we were making satisfactory progress.
정말요? 저는 우리가 만족할 만한 진전을 이루고 있다고 생각했는데요.

B Unfortunately, it is not working out the way I had hoped. **We should end this.**
유감스럽게도, 제가 기대했던 방향으로 잘 풀리지 않고 있어요. 우리는 이것을 끝내야 합니다.

A If that is your decision then I support you fully.
그게 당신의 결정이라면, 저는 전적으로 지지합니다.

B Our desired outcomes are not being achieved so we have no other choice.
우리가 바랐던 결과가 나오지 않아서 다른 선택지가 없습니다.

A **Indeed, I agree completely.**
정말, 전적으로 동의합니다.

B It is clear that this venture **is not going to proceed** as anticipated.
이 사업이 예상대로 진행되지 않을 것이 분명합니다.

110   CHAPTER 2   일상 영어 VS. 격식 영어 표현들

SESSION 10

MP3 063

일상 영어 (casual) | 격식 영어 (formal)

1. **It's a dump.**
   엉망이야.

   It is not in good condition.
   상태가 좋지 않습니다.

2. **It's top-notch.**
   최고야.

   It is of extremely high quality.
   매우 고품질입니다.

3. **Get out of here!**
   말도 안 돼!

   I find it hard to believe that ~
   ~를 믿기 어렵군요

It's a dump.
엉망이야.

dump는 원래 '쓰레기나 폐기물을 버리는 장소'를 뜻합니다. 여기서 발전해 '쓰레기장과 비슷하게 불쾌하거나 더럽거나 지저분하고, 상태가 좋지 않은 장소, 관리가 잘 되지 않은 장소'를 나타내게 되었습니다.

A **Did you see that new restaurant? It's a dump.**
그 새로 생긴 식당 봤어? 완전 엉망이야.

B **Really? I thought it looked nice from the outside.**
정말? 밖에서 보기엔 괜찮아 보였는데.

비격식 유사 표현
It's a dive. 거기 구려.. 거기 싸구려야.
It's a pigsty. 돼지우리 같아.
It's a mess. 엉망진창이야.
It's trashed. 완전히 망가졌어.
It's a wreck. 난장판이야.

It is not in good condition.
상태가 좋지 않습니다.

It's a dump.를 좀 더 점잖게 표현할 때 사용하며, 어떤 장소나 물건이 상태가 좋지 않다는 것을 나타냅니다.

- Did you check out the building? **It is not in good condition** and requires significant repairs.
  그 건물을 확인해 보셨나요? 상태가 좋지 않아 상당한 수리가 필요합니다.

세련된 유사 표현
It is in poor condition. 상태가 좋지 않습니다.
It requires maintenance.
유지 보수가 필요합니다.
It is not up to standard.
기준에 미치지 못합니다.
It is in need of repair. 수리가 필요합니다.
It is deteriorated. 악화되었습니다.
It is below acceptable levels.
허용 수준 이하입니다.

2 It's top-notch.
최고야.

'최고야, 일류지!'라는 뜻으로, 무언가가 최고 품질이거나 훌륭하다는 것을 나타냅니다.

A How was the hotel you stayed at?
네가 묵었던 호텔은 어땠어?

B **It was top-notch.** The service and amenities were excellent.
정말 최고였어. 서비스와 편의 시설이 훌륭했어.

비격식 유사 표현
It's first-rate. (그건) 일류야.
It's top-tier. (그건) 최고급이야.
It's A1. (그건) 최고야.
It's excellent. (그건) 훌륭해.
It's superb. (그건) 아주 뛰어나.
It's outstanding. (그건) 뛰어나.
It's awesome. (그건) 정말 멋져.
It's killer. (그건) 죽여주지.

It is of extremely high quality.
매우 고품질입니다.

It's top-notch.의 격식 표현으로 무언가가 높은 품질이라는 것을 뜻합니다.

- When you see the craftsmanship of this piece, **it is of extremely high quality**.
이 작품의 정밀한 솜씨를 살펴보면, 매우 고품질입니다.

세련된 유사 표현
It is of the highest standard.
최고 기준을 충족합니다.
It is of superior quality. 우수한 품질입니다.
It is of unparalleled quality.
비할 데 없는 품질입니다.
It is of distinguished quality.
뛰어난 품질입니다.

3 Get out of here!
말도 안 돼!

원래는 '여기서 나가!'라며 자리를 떠나라고 하는 말이지만, 비유적으로는 '말도 안 돼, 믿을 수 없어'라는 뜻입니다. 누군가가 매우 놀라운 정보나 믿기 어려운 이야기를 할 때, 장난을 치고 있는 것 아니냐, 믿기 어렵다는 식으로 반응하며 놀라움을 표현할 때 쓰입니다.

A I just won the lottery!
나 복권에 당첨됐어!

B **Get out of here!**
말도 안 돼!

비격식 유사 표현
No way! 말도 안 돼!
You're kidding! 농담이겠지!
Seriously? 진짜로?
Are you serious? 정말이야?
Shut up! 닥쳐!. 터무니없는 소리 하지 마!

I find it hard to believe that ~
~를 믿기 어렵군요

Get out of here.의 의미를 보다 세련되게 나타내는 표현입니다. that 이하에 믿기 어려운 사실을 넣어 말하면 됩니다.

- **I find it hard to believe that** such an event could occur.
그러한 일이 발생할 수 있다는 것이 믿기 어렵습니다.

세련된 유사 표현
It is difficult to believe that ~
~를 믿기 어렵습니다
I struggle to accept that ~
~를 받아들이기 힘듭니다
It is hard to fathom that ~
~의 의미를 헤아리기 어렵습니다
It is not plausible that ~
~은 그럴듯하지 않습니다
I am skeptical that ~
~에 대해 회의적입니다

Casual vs. **Formal**
Expressions in Conversation

MP3 064

Casual

A Bro, did you try that new restaurant downtown? **It's a dump**, seriously.
야, 시내에 새로 생긴 그 식당 가봤어? 진심 엉망이더라.

B What? Are you kidding? I thought **it was top notch**! The food was amazing!
뭐? 농담해? 난 최고라고 생각했는데! 음식도 정말 맛있었어!

A Nah, man. The service was terrible and the place was a mess. **Get out of here** with that recommendation!
이봐, 아니거든. 서비스도 형편없고 가게도 엉망이었어. 추천은 집어 치워!

B Well, maybe you just had a bad experience. I've been there twice and it was always great.
글쎄, 네가 나쁜 경험을 했나 보네. 난 두 번이나 갔는데 항상 좋았거든.

A I guess we'll have to agree to disagree. But I'm never going back there again.
각자 생각대로 해야 할 것 같은데. 하지만 난 거기 다시는 안 갈 거야.

B You like what you like and I'll like what I like. I'll definitely keep going there.
너는 네 취향대로, 나는 내 취향대로 가는 거지. 난 거기 계속 갈 거야.

* agree to disagree 서로 의견이 다른 것을 인정하다

Formal

A Have you tried out that new restaurant downtown? Even though it is new, **it is not in good condition** at all.
시내에 새로 생긴 식당 가 보셨나요? 새로 생긴 곳인데도 상태가 좋지 않더군요.

B Really? **I find it hard to believe.** I thought **it was of extremely high quality.** The food was exceptional.
정말요? 저는 믿기 어렵네요. 아주 고급스럽다고 생각했어요. 음식도 매우 뛰어났고요.

A I beg to differ. The serving staff did not live up to my expectations and it was not very neat inside. **I find it hard to believe that** you would recommend it.
제 생각은 다릅니다. 직원들의 서비스가 기대에 미치지 못했고 내부도 별로 깔끔하지 않았어요. 그곳을 추천하시다니 믿기 어렵네요.

B Well, perhaps our tastes differ. I have thoroughly enjoyed it on multiple occasions.
글쎄요, 아마 우리 취향이 다른가 봅니다. 저는 여러 번 가 봤지만 항상 만족했어요.

A Well, I suppose we shall have to respectfully disagree. However, I personally will not be revisiting it.
음, 서로의 의견을 존중하여 동의하지 못하는 것으로 해야겠네요. 하지만 저는 개인적으로 거길 다시 방문하지는 않을 겁니다.

B Fair enough, everyone has different tastes. I will continue enjoying their delicious dishes.
알겠습니다. 사람마다 취향이 다르니까요. 저는 계속 그곳의 맛있는 음식을 즐길 거예요.

SESSION 11

MP3 065

일상 영어 (casual)	격식 영어 (formal)
1 **Cut it out.** 그만해.	**Please stop that behavior.** 그런 행동은 자제해 주세요.
2 **Buzz off!** 꺼져!	**Please go away.** 제발 가 주세요.
3 **Don't give me that attitude.** 그런 태도 보이지 마.	**Please adjust your uncooperative behavior.** 협조적인 태도로 임해 주시기 바랍니다.

1 Cut it out.
그만해.

'그만해, 그만둬'라는 뜻입니다. '하던 행동을 끊고(cut) 없애다(out)'에서 확장되어 특정 행동을 그만 멈추라고 하는 뜻이 되었습니다. 상대방이 부적절한 행동을 해서 멈추라고 할 때 사용하면 됩니다.

- **Cut it out!** You're being annoying.
  그만해! 너 짜증 나게 하고 있어.

비격식 유사 표현
Knock it off. 그만해.
Stop it. 멈춰, 그만둬.
Quit it. 그만둬.
Chill out. 진정해.
Lay off. 그만둬.
Enough already. (충분히 했으니) 이제 그만.

Please stop that behavior.
그런 행동은 자제해 주세요.

Cut it out.의 격식 표현으로 상대방에게 특정 행동을 멈춰 달라고 정중하게 요청할 때 사용합니다.

- **Please stop that behavior.** It is disrupting the meeting.
  그런 행동은 자제해 주세요. 회의를 방해하고 있습니다.

세련된 유사 표현
Please refrain from this behavior.
이 행동을 삼가 주세요.
Kindly cease this activity.
이 활동을 중단해 주세요.
I would appreciate it if you could stop this behavior. 이 행동을 멈춰 주시면 감사하겠습니다.
Please discontinue this conduct.
이 행동을 중단해 주세요.
We request that you halt this behavior.
이 행동을 멈춰 주시기를 요청드립니다.
Your cooperation in stopping this behavior would be greatly appreciated.
이 행동을 멈추는 데 협조해 주시면 대단히 감사하겠습니다.

Buzz off!
꺼져!

누군가에게 떠나거나 혼자 있게 해달라고 말할 때 쓰입니다. 벌이 내는 윙윙거리는 소리(buzz)에서 유래되어, 옆에서 앵앵거리거나 징징거리지 말고 저리 가라고 하는, 다소 무례해 보일 수도 있는 표현입니다.

- **Buzz off!** I don't want to talk to you.
  꺼져! 너랑 말하기 싫어.

비격식 유사 표현

Get lost! 꺼져!
Beat it! 꺼져!
Take a hike! 꺼져!
Shove/Clear/Bugger off! 꺼져!
Get out of here/my sight! 저리 가, 꺼져!
Leave me alone! 나 좀 내버려 둬!

Please go away.
제발 가 주세요.

'제발 가 주세요.'라고 정중히 요청하는 표현입니다.

- **Please go away.** I need some time alone.
  제발 가 주세요. 혼자 있을 시간이 좀 필요해요.

세련된 유사 표현

Please leave. 제발 떠나 주세요.
I kindly ask you to depart.
떠나 주시길 정중히 부탁드립니다.
Would you please excuse yourself?
자리를 비워 주시겠습니까?
Could you please vacate the premises?
이 장소를 떠나 주시겠습니까?
May I request that you leave?
떠나 주시기를 요청드려도 될까요?
I must ask you to leave. 떠나 주셔야겠습니다.

Don't give me that attitude.
그런 태도 보이지 마.

상대방에게 무례하거나 반항적인 태도를 보이지 말라고 말할 때 씁니다.

- **Don't give me that attitude.** Just do what you're asked.
  그런 태도 보이지 마. 그냥 시키는 대로 해.

비격식 유사 표현

Don't give me lip. 반항하지 마.
Watch your tone. 말투 조심해.
Cut the attitude. 태도 좀 고쳐라.
Don't be sassy. 시건방지게 굴지 마.
Lose/Drop the attitude. 그런 태도 버려.
Don't talk back. 말대꾸하지 마.
Quit being rude. 무례하게 굴지 마.

Please adjust your uncooperative behavior.
협조적인 태도로 임해 주시기 바랍니다.

비협조적인 태도를 고쳐달라고 좀 더 정중하게 요청하는 말입니다.

- **Please adjust your uncooperative behavior** to facilitate a more productive discussion.
  더 생산적인 논의를 위해 협조적인 태도로 임해 주시기 바랍니다.

세련된 유사 표현 - 공식적인 느낌

I kindly request you to be more cooperative.
더 협조적으로 행동해 주시기를 정중히 요청드립니다.
Please exhibit a more cooperative attitude. 더 협조적인 태도를 보여 주십시오.
We ask that you improve your level of cooperation.
협조 수준을 개선해 주시기를 요청드립니다.
Your cooperation in this matter would be greatly appreciated. 이 문제에 대해 협조해 주시면 대단히 감사하겠습니다.

Casual vs. **Formal**
Expressions in Conversation

MP3 066

Casual

A **Cut it out**, Sarah! Stop taking my stuff without asking!
그만해, Sarah! 말도 없이 내 물건 가져가지 마!

B **Buzz off**, Alex! You never let me borrow anything!
꺼져, Alex! 넌 나한테 아무것도 빌려주지 않잖아!

A **Don't give me that attitude.** You know I always let you borrow things when you ask nicely.
나한테 그런 태도 보이지 마. 너도 알다시피 네가 좋게 잘 부탁하면 항상 빌려주잖아.

B Well, maybe if you weren't so possessive, I wouldn't have to take things without asking!
글쎄, 네가 그렇게 소유욕이 강하지 않았다면 내가 허락 없이 물건을 가져갈 필요가 없었겠지!

A Ugh, you're impossible! Just give me back my headphones and leave me alone!
아, 넌 정말 말이 안 통해! 내 헤드폰 돌려주고 나 좀 내버려 둬!

B Fine, take your stupid headphones! I don't need them anyway!
좋아, 네 거지 같은 헤드폰 가져가! 난 필요 없어!

Formal

A Sarah, we need to talk. I want you to please stop taking supplies from the office and bringing them home.
Sarah, 얘기 좀 해요. 사무실 비품을 집으로 가져가는 행동은 멈춰 주셨으면 해요.

B **Please go away**, Alex. I have never done such a thing.
제발 나가 주세요, Alex. 저는 그런 짓 한 적 없어요.

A I am asking you to **stop that** undesirable **behavior**. You may take things home, but you need permission first.
그런 비협조적인 태도를 자제해 달라고 부탁하는 거예요. 물건을 집에 가져갈 순 있지만, 사전에 허락을 받으셔야죠.

B If you were more reasonable about this situation, I would not have to appropriate items without seeking permission.
이런 상황에 대해 좀 더 합리적인 분이셨다면 제가 허락 없이 물건을 가져갈 필요가 없었겠죠.

A Goodness, **you need to adjust your uncooperative behavior**, or this situation is going to become more serious.
세상에, 협조적인 태도로 임해 주셔야죠. 그렇지 않으면 이 상황은 더 심각해질 겁니다.

B Very well. From now on I will seek your permission before taking anything home.
좋습니다. 이제부턴 무엇이든 집에 가져가기 전에 허락을 받도록 하지요.

SESSION 12

일상 영어 (casual)	격식 영어 (formal)
1 **Get a move on.** 서둘러.	**Please hurry up.** 제발 서둘러 주세요.
2 **beat it** 당장 떠나다; 꺼져.	**leave immediately** 즉시 떠나다; 즉시 떠나 주세요.
3 **zonked out** 녹초가 된	**extremely tired** 극도로 피곤한

Get a move on.
서둘러.

'계속해서 움직이는(move on) 상태를 취하라(get)'라는 의미에서 발전해 상대방에게 서둘러 행동하라거나, 더 빨리 움직이라고 촉구할 때 쓰입니다.

- **Get a move on!** We're going to be late.
  서둘러! 우리 늦겠어.

<u>비격식 유사 표현</u>

Hurry up. 서둘러. **Let's go.** 가자.
Move it. 빨리 움직여. **Step on it.** 빨리 가.
Get going. 출발해.
Pick up the pace. 속도 좀 내.
Shake a leg. 부리나케 서둘러.
Let's roll. 출발하자. **Chop-chop.** 빨리빨리.
Make it snappy. 빨리 해.

Please hurry up.
제발 서둘러 주세요.

Get a move on.의 격식 표현으로, 좀 더 정중하게 신속한 행동을 요청할 때 쓰입니다.

- **Please hurry up.** We need to leave soon.
  제발 서둘러 주세요. 곧 출발해야 합니다.

<u>세련된 유사 표현</u>

Please expedite your actions.
행동을 신속히 해 주세요.
We request that you proceed with haste. 서둘러 진행해 주시기 바랍니다.
Kindly accelerate your efforts.
조금 더 속도를 내 주시면 감사하겠습니다.
Please make haste. 서둘러 주세요.
Kindly proceed quickly. 신속히 진행해 주세요.
Please act swiftly. 신속히 행동해 주세요.

2 beat it
당장 떠나다; 꺼져.

beat it은 '당장 떠나다, 빠르게 이동하거나 가다'라는 의미인데, 앞에서 살펴보았듯이 명령형으로 Beat it.이라고 하면 Buzz off.처럼 '꺼져.'의 의미가 될 수도 있기 때문에 사용에 주의해야 합니다.

- As soon as the meeting was over, she **beat it** to catch her train.
  회의가 끝나자마자 그녀는 기차를 타러 즉시 떠났다.

leave immediately
즉시 떠나다; 즉시 떠나 주세요.

beat it보다 격식 표현으로, '즉시 나가다, 떠나다'라는 뜻입니다. 또 명령형 문장으로 Beat it.보다 더 정중하게 '즉시 나가/떠나 달라'고 요청할 때도 쓸 수 있습니다.

- Please **leave immediately**. This is a private area.
  즉시 떠나 주세요. 여기는 사유지입니다.

세련된 유사 표현

Kindly vacate the premises immediately. 즉시 이 장소를 떠나 주시기 바랍니다.
Please depart at once. 즉시 떠나 주세요.
Please exit the premises without delay. 지체 없이 이 장소를 떠나 주세요.
Please leave this area at your earliest convenience. 가능한 한 빨리 이 지역을 떠나 주세요.
Your prompt exit is necessary. 즉시 떠나셔야 합니다.

3 zonked out
녹초가 된

매우 피곤하거나 탈진해서 잠들거나, 의식을 잃을 정도로 심신이 매우 지친 상태를 의미합니다.

- After the long day at work, I was completely **zonked out**.
  직장에서 긴 하루 일과를 마친 끝에 나는 완전히 녹초가 되었다.

비격식 유사 표현

knocked out 녹초가 되어 잠든, 넋이 나간
wiped out 완전히 지친
crashed 기절하듯 잠든
beat 기진맥진한
dead tired 겁나게 피곤한
passed out 정신을 잃은, 정신줄을 놓은, 기절한

extremely tired
극도로 피곤한

zonked out의 격식 표현으로 '극도로 피곤한' 상태를 나타냅니다.

- After the long meeting, I felt **extremely tired**.
  긴 회의를 마치고 나는 매우 피곤함을 느꼈다.

세련된 유사 표현

exhausted 기진맥진한, 탈진한
fatigued 피로한, 심신이 지친
drained 기운이 빠진
weary/worn out/run-down 지친
spent 탈진한
depleted 고갈된
burned out 소진된
overtired 너무 피곤한

Casual vs. **Formal**
Expressions in Conversation

MP3 068

Casual

A Hey, are you ready to go out for drinks? **Get a move on.** We don't want to be late.
야, 한잔하러 갈 준비됐어? 서둘러. 늦으면 안 돼.

B Yeah, I'm almost ready. Just need to grab my bag and we can **beat it** to the bar.
응, 거의 다 됐어. 가방만 챙기면 바로 바에 갈 수 있어.

A Perfect, I heard they have some great cocktails there. I'm really looking forward to trying them.
좋아, 거기 칵테일이 진짜 좋다고 들었어. 정말 기대되네.

B Me too. I've been **zonked out** all week with work, so a night out sounds like just what I need.
나도, 이번 주 내내 일 때문에 녹초가 됐거든. 그래서 오늘 밤 외출이 딱 필요해.

A Well, let's make it a fun night then. Cheers to good drinks and good company!
그럼, 재밌는 밤 보내자. 좋은 술과 좋은 친구들을 위하여 건배하는 거야!

B Absolutely! Let's go and enjoy ourselves.
당연하지! 어서 가서 즐기자.

Formal

A **Please hurry up.** It is time to leave the office.
서둘러 주세요. 사무실을 나가야 할 시간입니다.

B Of course, my apologies for the delay. Let me grab my handbag and we can **leave immediately** for the bar.
네, 늦어져서 죄송합니다. 가방만 챙기면 바로 바에 갈 수 있습니다.

A Excellent, I have heard they serve exceptional cocktails there. I am genuinely excited to try them.
좋습니다, 거기 바에서 훌륭한 칵테일을 제공한다고 들었습니다. 정말 기대되네요.

B Likewise, after the week we have had, a relaxing night out sounds like the perfect remedy. These negotiations have made me **extremely tired**.
저도 같은 생각이에요. 우리 이번 주는 정말 힘들었으니까, 오늘 밤 편안한 외출이 완벽한 힐링이 될 것 같네요. 저는 이번 협상들로 정말 많이 지쳤어요.

A Well, let's make it a worthwhile evening then.
그럼, 오늘 저녁을 뜻깊게 보내도록 하시죠.

B Indeed. We deserve it!
정말이에요. 우리에겐 그럴 자격이 있죠!

SESSION 13

MP3 069

일상 영어 (casual)	격식 영어 (formal)
1 **Just kidding.** 그냥 농담이야.	**I was merely making a joke.** 그냥 농담한 것뿐입니다.
2 **Don't freak out.** 당황하지 마.	**Try not to worry excessively.** 너무 지나치게 걱정하지 마세요.
3 **I screwed up.** 내가 망쳤어.	**I made a mistake.** 제가 실수했어요.

1 Just kidding.
그냥 농담이야.

자신의 말이나 행동이 그냥 농담이나 가벼운 장난일 때 '그냥 농담[장난]이야'라는 의미로 하는 말입니다. 명사로 '아이'를 의미하는 kid는 동사로 쓰이면 '아이처럼 장난스럽게 누군가를 놀리거나 웃기기 위한 행동을 하다'라는 의미가 됩니다. 여기에서 확장되어 '농담하다, 가벼운 장난을 치다'라는 뜻으로 쓰입니다.

- I didn't mean to upset you. **Just kidding.**
  너를 화나게 하려던 건 아니야. 그냥 농담이었어.

비격식 유사 표현
Just playing. 그냥 장난친 거야.
Just fooling around. 그냥 장난하는 거야.
Just messing with you. 그냥 너 놀리는 거야.
Just having fun. 그냥 재미로 하는 거야.
Just pulling your leg. 그냥 장난치는 거야.
Just teasing. 그냥 놀리는 거야.

I was merely making a joke.
그냥 농담한 것뿐입니다.

Just kidding.보다 정중하고 격식을 갖춘 표현으로, 자신의 말이나 행동이 유머를 목적으로 했음을 밝히며 진지하게 받아들여지지 않기를 원할 때 씁니다.

- I didn't mean to upset you. **I was merely making a joke.**
  당신을 화나게 할 의도는 아니었어요. 그냥 농담한 것뿐입니다.

세련된 유사 표현
I was simply jesting. 그냥 농담한 것입니다.
It was intended as a joke.
(그것은) 농담으로 의도된 것입니다.
I meant it in jest. 농담으로 한 말입니다.
I was only attempting humor.
단지 유머를 시도한 것입니다.
I was engaging in a bit of humor.
(저는) 약간의 유머를 시도한 것입니다.
It was meant in a light-hearted spirit.
(그것은) 가벼운 마음으로 한 것입니다.

Don't freak out.
당황하지 마.

freak은 명사로 '괴짜, 미치광이'라는 뜻이고, 동사로 쓰인 freak out은 감정적으로 통제 불능 상태가 되거나 난폭하게 행동하는 것, 기겁을 하는 것 등을 의미합니다. 그래서 Don't freak out.은 침착함을 유지하고 감정적으로 과잉 반응하지 말라는 속어 표현으로 쓰이게 되었습니다.

- **Don't freak out. We'll figure this out.**
  당황하지 마. 우리가 해결할 거야.

비격식 유사 표현

Calm down. 진정해.
Relax. 마음을 편히 가져. **Chill out.** 진정해.
Don't lose it. 흥분하지 마.
Keep your cool./Stay cool. 침착해.
Hold it together. 정신 차려.
Don't panic. 당황하지 마.

Try not to worry excessively.
너무 지나치게 걱정하지 마세요.

상대방에게 지나치게 걱정하지 말고 침착함을 유지하라고 좀 더 정중하게 조언할 때 사용할 수 있는 표현입니다.

- **Try not to worry excessively. Everything is under control.**
  너무 지나치게 걱정하지 마세요. 모든 것이 통제되고 있으니까요.

세련된 유사 표현

Please remain calm. 부디 침착함을 유지해 주세요.
Do not be overly concerned.
지나치게 걱정하지 마세요.
Kindly avoid excessive worry.
과도한 걱정을 피해 주세요.
Maintain your composure.
침착함을 유지하세요.
Refrain from undue worry.
과도한 걱정을 자제해 주세요.

I screwed up.
내가 망쳤어.

자신이 실수했거나 어떤 일을 망쳤음을 인정할 때 사용하는 표현입니다. 동사 screw는 무언가를 '비틀거나 돌리다'를 뜻하고, screw up은 '여러 상황이 얽혀서 엉망이 되다'라는 뜻으로 쓰이게 되었습니다.

- **I screwed up the presentation. I'm so embarrassed.**
  내가 발표를 망쳤어. 정말 창피해.

비격식 유사 표현

I blew it. 내가 망쳤어.
I messed/goofed up. 내가 망쳤어.
I botched/flubbed it. 내가 망쳤어.
I dropped the ball. 내가 실수로 일을 그르쳤어.
I made a boo-boo. 내가 바보 같은 실수를 했어.

I made a mistake.
제가 실수했어요.

좀 더 정중하게, 또는 공식적인 상황에서 자신이 실수했거나 어떤 일을 망쳤음을 인정할 때 씁니다.

- **I made a mistake in the report. I will correct it immediately.**
  보고서에서 실수를 했어요. 즉시 수정하겠습니다.

세련된 유사 표현

I apologize for the error. 실수에 대해 사과드립니다.
An oversight occurred on my part.
제 쪽에서 실수가 발생했습니다.
I regret the mistake.
실수에 대해 유감스럽게 생각합니다.
I take full responsibility for the mistake.
실수에 대한 모든 책임을 지겠습니다.
I acknowledge/recognize the error.
오류를 인정합니다.

Casual vs. **Formal**
Expressions in Conversation

MP3 070

Casual

A   Hey, remember that joke I tried to pull off yesterday? I was **just kidding** but it totally backfired.
야, 어제 내가 하려던 농담 기억나? 그냥 장난이었는데 완전히 역효과가 났네.

B   Oh no, what happened? Did someone take it the wrong way?
저런, 무슨 일 있었어? 누가 오해한 거야?

A   Yeah, **I screwed up** big time. I didn't realize it could be so offensive to some people. I feel terrible about it.
응, 나 정말 크게 실수했어. 그게 어떤 사람들에게는 그렇게 불쾌할 수도 있다는 걸 몰랐어. 그것 때문에 정말 기분이 안 좋아.

B   Well, mistakes happen. As long as you didn't mean any harm. Maybe you can apologize and explain it was just a joke. **Don't freak out** just yet.
뭐, 실수는 일어나기 마련이야. 네가 나쁜 의도가 없었다면야 뭐. 사과하고 그냥 농담이었다고 설명하면 어때? 아직 당황하진 않아도 돼.

A   You're right, I should definitely apologize and tell them what I meant.
맞아, 사과하고 무슨 의도였는지 설명해야겠다.

B   That's a good plan. We need to learn from our mistakes. Jokes can hurt sometimes.
좋은 생각이야. 실수에서 배워야지. 농담이 때로는 상처를 줄 수도 있거든.

Formal

A   Do you remember that prank I played yesterday? I must confess, it did not go as planned. **I was merely making a joke** but it backfired.
어제 제가 했던 장난 기억나세요? 고백하는데, 계획대로 되지 않았어요. 그냥 농담이었는데 역효과가 났어요.

B   Uh oh, was it misinterpreted?
아, 저런, 오해가 생긴 건가요?

A   Yes, **I made a mistake**. I did not anticipate that it could be offensive to certain individuals.
네, 제가 실수했어요. 특정 사람들에게는 그 농담이 불쾌할 수도 있다는 걸 예상하지 못했어요.

B   We all make mistakes. As long as you did not intend to harm, **try not to worry excessively**. Perhaps you can apologize and clarify your intentions.
우리 모두 실수하죠. 나쁜 의도가 없었다면 너무 지나치게 걱정하지 마세요. 사과하시고 의도를 분명히 하실 수도 있겠지요.

A   You are right, I should definitely apologize and explain that it was a misguided attempt at humor. I genuinely did not mean to hurt anyone's feelings.
맞아요, 사과하고 그릇된 유머를 시도한 거라고 설명해야겠어요. 진심으로 누구의 감정을 상하게 하려는 의도는 아니었거든요.

B   That is a good approach. It is important to learn from these situations and be more mindful of the impact our jokes can have.
좋은 접근 방식이에요. 이러한 상황에서 배우고 농담이 어떤 영향을 미칠 수 있는지 더 신경 쓰는 게 중요하죠.

SESSION 14

MP3 071

일상 영어 (casual) | 격식 영어 (formal)

1. What a rip-off!
완전 바가지야!

That is not worth the price.
그 가격만큼의 가치가 없어요.

2. I'm stuffed.
배 터지겠어.

I have eaten to my capacity.
배부르게 충분히 먹었습니다.

3. It cost me an arm and a leg.
돈이 엄청 들었어.

It was quite expensive.
상당히 비쌌습니다.

What a rip-off!
완전 바가지야!

'바가지야!, 완전 사기네!'라는 뜻으로, 말 그대로 어떤 것이 부당하게 비싸거나, 금전적으로 속았거나 이용당했다고 느낄 때 사용하는 표현입니다. 명사인 rip-off는 '뜯어냄'이라는 의미에서 발전해 '바가지, 착취' 등의 뜻이 됩니다. '사기 당했다'라고 하려면 과거분사형으로 써서 I got ripped off.라고 하면 됩니다.

- I can't believe they charged $50 for that tiny meal. **What a rip-off!**
  그 적은 양의 식사에 50달러를 청구하다니 믿을 수 없어. 완전 바가지야!

비격식 유사 표현

That's highway robbery! 그건 강도 짓이야!
What a scam/con/cheat! 완전 사기야!
That's a rip! 그건 바가지야!

That is not worth the price.
그 가격만큼의 가치가 없어요.

What a rip-off!의 의미를 좀 더 세련되게 전달할 수 있는 표현입니다. 지불한 금액에 비해 받은 것의 가치가 부족하다고 느낄 때 사용할 수 있습니다.

- The service we received was terrible. **That's not worth the price** we paid.
  우리가 받은 서비스는 형편없었어요. 우리가 지불한 가격만큼의 가치가 없었죠.

세련된 유사 표현

It does not justify the cost.
그 비용이 정당하지 못합니다.

It does not provide adequate value for the money.
지불한 돈에 대한 적절한 가치를 제공하지 않습니다.

It is not economically viable.
경제적으로 타당하지 않습니다.

The cost-benefit ratio is unfavorable.
비용 대비 효율이 좋지 않습니다.

The price does not reflect the true value.
가격이 실제 가치를 반영하지 않습니다.

2 I'm stuffed.
배 터지겠어.

'완전 배부르다, 배가 터질 것 같다'라는 의미이므로 배가 매우 부르거나 과식했음을 나타낼 때 쓸 수 있습니다. stuffed는 무언가의 속을 가득, 터질 듯이 채운 것을 의미하여, 음식을 최대치로 먹어서 배가 꽉 찬 느낌과 함께 과식을 했음을 표현합니다.

- I ate so much at the buffet, now **I'm stuffed**.
  뷔페에서 너무 많이 먹었더니, 이제 배가 터질 것 같아.

비격식 유사 표현
I'm full. 배불러.
I'm bursting. 배가 터질 것 같아.
I'm filled up. 배가 꽉 찼어.
I can't eat another bite. 한 입도 더 못 먹겠어.
I'm packed. 배가 꽉 찼어.

I have eaten to my capacity.
배부르게 충분히 먹었습니다.

capacity는 '일을 할 수 있는 능력, 수용할 수 있는 용량'을 뜻합니다. 그래서 I have eaten to my capacity.는 I'm stuffed.의 격식 표현으로 '내가 먹을 수 있는 만큼 최대한' 먹었다, 즉 '배부르게 양껏 먹었다'의 의미입니다.

세련된 유사 표현
I am completely full. 완전히 배부릅니다.
I am fully satisfied. 저는 완전히 만족합니다.
My appetite is completely sated.
제 식욕이 완전히 충족되었습니다.
I am replete. 저는 배가 부릅니다.
I have reached my eating limit.
저는 식사량의 한계에 도달했습니다.

3 It cost me an arm and a leg.
돈이 엄청 들었어.

마치 한쪽 팔과 다리를 희생해야 할 만큼 비용이 너무 높다는 은유적인 표현입니다.

- I had to buy a new laptop, and **it cost me an arm and a leg**.
  새 노트북을 사야 했는데, 엄청나게 비쌌다.

비격식 유사 표현
It cost a fortune. 엄청난 돈이 들었어.
It broke the bank.
너무 비싸서 은행에 있는 돈을 다 털어어.
It was steep. 값이 엄청났어.

It was quite expensive.
상당히 비쌌습니다.

It cost me an arm and a leg.의 의미를 좀 더 점잖게 나타낼 수 있는 격식 표현으로, 무언가에 큰 비용이 들었음을 뜻합니다.

- We did the renovation of the office. **It was quite expensive.**
  우리는 사무실 리모델링을 했습니다. 비용이 상당히 비쌌죠.

세련된 유사 표현
It was rather costly. 비용이 상당히 들었습니다.
It incurred a significant expense.
상당한 비용이 발생했습니다.
It required a substantial investment.
상당한 투자가 필요했습니다.
It was priced steeply.
가격이 높게 책정되었습니다.
It was an expensive endeavor.
비용이 많이 드는 일이었습니다.

Casual vs. **Formal**
Expressions in Conversation

Casual

A What did you think about the restaurant we went to last night?
어젯밤에 갔던 식당 어땠어?

B Oh man, **what a rip-off!** The prices were outrageous!
아, 정말 바가지야! 가격이 터무니없이 비싸더라!

A I know, right? **It cost me an arm and a leg** just for such plain food.
그러니까. 그렇게 평범한 음식에 어마어마한 돈을 썼다니까.

B Seriously, **I was stuffed** but my wallet is empty now.
진짜로, 배는 불렀지만 지갑은 텅 비었어.

A I can't believe we paid so much for such average quality.
우리가 그저 그런 퀄리티의 음식을 먹으려고 그렇게 많은 돈을 냈다니 믿을 수가 없어.

B Next time let's find a place that won't break the bank.
다음번에는 통장 안 털어도 되는 곳을 찾아보자.

Formal

A How was your dining experience at the restaurant last night?
어젯밤 그 식당에서의 식사 경험은 어떠셨어요?

B Frankly, **that is not worth the price** we paid. The prices were quite high for what we received.
솔직히, 우리가 지불한 가격만큼의 가치는 없어요. 우리가 받은 것에 비해 가격이 상당히 높았어요.

A I completely agree. **It was quite expensive**, and I feel like I could have gotten a better value elsewhere.
전적으로 동의합니다. 가격이 꽤 비쌌고, 다른 곳에서라면 더 높은 퀄리티의 음식을 먹을 수 있었을 것 같아요.

B I must say though, **I had eaten to my capacity** after that meal. The portions were generous.
그렇지만 솔직히 말하면, 식사하고서는 정말 배가 불렀어요. 양이 많았거든요.

A Despite that, I feel like we overpaid for the quality of the food we got.
그럼에도 불구하고, 음식의 질에 비해 과도하게 지불한 것 같아요.

B Yes, indeed. Next time let's be more mindful of finding a place that offers better value for our money.
네, 맞아요. 다음번에는 우리가 쓰는 돈이 더 가치 있게끔 더 좋은 곳을 찾도록 신경 써 보죠.

SESSION 15

MP3 073

일상 영어 (casual)	격식 영어 (formal)
1 **I flunked.** 망쳤어.	**I did not pass.** 통과하지 못했습니다.
2 **I'll give it a shot.** 한번 해 볼게.	**I will attempt to do it.** 시도해 보겠습니다.
3 **No worries.** 걱정하지 마.	**That is not a problem.** 문제없습니다.

1 I flunked.
망쳤어.

우리말의 '망쳤어, 조졌어'에 가까운 표현으로, 주로 시험이나 평가 등을 망쳤거나 낙제했다는 것을 나타냅니다.

- **I flunked** my math test.
  나 수학 시험 완전히 망쳤어.

비격식 유사 표현
I bombed/tanked. 완전히 망쳤어.
I failed. 떨어졌어.
I blew it. 날려 먹었어.
I screwed/messed up. 망쳤어.
I came up short. 기대에 못 미쳤어.

I did not pass.
통과하지 못했습니다.

I flunked보다 격식 어조로 '(시험·평가 등을) 통과하지 못했다'는 의미를 나타냅니다.

- **I did not pass** the certification exam.
  자격증 시험을 통과하지 못했습니다.

세련된 유사 표현
I did not succeed. (저는) 성공하지 못했습니다.
I was unsuccessful. (저는) 성공하지 못했습니다.
I fell short of the required standard.
(저는) 요구된 기준에 미치지 못했습니다.
I was not able to meet the criteria.
(저는) 기준을 충족하지 못했습니다.
I did not fulfill the requirements.
(저는) 요구 사항을 충족하지 못했습니다.
I did not qualify. (저는) 자격을 얻지 못했습니다.

I'll give it a shot.
한번 해 볼게.

'한번 해 볼게, 시도해 볼게'라는 뜻으로, 무언가를 시도해 보겠다는 의지를 나타내는 표현입니다. '한번 더 도전해 볼게'라고 하려면 a 대신 another를 쓰면 됩니다.

- I'm not sure if I can fix the computer, but **I'll give it a shot**.
  컴퓨터를 고칠 수 있을지는 모르겠지만, 한번 해 볼게.

비격식 유사 표현
I'll give it a try/a go/a whirl. 한번 해 볼게.
I'll try my hand at it. 한번 시도해 볼게.
I'll take a stab/a crack at it. 한번 해 볼게.
I'll try my luck. 운에 맡겨 볼게.

I will attempt to do it.
시도해 보겠습니다.

2

I'll give it a shot.의 격식 표현입니다.

- I have not done this task before, but **I will attempt to do it**.
  이 작업을 해 본 적은 없지만, 시도해 보겠습니다.

세련된 유사 표현
I will endeavor to do it.
(저는) 그것을 열성을 다해 시도해 보겠습니다.
I will make an effort to do it.
(저는) 그것을 하기 위해 노력하겠습니다.
I will strive to do it.
(저는) 그것을 애써 해 보겠습니다.
I will try to accomplish it.
(저는) 그것을 달성하기 위해 시도해 보겠습니다.
I will seek to do it.
(저는) 그것을 시도해 보겠습니다.
I will undertake to do it.
(저는) 그것을 맡아서 하겠습니다.
I will aim to do it.
(저는) 그것을 하는 것을 목표로 하겠습니다.

No worries.
걱정하지 마.

'괜찮아, 걱정하지 마; 천만에'를 뜻하며, 상대방에게 모든 것이 괜찮고 걱정할 필요가 없다며 안심시키려 할 때 쓰는 표현입니다.

- Thanks for your help! **No worries!**
  도와줘서 고마워! 걱정하지 마!

비격식 유사 표현
No problem/biggie. 문제없어.
It's all good/cool. 다 괜찮아.
Don't worry about it. 걱정하지 마.
No sweat. 문제없어.
Forget about it. 괜찮으니 잊어버려.
No harm done. 문제없어.

That is not a problem.
문제없습니다.

3

No worries.의 격식 표현으로 특정 상황이나 요청에 대해 문제가 없음을 나타냅니다.

- I can send you the report by tomorrow. **That is not a problem.**
  내일까지 보고서 보내 드리겠습니다. 문제없습니다.

세련된 유사 표현
That will be fine. 괜찮습니다.
That is possible/acceptable/feasible/doable. 가능합니다.
I can accommodate that. 가능합니다.
That poses no issue. 문제없이 가능합니다.
I see no problem with that.
그렇게 하는 데 문제없습니다.
That will not be an issue. 문제가 되지 않습니다.

Casual vs. **Formal**
Expensive in Conversation

Casual

A   Man, **I** totally **flunked** that science test yesterday. It was brutal.
아우, 어제 과학 시험 완전히 망쳤어. 정말 끔찍했어.

B   Don't sweat it! We all have those days. I'm sure you'll do better next time.
걱정 마! 그런 날도 있는 거지 뭐. 다음번에는 분명히 더 잘할 거야.

A   Yeah, I guess so. But **I'll give it another shot**. Gotta redeem myself.
응, 그럴 것 같아. 그래도 다시 한 번 도전해 볼 거야. 만회해야지.

B   That's the spirit! Just keep studying and practicing, and you'll ace it for sure.
그렇지! 그냥 계속 공부하고 연습하면, 틀림없이 잘할 거야.

A   Thanks, dude. Your words really put me at ease. **No worries**, I'll bounce back!
고마워, 친구. 네 말 들으니까 진짜 위로가 돼. 걱정 마. 난 금방 회복할 거야!

B   Absolutely, you got this! Remember, it's just one test, it doesn't define you.
당연하지. 넌 할 수 있어! 기억해. 이건 단지 하나의 시험일 뿐이야. 이게 네가 어떤 사람인지 정의하지는 않아.

* **ace it** 완벽하게 이루어내다

Formal

A   Unfortunately, **I did not pass** the first interview yesterday. It proved to be quite challenging.
유감스럽게도 어제 첫 번째 면접을 통과하지 못했습니다. 상당히 어려웠어요.

B   I see. However, I encourage you to attempt it again. There is no harm in giving it another try.
그렇군요. 하지만 다시 시도해 보시지요. 다시 도전해서 나쁠 것은 없으니까요.

A   Indeed, **I will attempt to do it** again and make an earnest effort to change the outcome. I am determined to redeem myself.
맞아요. 한 번 더 시도해서 결과를 바꿀 수 있게 최대한 열심히 노력하겠습니다. 반드시 만회할 생각입니다.

B   That is commendable. Just remember to diligently prepare and practice. I am confident you will succeed.
훌륭한 자세입니다. 꾸준히 준비하고 연습하는 자세를 잊지 마세요. 성공할 것이라고 확신합니다.

A   Thanks for your support. Your words have provided reassurance. **That is not a problem.** I will overcome this setback.
지지해 주셔서 감사합니다. 해 주신 말이 큰 위로가 되었습니다. 문제없습니다. 이 어려움을 극복하겠습니다.

B   Absolutely, have faith in yourself. Remember, this does not define your abilities.
물론입니다. 자신을 믿으세요. 이 일이 당신의 능력을 정의하지는 않는다는 것을 기억하시고요.

SESSION 16

MP3 075

일상 영어 (casual)

1. **He's a chatterbox.**
   그는 수다쟁이야.

2. **She's stuck up.**
   그녀는 잘난 체해.

3. **Let's split.**
   얼른 가자.

격식 영어 (formal)

He is exceptionally talkative.
그는 유난히 말이 많은 편입니다.

She is overly proud.
그녀는 지나치게 자부심이 강합니다.

We should leave now.
이제 그만 가야겠습니다.

He's a chatterbox.
그는 수다쟁이야.

'그는 수다쟁이야, 그는 말이 많아'라는 뜻으로, 지나치게 말을 많이 하는 수다스러운 사람을 나타내는 표현입니다. chattebox는 chatterer(말을 많이 하는 사람)를 좀 더 강조하는 표현으로, '빠르게, 시끄럽게 말하다'를 뜻하는 chatter에 box가 붙어서 '말을 마구 쏟아내는 상자', 즉 '수다쟁이'를 뜻하게 되었죠.

- **The guy has been talking for 2 hours alone. He's a chatterbox.**
  저 친구는 혼자서 두 시간 동안 이야기를 하네. 수다쟁이야.

  비격식 유사 표현
  He's a talker. 그는 말이 많아.
  He's a gabber. 그는 수다쟁이야.
  He's a jabberer. 그는 지껄여대.

He is exceptionally talkative.
그는 유난히 말이 많은 편입니다.

chatterbox 대신 talkative(말이 많은, 수다스러운)를 쓰고, 거기에 exceptionally(유난히, 특별히)까지 덧붙여 He's exceptionally talkative.라고 하면 엄청난 수다스러움을 좀 더 세련되게 표현할 수 있습니다.

- **He is exceptionally talkative and enjoys engaging in long conversations.**
  그는 유난히 말이 많고 길게 대화하는 것을 즐깁니다.

  세련된 유사 표현
  He is very loquacious. 그는 매우 말이 많습니다.
  He is quite verbose. 그는 상당히 말이 많습니다.
  He has a propensity for speaking at length.
  그는 장황하게 말하는 경향이 있습니다.
  He is exceedingly communicative.
  그는 대단히 의사소통이 활발합니다.
  He tends to be quite expansive in his speech.
  그는 말이 매우 많고 장황한 경향이 있습니다.

1

2 She's stuck up.
그녀는 잘난 체해.

stick(붙다)의 과거분사형인 stuck과 up(~ 위에)이 더해져, 항상 맨 위에서 아래를 내려보며 군림하려 하는, 오만하거나 자기 자신을 지나치게 높게 평가하는 사람을 묘사할 때 비난조로 쓰는 표현입니다.

- **She's stuck up** and never talks to anyone outside her group.
  그녀는 거만해서 자기 무리 밖의 사람들과는 절대 이야기하지 않아.

비격식 유사 표현
She's full of herself. 그녀는 완전 잘난 척이야.
She's got a big head. 그녀는 우쭐거려.
She thinks she's all that.
그녀는 자기가 대단한 줄 알아.

She is overly proud.
그녀는 지나치게 자부심이 강합니다.

She is stuck up. 대신 She is overly proud.라고 하면 그녀가 지나치게 자부심이 강하거나 거만하다는 뜻을 좀 더 세련되게 전달할 수 있습니다.

- **She is overly proud**, which can be perceived as arrogance by her peers.
  그녀는 지나치게 자부심이 강한데, 이는 동료들에게 오만함으로 비춰질 수 있습니다.

세련된 유사 표현
She exhibits excessive pride.
그녀는 지나친 자만심을 보입니다.
She displays undue arrogance.
그녀는 지나친 오만함을 드러냅니다.
She demonstrates an exaggerated sense of superiority. 그녀는 과장된 우월감을 보입니다.

3 Let's split.
얼른 가자.

'떠나자, 이동하자' 또는 '나가자'라는 뜻으로, 그룹을 나누거나 장소에서 분리되는 상황을 표현할 때 쓰입니다. 뒤에 the bill(계산서)을 붙여 Let's split the bill.이라고 하면 '계산서의 금액을 나눠서 같이 내자'라는 뜻이 됩니다.

- We have been here for hours. **Let's split** and get some fresh air.
  우리 여기서 몇 시간이나 있었어. 나가서 신선한 공기 좀 마시자.

비격식 유사 표현
Let's go/bounce. 나가자.
Let's head out. 나가자.
Let's get out of here. 여기서 나가자.
Let's take off. 떠나자, 뜨자.
Let's roll. 출발하자.

We should leave now.
이제 그만 가야겠습니다.

Let's split.의 격식 표현으로, '이제 떠나는 게 좋겠다'라는 뜻을 나타냅니다.

- The meeting is over. **We should leave now.**
  회의가 끝났군요. 이제 그만 가야겠습니다.

세련된 유사 표현
It is time for us to depart. 떠날 시간입니다.
We should make our exit. 출발해야 합니다.
We ought to take our leave.
떠나는 것이 좋겠습니다.
It would be prudent for us to leave now. 지금 떠나는 게 우리한테 현명한 일일 겁니다.
We must be on our way.
이제 가야 할 것 같습니다.
It would be best if we left now.
지금 떠나는 것이 최선일 것입니다.

Casual vs. **Formal**
Expressions in Conversation

MP3 076

Casual

A **That guy** over there **is a chatterbox**. He won't stop talking!
저기 있는 남자, 정말 수다쟁이야. 말을 멈추려고 하지를 않아!

B Yeah, he sure loves the sound of his own voice. Can't get a word in edgewise.
맞아, 자기 목소리 듣는 걸 정말 좋아하나 봐. 한마디도 끼어들 틈을 안 주네.

A And what about her? **She's** so **stuck up**, like she's too good for everyone else.
그리고 저 여자는 어떻고? 완전 잘난 척하네. 마치 다른 사람들보다 더 우월한 것처럼 말이야.

B Oh, I know exactly who you're talking about. Always walking around so high and mighty.
아, 나 누구 말하는지 딱 알겠어. 항상 거만하게 으스대며 돌아다니잖아.

A Anyway, **let's split** and join that other conference. I heard there are some interesting speakers lined up.
어쨌든, 우리 나가서 저쪽 다른 회의장으로 가자. 거기 흥미로운 연사들이 참여한다고 들었어.

B Sure, I'm excited to hear what they have to say.
좋아, 그들이 뭐라고 말할지 기대된다.

Formal

A It appears that **the gentleman** over there **is exceptionally talkative**. He seems to have an incessant need to engage in conversation.
저기 계신 분, 대단히 말이 많아 보입니다. 끊임없이 대화를 나누고 싶어 하는 것 같군요.

B Indeed, he does love to talk. It is quite challenging to interject or contribute to the conversation.
네, 정말 말하는 것을 좋아하는 것 같습니다. 대화에 끼어들거나 의견을 내기가 참 어렵군요.

A And what about that lady? She exudes an air of superiority as if she considers herself better than everyone else.
그리고 저 여자분은 어떻습니까? 마치 자신이 다른 사람들보다 우월하다고 여기는 듯한 분위기를 풍기는군요.

B Yes. She does come across as **overly proud**. She is very haughty.
네, 지나치게 자부심이 강해 보이는 인상이에요. 매우 거만하군요.

A In any case, I believe **we should leave now**. Shall we go? The conference next door has some fascinating speakers.
어쨌든, 이제 나가는 것이 좋을 것 같습니다. 이동할까요? 옆 회의장에 흥미로운 연사들이 계시더군요.

B Surely. I am looking forward to what they have to say.
그러시죠. 그들이 어떤 이야기를 할지 기대되네요.

SESSION 17

MP3 077

일상 영어 (casual)	격식 영어 (formal)
1 **It's a breeze.** 정말 쉬워.	**It is rather easy.** 꽤 쉽습니다.
2 **Don't beat yourself up.** 자책하지 마.	**Do not be hard on yourself.** 너무 자신을 책망하지 마세요.
3 **Sorry.** 미안해. / 유감이야.	**That is unfortunate.** 그것 참 안타깝군요.

1 It's a breeze.
정말 쉬워.

'정말 쉬워, 아주 간단해'를 뜻합니다. breeze는 원래 '가볍고 부드러운 바람'의 의미로, 마치 산들바람이 쉽고 가볍게 움직이는 것처럼 어떤 일이 적은 노력으로도 쉽게 완료될 수 있음을 나타냅니다.

- Don't worry about the test. **It's a breeze.**
  시험은 걱정하지 마. 정말 쉬워.

비격식 유사 표현

It's a piece of cake. 정말 쉬워.
It's a walk in the park. 정말 쉬운 일이야.
It's easy as pie. 정말 쉬워.
It's a cinch. 식은 죽 먹기야.
It's a snap. 아주 쉬운 일이야.
It's no sweat. 문제없어.
It's child's play. 어린애 장난이지.
It's a cakewalk. 정말 쉬운 일이야.

It is rather easy.
꽤 쉽습니다.

It's a breeze.의 격식 표현입니다.

- The process of setting up the new system is straightforward, and **it is rather easy**.
  새 시스템을 설정하는 과정은 명확하고 꽤 쉽습니다.

세련된 유사 표현

It is relatively simple. 비교적 간단합니다.
It is fairly straightforward. 꽤 간단합니다.
It is quite manageable.
충분히 관리할 수 있습니다.
It is not overly complex.
지나치게 복잡하지 않습니다.
It is relatively effortless. 비교적 수월합니다.
It is fairly uncomplicated. 꽤 단순합니다.
It is moderately easy. 적당히 쉽습니다.

Don't beat yourself up.
자책하지 마.

beat yourself up을 직역하면 '너 자신을 때리다'인데, 마치 스스로를 때리듯 자신을 책망하며 가혹하게 대하는 모습을 비유적으로 나타내는 표현입니다.

- **Don't beat yourself up** over the mistake; everyone makes errors sometimes.
  그 실수 때문에 자책하지 마. 누구나 가끔 실수하잖아.

비격식 유사 표현

Don't give yourself a hard time.
너 자신을 너무 힘들게 하지 마.
Don't kick yourself. 너 자신을 자책하지 마.
Don't put yourself down.
너 자신을 깎아내리지 마.
Don't second-guess yourself.
너 자신을 의심하지 마.

Do not be hard on yourself.
너무 자신을 책망하지 마세요.

Don't beat yourself up.의 격식 표현으로 자기 자신을 엄격하거나 가혹하게 대하지 말라는 뜻을 전달합니다.

- **Do not be so hard on yourself.** Everyone makes mistakes.
  너무 자신을 책망하지 마세요. 누구나 실수를 합니다.

세련된 유사 표현

Do not be overly self-critical.
너무 지나치게 자기 비판적이 되지는 마세요.
Do not engage in excessive self-criticism.
스스로를 과도하게 비판하지는 마세요.
Do not subject yourself to severe self-judgment.
자신에게 너무 가혹한 판단을 하지는 마세요.

Sorry.
미안해. / 유감이야.

사과, 유감 또는 동정을 표현할 때 쓰며, Sorry. 한마디로 간단히 사과할 수도 있지만, 뒤에 for나 to를 써서 무엇이 미안하고 무엇에 대해 유감을 느끼는지 설명할 수도 있습니다.

- **Sorry** for being late.
  늦어서 미안해요.

- **Sorry** to hear about your loss.
  (조문할 때) 부음을 듣게 되어 유감입니다.

* **loss:** 죽음[사망]; 인명 손실

비격식 유사 표현

My bad. 내 잘못이야. **My mistake.** 내 실수야.
My fault. 내 잘못이야. **Oops.** 이런.
I messed up. 내가 망쳤어.
I didn't mean to. 그럴 의도는 아니었어.

That is unfortunate.
그것 참 안타깝군요.

Sorry.(유감이야)의 격식 표현으로 보다 격식 있게 유감이나 동정을 표현할 때 씁니다. 또 격식 있게 사과를 할 경우에는 I apologize.(죄송합니다.), My apologies.(사과드립니다. 송구스럽습니다.) 같은 표현을 사용합니다.

- **That is unfortunate** that the meeting was canceled.
  회의가 취소된 것은 참 안타깝군요.

세련된 유사 표현

That is regrettable. 그것 참 유감입니다.
It is a pity. 아쉽습니다. 안됐습니다.
That is lamentable. (그것) 참 애석합니다.
It is disappointing. (그것) 참 실망스럽습니다.
That is a shame. (그것) 참 유감입니다.

Casual vs. **Formal**
Expressions in Conversation

MP3 078

Casual

A So, tell me about the job interview. How did it go?
그래서, 면접 얘기 좀 해 봐. 어떻게 됐어?

B Oh man, I bombed it. I was so nervous and stumbled over my words.
아, 폭망했어. 너무 긴장해서 말을 더듬었지 뭐야.

A Aw, I'm **sorry** to hear that. Interviews can be tough sometimes.
아, 정말 안됐다. 면접이 때로는 힘들 수 있지.

B Yeah, I thought **it would be a breeze** but I completely blanked on some of the questions.
응, 쉬울 줄 알았는데 몇몇 질문에서 완전히 머리가 하얘졌어.

A **Don't beat yourself up** too much. We all have off days.
너무 자책하지 마. 누구나 그런 날이 있어.

B Thanks, I appreciate it. I'll just have to learn from this experience and do better next time.
정말 고마워. 이번 경험에서 배운 걸로 다음번에는 더 잘해야겠어.

* **off day** 일이 잘 안 풀리는 날, 컨디션이 별로 안 좋은 날

Formal

A How did your job interview go?
면접 보신 건 어떻게 되었나요?

B Unfortunately, I did not succeed. I found myself quite nervous and struggled to articulate my thoughts effectively.
유감스럽게도 성공하지 못했어요. 너무 긴장해서 제 생각을 효과적으로 전달하는 데 어려움을 겪었거든요.

A **That is unfortunate.** Interviews can be challenging at times.
안타깝네요. 면접은 때때로 어려울 수 있죠.

B Indeed. I had anticipated that **it would be rather easy**, but I found myself unable to recall certain information during the questioning.
그렇습니다. 간단할 것이라고 예상했지만, 질문 받는 중에 적절한 특정 정보를 떠올리지 못했어요.

A Please **do not be too hard on yourself**. We all have days where things do not go as planned.
자신을 너무 책망하지는 마세요. 누구나 계획대로 되지 않는 날이 있잖아요.

B Thank you for saying that. I will take this as a learning experience and strive to improve with future opportunities.
그렇게 말씀해 주셔서 감사합니다. 이번 경험을 교훈 삼아 앞으로 더 나아지도록 노력하겠어요.

SESSION 18

MP3 079

일상 영어 (casual) / 격식 영어 (formal)

1. Let's call it a day. 오늘은 여기까지 하자.
Let's conclude our activities for the day. 오늘 활동은 여기서 마무리합시다.

2. It's all good. 별거 아니야.
It is not a matter of great importance. 대단히 중요한 일은 아닙니다.

3. I'm feeling under the weather. 몸이 안 좋아.
I am not feeling well at the moment. 지금 몸 상태가 좋지 않습니다.

Let's call it a day. 오늘은 여기까지 하자.

하루 일을 마치고, 이제 더 이상 일하지 말고 이만 쉬자고 할 때 하는 말입니다. 여기서 call은 '선언하거나 결정한다'는 의미로 쓰였습니다. 즉, it(그것 = 여기까지 한 것)을 a day(하루치 일)로 정하자고 선언하는 표현입니다.

- **We've finished most of the tasks. Let's call it a day.**
  대부분의 작업을 끝냈어요. 오늘은 여기까지 하죠.

비격식 유사 표현

Let's wrap it up. 마무리하자.
Let's knock off for the day. 오늘은 그만하자.
Let's finish up here. 여기서 마무리하자.
Let's pack it in. 오늘은 그만하자
Let's shut it down. 오늘은 마무리하자.
Let's call it quits. 오늘은 여기까지 하자.
Let's end it here. 여기서 끝내자.
Let's head out. 이제 나가자.
Let's take off. 이제 그만하자.
Let's call it a night. 오늘 밤은 여기까지 하자.

Let's conclude our activities for the day. 오늘 활동은 여기서 마무리합시다.

Let's call it a day.를 좀 더 세련되게 바꿔 말하고 싶을 때 사용하면 좋은 표현입니다.

- **We have accomplished a significant amount. Let's conclude our activities for the day.**
  우리가 상당한 양을 달성했습니다. 오늘 활동은 여기서 마무리합시다.

세련된 유사 표현

Let's wrap up our work for today.
오늘의 작업을 마무리합시다.
Let's bring today's activities to a close.
오늘의 활동을 마무리하도록 합시다.
Let's finalize our tasks for the day.
오늘의 업무를 마무리합시다.
Let's close out today's session.
오늘의 세션을 종료합시다.
Let's draw today's work to a close.
오늘의 작업을 마무리합시다.

2 It's all good.
별거 아니야.

'별거 아니야'라는 뜻으로 상대방을 안심시키거나, 문제가 없다는 것을 표현할 때 씁니다.

- Don't worry about the mistake. **It's all good.**
  그 실수에 대해 걱정하지 마. 별거 아니야.

비격식 유사 표현
No biggie. 별거 아니야.
No/Not a problem. 문제없어.
Don't sweat it. 걱정하지 마.
It's nothing. 아무것도 아니야.
It's no big thing. 별일 아니야.
Forget about it. (별일 아니니) 신경 쓰지 마.

It is not a matter of great importance.
대단히 중요한 일은 아닙니다.

It's all good.의 격식 표현입니다.

- Your slight delay is acceptable. **It is not a matter of great importance.**
  당신이 약간 늦는 것은 괜찮습니다. 대단히 중요한 일은 아니에요.

세련된 유사 표현
It is not of significant concern.
그것은 큰 걱정거리가 아닙니다.
It is not particularly critical.
그것은 특히 중요하지는 않습니다.
It is not a pressing issue.
그것은 시급한 문제가 아닙니다.
It is not of utmost importance.
그것은 가장 중요한 것은 아닙니다.

3 I'm feeling under the weather.
몸이 안 좋아.

옛날 선원들은 몸이 아프거나 멀미가 나면 거친 날씨(bad weather) 때문에 그런 거라고 여겨서 선장이 아픈 선원을 가리켜 He's under the weather.라고 했습니다. 여기서 유래하여, under the weather는 컨디션이 좋지 않다는 뜻을 표현할 때 쓰이게 되었죠.

- I'm not coming to work today because **I'm feeling under the weather.** 오늘 몸이 안 좋아서 출근 못하겠어요.

비격식 유사 표현
I'm not feeling well/great. 몸이 안 좋아.
I'm feeling a bit off. 몸 상태가 좀 안 좋아.
I'm feeling sick. 몸이 아파.

I am not feeling well at the moment.
지금 몸 상태가 좋지 않습니다.

I'm feeling under the weather.의 격식 표현입니다.

- **I am not feeling well at the moment**, so I may need to take a leave of absence.
  지금 몸 상태가 좋지 않아서 휴가를 내야 할지도 모르겠습니다.

세련된 유사 표현
I am currently unwell. 현재 몸이 좋지 않습니다.
I am feeling indisposed at this time.
지금 몸이 불편합니다.
I am not in optimal health right now.
지금 건강 상태가 좋지 않습니다.
My health is not in the best condition at the moment. 지금 건강 상태가 최상이 아닙니다.

Casual vs. Formal
Expressions in Conversation

MP3 080

Casual

A I think we've done enough. **Let's call it a day** and continue tomorrow.
우리 오늘 충분히 할 만큼 했어. 우리 오늘은 이만하고 내일 계속하자.

B Yeah, I agree. **It's all good.** Let's take a break and recharge.
응, 나도 동의해. 별일 없을 것 같아. 잠시 쉬면서 재충전하자.

A By the way, **I'm feeling a bit under the weather** today. I might need some rest.
그런데 나 오늘 몸이 좀 안 좋아. 좀 쉬어야 할 것 같아.

B No worries, take care of yourself. Your health is important.
걱정하지 말고 잘 쉬어. 건강이 중요하니까.

A I appreciate it. So, let's brainstorm some ideas for the new marketing campaign tomorrow.
고마워. 그럼 내일 새로운 마케팅 캠페인 아이디어를 브레인스토밍해 보자.

B Cool! Let's get those creative juices flowing and come up with some innovative strategies.
좋아! 샘솟는 창의력으로 혁신적인 전략을 생각해 내자.

Formal

A **Let's conclude our activities for the day.** We've accomplished a sufficient amount of work.
오늘 활동은 여기서 마무리합시다. 우리는 충분한 양의 과업을 달성했어요.

B **It is not a matter of great importance** if we take a break and allow ourselves to gather our thoughts.
잠시 휴식을 취하며 생각을 정리하는 것은 큰 문제가 되지 않을 것입니다.

A I must inform you that **I am not feeling well at the moment.** I may require some rest and recuperation.
지금 제 몸 상태가 좋지 않다는 점을 알려 드려야겠네요. 약간의 휴식과 회복이 필요할 수도 있겠어요.

B I understand. Your well-being is of the utmost importance. Please take all the necessary time you need.
이해합니다. 당신의 건강이 가장 중요합니다. 필요한 만큼 충분히 쉬세요.

A Thank you for your understanding. Next time let's engage in a brainstorming session to generate ideas for the new marketing campaign.
이해해 주셔서 감사합니다. 다음에는 새로운 마케팅 캠페인을 위한 아이디어를 브레인스토밍해 봅시다.

B Sure. Let's stimulate our creativity and devise innovative strategies to propel our campaign forward.
알겠습니다. 창의력을 자극하여 캠페인을 추진할 혁신적인 전략을 마련해 봅시다.

SESSION 19

MP3 081

일상 영어 (casual)	격식 영어 (formal)
1 **It's been ages.** 오랜만이야.	**A considerable amount of time has passed.** 꽤 많은 시간이 흘렀습니다.
2 **I'm snowed under with work.** 일에 치여[파묻혀] 있어.	**I am overwhelmed with work.** 업무가 너무 몰려서 감당이 안 됩니다.
3 **I get it.** 이해했어.	**I understand completely.** 완전히 이해했습니다.

1 It's been ages.
오랜만이야.

여기서 ages는 '매우 긴 시간'을 뜻합니다. 만남 또는 어떤 일이 일어난 이후로 오랜 시간이 지났다는 것을 강조하고 싶은 상황에서 씁니다.

- **It's been ages** since we last saw each other.
  우리 마지막으로 본 지 정말 오래됐다.

비격식 유사 표현

It's been a long time/so long/a while.
오랜만이야.

It's been forever. 정말 오랜만이야.
Long time no see. 오랜만이야.
I haven't seen you in ages.
너를 본 지 정말 오래됐어.
I haven't heard from you in forever.
네 소식을 들은 지 정말 오래됐어.
Feels like forever. 영원한 시간이 지난 것 같아.

A considerable amount of time has passed.
꽤 많은 시간이 흘렀습니다.

It's been ages.보다 격식 있는 표현이 필요한 상황에서 사용할 수 있습니다.

- **A considerable amount of time has passed** since our last meeting.
  우리가 마지막으로 만나고서 꽤 많은 시간이 흘렀군요.

세련된 유사 표현

A significant/lengthy period of time has elapsed.
상당한 시간이 경과했습니다.

It has been quite some time since…
~한 이후로 꽤 오랜 시간이 지났습니다

An extensive amount of time has gone by.
많은 시간이 흘렀습니다.

It has been a substantial interval since…
~한 이후로 상당한 공백기가 있었습니다

I'm snowed under with work.
일에 치여[파묻혀] 있어.

마치 쏟아져 내린 눈에 파묻혀 이도 저도 못하는 것처럼, 할 일이 너무 많아 정신없고 힘든 상태를 나타내는 비유적인 표현입니다.

- I can't go out tonight because **I'm snowed under with work.**
  나 일에 치여서 오늘 밤에 못 나가.

비격식 유사 표현

I'm swamped. 일이 너무 많아서 정신없어.
I'm buried in work. 일에 파묻혔어.
I'm overloaded. 일이 너무 많아.
I'm up to my ears in work.
할 일이 너무 많아(← 일이 귀까지 차 있어).
I'm drowning in work.
일에 빠져 허우적대고 있어.
I've got a lot on my plate. 해야 할 일이 너무 많아.
I'm jam-packed with work. 일로 꽉 차 있어.
I'm busier than a bee. 일벌보다 내가 더 바빠.

I am overwhelmed with work.
업무가 너무 몰려서 감당이 안 됩니다.

I'm snowed under with work.의 격식 표현입니다.

- **I am overwhelmed with work** and may need additional time to complete my tasks.
  업무가 몰려 감당이 안 돼서 임무를 완료하는 데 추가로 시간이 더 필요할 수도 있습니다.

세련된 유사 표현

I am inundated with work.
업무에 압도되었습니다.
I am burdened with numerous tasks.
많은 업무에 짓눌려 있습니다.
I am under considerable pressure from work. 업무로 인해 상당한 압박을 받고 있습니다.
I am experiencing a high volume of work. 많은 양의 업무를 처리하고 있습니다.
I am encumbered with work obligations. 업무상의 의무에 얽매여 있습니다.

I get it.
이해했어.

동사 get은 본래 '무언가가 와 닿다'를 뜻하여 '얻다, 받다, 이해하다'의 의미를 나타냅니다. 따라서 I get it.은 '이해했다, 감 잡았다, 알겠다'라는 뜻으로 쓰일 수 있습니다.

- Oh, **I get it** now. You were trying to explain how to solve the problem.
  아, 이제 알겠어. 네가 문제 해결법을 설명하려던 거였구나.

비격식 유사 표현

Understood. 이해했어. **I see.** 알겠어.
(I) Got it. 알았어.
Makes sense. 이해가 돼. **I'm with you.** 이해해.
I catch your drift. 무슨 말인지 알겠어.
I get the picture. 상황을 알겠어.
I follow you. 이해했어.

I understand completely.
완전히 이해했습니다.

I get it.보다 세련되고 격식 있는 표현이 필요한 상황에서 사용할 수 있습니다.

- **I understand completely** what you are saying. Thank you for the detailed explanation.
  말씀하신 내용을 완전히 이해했습니다. 상세한 설명 감사합니다.

세련된 유사 표현

I fully comprehend. 완전히 이해합니다.
I grasp the concept entirely.
개념을 완전히 파악했습니다.
I have a thorough understanding.
철저히 이해하고 있습니다.
I am fully aware. 충분히 인지하고 있습니다.

Casual vs. Formal
Expressions in Conversation

MP3 082

Casual

A Hey! Long time no see! **It's been ages** since we've last talked!
야! 오랜만이야! 우리가 마지막으로 얘기한 지 정말 오래 됐다!

B Oh, I know! I've been so swamped lately. **I've been snowed under with work** and barely have time to breathe.
맞아! 요즘 너무 바빴어. 일에 치여서 숨 쉴 틈도 없었어.

A Yeah, **I** totally **get it**. Life can be crazy sometimes. But hey, it's great to finally catch up with you!
응, 당연히 이해하지. 가끔 인생에서 정말 정신없을 때가 있지. 하지만 드디어 만나서 너무 좋다!

B Absolutely. We should definitely make more time for these chance encounters. It's always nice to see a familiar face.
완전 동감이야. 이렇게 우연히라도 더 자주 만나야 해. 친숙한 얼굴을 보는 건 항상 좋으니까.

A For sure! Let's not wait ages until the next time we meet. How about grabbing a coffee sometime soon?
맞아! 다음에 만날 때까지 너무 오래 기다리지 말자. 곧 커피 한잔 같이 하는 거 어때?

B Sounds perfect! Let's make it happen.
좋아! 꼭 그렇게 하자.

Formal

A Great to see you again. I think **a considerable amount of time has passed** since our last encounter.
다시 뵙게 되어 반갑습니다. 우리 마지막으로 만난 지 꽤 시간이 지난 것 같군요.

B Indeed, **I find myself overwhelmed with work** lately. I have scarce moments to spare.
그렇네요. 요즘 업무에 너무 바빠서 여유 시간이 거의 없었어요.

A **I understand completely.** Life can be quite demanding at times. Nevertheless, it is a pleasure to finally reconnect with you.
충분히 이해합니다. 살다 보면 때로는 매우 바쁠 수 있죠. 그럼에도 불구하고, 이렇게 다시 뵙게 되어 기쁩니다.

B Absolutely! We should endeavour to allocate more time for these meetings. It is always delightful to encounter a familiar face.
정말 그래요! 이런 만남을 위해 더 많은 시간을 할애해야겠어요. 친숙한 얼굴을 마주치면 항상 기쁘니까요.

A Most certainly! Let us not allow such a significant period of time to pass before our next meeting. Perhaps we can have a cup of coffee in the near future?
당연합니다! 다음 만남까지 그렇게 오랜 시간이 지나지 않도록 합시다. 가까운 시일 내에 커피 한잔하는 건 어떨까요?

B That sounds agreeable. Let's make the necessary arrangements.
좋은 생각입니다. 일정을 잡아 보죠.

SESSION 20

MP3 083

일상 영어 (casual) | 격식 영어 (formal)

1. **I'm stoked.** 정말 신나. | **I am particularly excited.** 특히 기대가 됩니다.

2. **It's on the house.** 공짜야. | **There will be no charge for it.** 비용이 부과되지 않습니다.

3. **That's fire.** 그거 대박이다. | **That is extraordinary.** 정말 대단하군요.

I'm stoked.
정말 신나.

stoke는 원래 '불을 지피다, 연료를 더하다'라는 뜻인데 여기서 의미가 확장되어 '마음에 불을 지피다', '(흥분에) 불타오르다'를 뜻하게 되었습니다. 그래서 I'm so stoked.는 '정말 신나, 흥분돼'라는 의미가 됩니다. 흥분이나 큰 기대감을 나타낼 때 사용하는 표현입니다.

- **I'm so stoked** about the concert tonight!
  오늘 밤 콘서트 때문에 너무 신나!

비격식 유사 표현
I'm pumped/jazzed. 신나.
I'm psyched/amped/hyped. 흥분돼.
I'm thrilled. 아주 신나.
I'm ecstatic/elated. 정말 기뻐.

I am particularly excited. [1]
특히 기대가 됩니다.

I'm stoked.의 격식 표현으로 기대되거나 신나는 상태를 격식 있게 나타냅니다.

- **I am particularly excited** about the upcoming project.
  다가오는 프로젝트가 특히 기대됩니다.

세련된 유사 표현
I am eagerly anticipating…
~를 매우 기대하고 있습니다
I am looking forward to…
~를 기대하고 있습니다
I am thrilled about…
~에 대해 매우 기쁩니다
I am enthusiastic about…
~에 대해 열정적입니다
I am keenly awaiting…
~를 매우 기다리고 있습니다

2 It's on the house. 공짜야.

이 표현에서 house는 서비스를 제공하는 '사업체'나 '업소'를 의미합니다. 그래서 It's on the house.는 사업체가 비용을 부담하며, 고객은 이를 지불할 필요가 없다는 뜻입니다.

- Don't worry about the coffee, **it's on the house.**
  커피값은 걱정하지 마. 공짜로 나오는 거니까.

비격식 유사 표현

It's free. 공짜야.
No charge. 무료야.
It's gratis. 무료야.
You don't have to pay. 돈 안 내도 돼.

There will be no charge for it. 비용이 부과되지 않습니다.

It's on the house.의 격식 표현으로 무언가가 무료로 제공된다는 것을 격식 있게 나타냅니다.

- The first consultation will be offered for free. **There will be no charge for it.**
  첫 번째 상담은 무료로 제공됩니다. 비용이 부과되지 않을 거예요.

세련된 유사 표현

It will be provided at no cost.
비용 없이 제공될 것입니다.
No fee will be charged.
요금이 부과되지 않습니다.
This service is complimentary.
이 서비스는 무료입니다.
There is no fee associated with this.
이와 관련된 요금은 없습니다.
It is offered free of charge. 무료로 제공됩니다.

3 That's fire. 그거 대박이다.

'그거 대박이다, 그거 진짜 끝내준다'를 뜻합니다. fire(불)는 '열정, 에너지, 강렬함' 등을 상징하므로 무언가가 매우 인상적이거나 감탄을 자아낼 때 쓸 수 있습니다.

- Did you hear the new album? **That's fire!**
  새 앨범 들어봤어? 그거 진짜 대박이야!

비격식 유사 표현

That's lit/dope/sick. 진짜 쩐다.
That's awesome. 진짜 끝내주네.
That's hype. 진짜 짱이야, 그게 최고야.

That is extraordinary. 정말 대단하군요.

That is fire.의 격식 표현으로 우수함을 칭찬할 때 사용합니다.

- You completed this complex project in just two days? **That is extraordinary!**
  이 복잡한 프로젝트를 단 이틀 만에 끝냈다고요? 정말 대단하네요!

세련된 유사 표현

That is exceptional. 매우 뛰어납니다.
That is outstanding. 탁월합니다.
That is impressive. 인상적입니다.

Casual vs. **Formal**
Expressions in Conversation

MP3 084

Casual

A Hey, long time no see. How's it going?
야, 오랜만이다. 어떻게 지내?

B Wow, **I'm stoked** to see you. Things have been pretty good. How about you?
와, 너 보니까 정말 기쁘다. 아주 잘 지냈어. 너는 어떻게 지냈니?

A That's awesome to hear! You know what? I just opened my own coffee shop downtown.
잘 지냈다니 다행이야. 있잖아, 나 시내에 내 커피숍을 열었어.

B No way! **That's fire!** Congrats! I'll definitely swing by sometime.
정말?! 대박이다! 축하해! 꼭 한번 들를게.

A Thanks buddy! You're always welcome. And you know what? Your first cup of coffee **is on the house**.
고마워, 친구! 언제든지 환영이야. 그리고 첫 커피는 공짜로 쏠게.

B Seriously? That's so kind of you. I can't wait to try it out. You've really made my day. Thanks.
진짜로? 친절하기도 하지. 빨리 가서 맛보고 싶어. 오늘 정말 기분 좋게 해 줘서 고마워.

Formal

A Hello! It has been quite some time since our last meeting. How are you doing?
안녕하세요! 마지막 만나고서 꽤 오랜 시간이 지났네요. 어떻게 지내시나요?

B **I am particularly excited** to see you. I must say, things have been going quite well. And yourself?
뵙게 돼서 특히 기쁩니다. 전 모든 일이 잘 진행되고 있어요. 당신은요?

A It really makes me happy to hear that. Guess what? I recently established my own coffee shop in the downtown area.
잘 지내신다는 말씀을 들으니 정말 기쁩니다. 그런데요, 최근에 제가 시내에 제 커피숍을 열었어요.

B **That is extraordinary!** Congratulations! I will certainly make it a point to visit sometime.
대단하신데요! 축하드립니다! 꼭 한번 방문할게요.

A Thank you. You are always welcome. Furthermore, I would like to extend an offer to you. **There will be no charge for** your first cup of coffee.
감사합니다. 언제든지 환영합니다. 그리고 특별한 제공을 해 드리고 싶네요. 첫 커피는 무료로 드리겠습니다.

B That is incredibly generous of you. I am eagerly looking forward to experiencing it. You made me feel great.
인심이 참 좋으시네요. 정말 기대됩니다. 덕분에 기분이 아주 좋아졌어요

143

TIP 일상 대화에서 자주 쓰이는 줄임말 표현들

다음의 줄임말 표현들은 일상생활에서 매우 자주 쓰입니다. 주로 말할 때의 발음을 있는 그대로 적어서 표현한 것으로, 구어체 대화에서는 자연스럽지만 글을 쓸 때 이러한 줄임말을 사용하면 매우 격이 떨어지고, 심지어는 천박해 보일 수도 있기 때문에 주의해야 합니다.

gonna = going to
~할 것이다

I'm gonna go to the store. 나는 가게에 갈 거야.

gotta = have got to
~해야만 한다

I gotta finish my homework. 나는 숙제를 끝내야 해.

kinda = kind of
좀, 약간, 어느 정도

I'm kinda tired. 나는 좀 피곤해.

sorta = sort of
좀, 약간, 어느 정도

I'm sorta tired today, but I can still go out. 오늘 약간 피곤한데, 그래도 나갈 수 있어.

lemme = let me
내가 ~할게

Lemme help you with that. 내가 그것 좀 도와줄게.

gimme = give me
내게 ~를 줘

Gimme a break. 말도 안 돼. 그만 좀 해; 나 좀 쉬게 해줘.

dunno = don't know
몰라, 모르겠어

I dunno what to do. 나는 무엇을 해야 할지 모르겠어.

ain't = am not / is not / are not / has not / have not
없어, 있지 않아, 아니야

He ain't here. 그는 여기 없어.

outta = out of
나갈래

I'm outta here. 나 여기서 나갈래.

wanna = **want to**
~하고 싶어, ~를 원해

Do you wanna go to the movies? 영화 보러 가고 싶어?

whatcha = **what are you**
너 뭐해?

Whatcha doing? 뭐 하고 있어?

y'all = **you all**
너희 다

Are y'all coming? 너희 다 올 거야?

CHAPTER 3
구어체 이디엄 vs. 격식 영어 표현

왼쪽의 QR코드를 스캔하시고 '바로듣기'를 탭하세요. 해당 도서의 음원을 바로 들으실 수 있습니다. 반복 재생과 속도 조절도 가능합니다.

SESSION 1

MP3 **085**

일상 영어 (casual)	격식 영어 (formal)
1 **Get off your high horse.** 잘난 척하지 마.	**Please refrain from acting superior.** 그런 우월한 태도는 삼가 주세요.
2 **You're barking up the wrong tree.** 너 헛다리 짚었어.	**You seem to be misunderstanding the situation.** 상황을 잘못 이해하고 계신 것 같습니다.
3 **You're a piece of work.** 너 참 피곤한 스타일이구나.	**You are a rather challenging individual.** 조금 까다로운 면이 있으시네요.

1 — Get off your high horse.
잘난 척하지 마.

Please refrain from acting superior.
그런 우월한 태도는 삼가 주세요.

Get off your high horse.는 '거만 떨지 마, 잘난 척 그만해'를 뜻합니다. 중세시대에 높은 말에 올라탄 사람은 주로 왕족이나 귀족처럼 지위나 권력이 있는 사람들이었죠. 이에 빗대어, 자만하지 말고 더 겸손하고 평등한 태도를 가지라는 의미로 '높은 말에서 내려오라'고 말하게 되었습니다.

- Anyone can solve this easy question, so **get off your high horse**!
  이 쉬운 문제는 누구나 풀 수 있으니, 잘난 척하지 마!

비격식 유사 표현
Eat humble pie. 자신의 실수를 인정하고 겸손해져라.
Swallow your pride. 자존심을 내려놓아라.
Climb down. 잘못을 인정하고 겸손하라. (← 내려와라)

상대방에게 겸손하게 행동할 것을 요청하는 격식 표현으로는 Get off your high horse. 대신에 Please refrain from acting superior.가 적합합니다.

- All the previous participants resolved this issue accordingly. Thus, **please refrain from acting superior.**
  이전 참가자들 모두 적절하게 이 문제를 해결했습니다. 그러니 그런 우월한 태도는 삼가 주세요.

You're barking up the wrong tree.
너 헛다리 짚었어.

You seem to be misunderstanding the situation.
상황을 잘못 이해하고 계신 것 같습니다.

You're barking up the wrong tree.는 우리말의 '헛다리 짚었네'와 같은 뜻입니다. 즉 '엉뚱한 데다 헛수고하고 있네'라는 의미입니다. 사냥개들이 사냥감이 숨어 있는 나무가 아닌, 아무것도 없는 엉뚱한 나무를 올려다보면서 짖고 있는 상황에 빗대어, 목표를 달성하기 위해 잘못된 방법을 사용하거나 잘못된 대상을 겨냥하고 있을 때 쓰는 표현입니다. 즉 상대방이 잘못된 방향으로 노력하고 있음을 지적하는 표현이라고 할 수 있습니다.

- If you think I took your notebook, **you're barking up the wrong tree**.
  내가 네 공책을 가져갔다고 생각한다면, 헛다리 짚은 거야.

비격식 유사 표현
on the wrong track 잘못된 길을 가고 있는
missing the mark 목표를 빗나가는
off base 기본에서 벗어나
going down a blind alley 무의미하거나 실패할 수밖에 없는 일을 하고 있는(← 막다른 길로 가고 있는)

You seem to be misunderstanding the situation.은 상대방이 잘못된 방향으로 생각하거나 행동하고 있을 때 You're barking up the wrong tree. 대신에 쓸 수 있는 격식 영어 표현입니다.

- Your assumption appears to be incorrect. **You seem to be misunderstanding the situation.**
  당신의 추측은 틀린 것 같습니다. 상황을 잘못 이해하고 계신 것 같아요.

You're a piece of work.
너 참 피곤한 스타일이구나.

You are a rather challenging individual.
조금 까다로운 면이 있으시네요.

You're a piece of work.은 행동이 독창적이고, 창의적으로 일을 처리하는 사람에게 '너 참 대단하다, 너 물건이다'와 같이 긍정적인 의미로 쓸 수 있습니다. 하지만 부정적인 의미로도 자주 사용되며, 이 경우에는 비꼬는 투로 '너 참 대~단하다, 너 참 피곤한 스

타일이구나'와 같이 상대방이 독특하고 고집이 세거나 다루기 힘든 사람임을 뜻합니다. a piece of work은 원래 셰익스피어의 희곡 〈햄릿(Hamlet)〉에서 햄릿이 인간의 위대함을 표현하면서 "What a piece of work is man!(인간이란 얼마나 훌륭한 작품인가!)"이라고 말한 것에서 기원한 표현입니다. 여기에서는 '걸작으로서의 인간'이라는 칭찬의 뜻으로 쓰였지만 시간이 흐르면서 행동이 유별나고 남에게 불편을 끼치는 사람을 비꼬는 말로도 쓰이게 되었습니다.

- You always argue about everything. **You're a piece of work**.
  넌 항상 모든 것에 대해 싸우려 드네. 너 참 피곤한 스타일이다.

비격식 유사 표현
You're a handful. 다루기 힘든 사람이네.
You're a real character. 캐릭터 있네. 정말 독특한 사람이야. (긍정적·부정적 의미 모두 가능)
You're a tough nut to crack. 넌 다루기 힘든 사람이야. (← 깨기 어려운 견과)

격식 영어로는 이 표현 대신에 You're a rather challenging individual.이라고 하면 상대방이 다루기 어렵고 까다로운 사람이라는 점을 보다 정중하게 전달할 수 있습니다.

- Your approach is quite difficult to deal with. **You're a rather challenging individual.**
  지금의 접근 방식은 대응하기가 꽤 어렵습니다. 조금 까다로운 면이 있으시네요.

Casual vs. **Formal**
Expressions in Conversation

MP3 086

Casual

A Hey dude! Long time no see! How's life treating you?
어이, 친구! 오랜만이야! 요즘 어떻게 지내?

B Oh, you know, same old, same old. Just trying to stay on top of things.
아, 뭐 그냥 똑같지. 계속 알아서 잘하면서 살려고 하고 있어.

A Well, I gotta say, you seem a bit too confident lately. **Get off your high horse**, man.
음, 너 요즘 좀 자신감이 넘치는 것 같아. 너무 잘난 척하지는 마.

B What? I'm just trying to stay positive and motivated, you know?
뭐? 난 그냥 긍정적이고 계속 동기 부여 받으려고 하는 건데 왜 그래?

A Yeah, I get that but sometimes it feels like **you're a real piece of work. You're barking up the wrong tree** if you think that's gonna win you any friends.
그건 이해하는데 가끔 보면 네가 좀 진상인 것 같아. 그렇게 해서 친구를 사귈 거라 생각한다면 오산이야.

B Whoa, hold on a second! I never meant to come across that way. I'm just trying to focus on my goals and be the best version of myself.
워, 잠깐만! 그렇게 보이려고 한 게 아닌데. 난 그냥 내 목표에 집중하고 최고의 내가 되려는 거야.

* **stay[be] on top of things** 상황을 훤히 꿰고 있다, 잘 처리하고 있다.

Formal

A It has been quite some time since our last meeting. How has life been treating you?
우리, 마지막으로 만나고서 시간이 꽤 흘렀네요. 그동안 어떻게 지내셨나요?

B Life has been a constant endeavour, attempting to stay ahead of its demands.
삶의 요구에 앞서기 위해 끊임없이 노력 중이지요.

A I must say, I have noticed a certain air of confidence from you lately. However, I kindly request that you **refrain from acting superior**.
요즘 당신에게서 자신감이 느껴집니다. 하지만 우월한 태도는 삼가 주세요.

B My apologies, but I must inquire as to the nature of your observation. I assure you, my intentions are far from conveying a sense of superiority.
죄송합니다만, 저를 관찰하신 바의 본질적인 부분을 말씀해 주셨으면 합니다. 확실히 말씀드리자면 우월함을 나타내려는 의도는 전혀 없어요.

A I understand your perspective, but **you seem to be misunderstanding the situation. You are a rather challenging individual** to work with so it may hinder your ability to foster meaningful connections in the office.
당신의 관점을 이해하지만 상황을 조금 오해하신 것 같군요. 함께 일하기에 조금 까다로운 면이 있으신데, 그것이 사무실 내에서 의미 있는 관계를 형성하는 데 방해가 될 수 있습니다.

B I genuinely never intended to give off such an impression. My primary focus lies in personal growth and the pursuit of my career goals.
그런 인상을 주려던 것이 절대 아니었습니다. 제 주요 관심사는 개인적인 성장과 커리어 상의 목표를 이루는 것입니다.

SESSION 2

MP3 087

일상 영어 (casual) | 격식 영어 (formal)

1. **She kicked the bucket.** 그녀가 죽었어. | **She unfortunately passed away.** 그녀가 안타깝게도 돌아가셨습니다.
2. **He's rolling in dough.** 그는 돈방석에 앉았어. | **He possesses significant wealth.** 그는 재산이 상당히 많은 편입니다.
3. **He's on cloud nine.** 그는 구름 위를 걷는 기분이다. | **He is extremely happy.** 그는 몹시 행복합니다.

---

1 — She kicked the bucket.
그녀가 죽었어.

She unfortunately passed away.
그녀가 안타깝게도 돌아가셨습니다.

kick the bucket은 누군가가 '사망하다'를 의미하는 비유적인 표현입니다. 중세 시대에 교수형을 집행하거나 자살을 할 때 올가미를 목에 두르고 뒤집어 놓은 양동이(bucket)에 올라간 다음에 이를 걷어차면서 죽음을 맞이한 것에서 유래한 표현으로 알려져 있습니다.

우리가 흔히 쓰는 '버킷리스트(bucket list)'라는 말도 이 표현에서 유래했는데, '죽기 전(버킷을 차기 전)에 꼭 해 보고 싶은 일과 보고 싶은 것들을 적은 목록'을 뜻하게 되었죠. 이렇듯 kicked the bucket은 누군가가 사망했다는 것을 다소 가벼운 느낌으로 우회적으로 표현하려고 할 때 씁니다.

- We were shocked when we heard that **she kicked the bucket** last night.
  그녀가 어젯밤에 세상을 떠났다는 소식을 듣고 우린 충격 받았어.

비격식 유사 표현

She breathed her last. 그녀는 마지막 숨을 거뒀다.
She met her maker. 그녀는 세상을 떠났다. (← 창조주를 만났다)
She gave up the ghost. 그녀는 세상을 떠났다. (← 혼을 놓았다)

그녀가 죽었다는 걸 좀 더 정중하고 예의 바르게 표현하고 싶다면 pass away를 써서, She unfortunately passed away.라고 하면 됩니다. 또 depart this life(이 세상을 하직하다, 이 승을 떠나다)라는 표현을 써서 She unfortunately departed this life.라고 해도 됩니다.

- It was a sad moment when we learned that **she unfortunately passed away**.
  그분이 안타깝게도 돌아가셨다는 것을 알았을 때 슬펐습니다.

He's rolling in dough.
그는 돈방석에 앉았어.

He possesses significant wealth.
그는 재산이 상당히 많은 편입니다.

원래 dough는 빵을 만들 때 사용하는 '반죽'을 의미하지만, 비유적으로 '돈'을 뜻하기도 합니다. 그래서 rolling in dough는 돈이 많아서 그 돈 속에 굴러다니는 것처럼 풍족하다, 즉 '돈방석에 앉은, 돈이 넘쳐나는'의 의미가 됩니다.

- Ever since he started his own business, **he's been rolling in dough**.
  그는 자신의 사업을 시작한 이후로 돈방석에 앉았어.

비격식 유사 표현
He is loaded. 그는 돈이 가득하다.
He is flush with cash. 그는 현금이 넘쳐난다.
He is filthy rich. 그는 엄청난 부자다. (← 돈이 더럽게 많다)
He is well-off. 그는 부유하다.
He is in the money. 그는 돈이 많이 있다.

그가 매우 많은 돈이나 재산을 가지고 있음을 격식 있고 정중하게 표현하려면 He's rolling in dough. 대신 He possesses significant wealth.라고 하면 됩니다.

- After years of investment, **he now possesses significant wealth**.
  수년간의 투자 끝에, 그는 이제 상당한 재산을 보유하고 있습니다.

3 He's on cloud nine.
그는 구름 위를 걷는 기분이다.

He is extremely happy.
그는 몹시 행복합니다.

cloud nine은 아주 높고, 커다란 구름을 가리키며, 이는 가장 높은 수준의 행복을 상징한다고 여겨집니다. 그래서 on cloud nine은 '구름 위를 걷는' 것처럼 매우 행복하고 만족스러운 상태나 기분을 뜻하게 되었습니다.

- **He was on cloud nine** after receiving the acceptance letter.
그는 합격 소식을 듣고 구름 위를 걷는 기분이었어.

비격식 유사 표현
He is over the moon. 그는 너무나도 황홀하다. (← 달 위를 둥둥 떠다닌다)
He is in seventh heaven. 그는 천국에 있는 것처럼 행복하다.
* 고대에는 하늘이 7개의 층으로 되어 있고, 가장 높은 7번째 하늘이 신이 있는 곳인 천국이라고 여겨서 seventh heaven은 '최고의 기쁨'을 뜻하게 되었음.
He is walking on air. 그는 하늘을 나는 기분이다.
He is on top of the world. 그는 세상을 다 가진 듯한 기분이다.
He is tickled pink. 그는 너무 기뻐서 얼굴이 활짝 폈다. (← 간지럼을 탄 것처럼 기분 좋게 홍조를 띠고 있다)

He's on cloud nine.보다 더 격식을 갖춘 표현으로는 He is extremely happy.가 있습니다. 극도로, 대단히 행복한 상태를 나타냅니다.

- His joy was evident; **he is extremely happy.**
그의 기쁨은 확연했습니다. 그는 몹시 행복합니다.

Casual vs. **Formal**
Expressions in Conversation

`MP3 088`

Casual

A Hey, did you hear about Sally? **She kicked the bucket** last week.
야, 너 Sally 소식 들었어? 지난주에 죽었대.

B Oh no, really? That's sad. I hope she had a good life.
뭐라고? 진짜? 슬프다. 좋은 삶을 살고 가셨기를.

A Yeah, she did. And you won't believe it, but her brother Bob inherited all her money. **He's rolling in dough now**.
응, 그러긴 했지. 근데 믿기 어렵겠지만, 동생인 Bob이 그녀의 전 재산을 상속받았대. 이제 돈방석에 앉았어.

B Wow, that's unexpected. Good for him! He can finally live comfortably.
와, 그건 예상 못 했는데. 잘됐네! 이제 편안하게 살 수 있겠어.

A Absolutely! **He's on cloud nine**, planning all the things he wants to do with his inheritance.
완전 그렇지! Bob이 구름 위를 걷는 기분이라며 상속받은 돈으로 할 일들을 계획하고 있다네.

B I bet he's thrilled. It's like a dream come true for him. I hope he uses the money wisely.
정말 기쁠 거야. 그 사람에게는 꿈이 현실로 된 거지. 그 돈을 현명하게 잘 쓰면 좋겠네.

Formal

A Hey, have you heard the news about Sally? **She unfortunately passed away** last week.
안녕하세요, Sally 소식 들으셨나요? 안타깝게도 지난주에 돌아가셨습니다.

B Oh no. That is truly disheartening. I hope she had a fulfilling life.
정말요? 정말 마음 아픈 소식이네요. 그녀가 충만한 삶을 살고 가셨기를 바랍니다.

A Yes, she did. And you will not believe it, but her brother inherited all her wealth. **He possesses significant financial resources now**.
네, 그러셨죠. 그리고, 믿기 어렵겠지만, 남동생이 전 재산을 상속받았습니다. 이제 상당한 재원을 보유하게 되었죠.

B Wow, that is quite unexpected. However, I am glad he can finally live a more comfortable life.
와, 그건 정말 예상 밖이네요. 하지만 이제 그가 더 편안한 삶을 살 수 있게 되어서 기쁩니다.

A Absolutely! **He is extremely happy**, contemplating all the possibilities that come with the inheritance.
맞아요! 매우 행복해하며 상속받은 재산으로 할 수 있는 모든 가능성을 숙고하고 있습니다.

B I can only imagine his elation. It is like a dream come true for him. I sincerely hope he utilizes his newfound wealth wisely.
기쁨이 얼마나 클지 상상이 갑니다. 꿈이 현실로 된 거죠. 그가 새로 얻은 재산을 현명하게 잘 사용하기를 진심으로 바랍니다.

155

SESSION 3

MP3 089

일상 영어 (casual) | 격식 영어 (formal)

1. **It's not my cup of tea.**
그건 내 취향 아닌데.
| **It is not within my personal preferences.**
제 취향에는 맞지 않습니다.

2. **I got the short end of the stick.**
불리하게 됐네.
| **I received the less favorable part of the deal.**
제가 좀 불리한 입장에 놓이게 되었습니다.

3. **Don't throw in the towel.**
포기하지 마.
| **Please do not give up so easily.**
그렇게 쉽게 포기하지 마십시오.

---

1 — It's not my cup of tea.
그건 내 취향 아닌데.

It is not within my personal preferences.
제 취향에는 맞지 않습니다.

It's not my cup of tea.는 '내 취향이 아니다, 내가 원하는 바가 아니다'를 뜻하며, 무언가가 자신의 취향에 맞지 않거나 선호하는 것이 아님을 나타낼 때 사용하는 표현입니다. 차를 즐기는 영국에서 유래한 표현으로, 무언가가 마음에 들 때는 my cup of tea라고 하고, 반대로 마음에 들지 않을 때는 not my cup of tea라고 합니다.

- I appreciate the recommendation, but horror movies just **aren't my cup of tea**.
추천은 고맙지만, 공포 영화는 내 취향이 아니야.

비격식 유사 표현
It's not my thing/style. 내 스타일이 아니야.
I'm not into it. 나는 그거 별로야.
It's not for me. 그건 나한테 맞지 않아.

무언가가 자신의 취향이나 기호에 맞지 않음을 좀 더 정중하고 세련되게 나타내고 싶다면 이 표현 대신에 It's not within my personal preferences.라고 하면 됩니다.

- While I understand the appeal, **it's not within my personal preferences**.
매력적인 건 이해하지만, 제 취향에는 맞지 않습니다.

I got the short end of the stick.
불리하게 됐네.

I received the less favorable part of the deal.
제가 좀 불리한 입장에 놓이게 되었습니다.

I got the short end of the stick.은 '나는 불리한 상황에 처하게 되었다'라는 뜻으로 더 나쁜, 또는 원치 않는 결과를 맞게 되었음을 표현할 때 씁니다. 오랜 옛날에는 결정을 내려야 할 때 막대기나 나뭇가지를 사용한 추첨 방식을 사용했습니다. 여러 막대기 중 하나는 짧게 잘려 있어서, 그 짧은 막대기를 뽑는 사람이 가장 불리한 상황에 놓이게 되었죠. 이로 인해 '짧은 막대기를 뽑다'라는 표현이 '불공평하거나 불리한 대우를 받다'라는 의미로 쓰이게 된 것입니다.

- Everyone got a fair share, but **I got the short end of the stick.**
  모두가 공평하게 나눠 가졌지만, 내 상황은 불리하게 됐네.

비격식 유사 표현
I got a raw deal. 나는 부당한 대우를 받았어.
I got screwed/played. 나 완전 당했어.
I drew the short straw. 내가 제일 안 좋은 걸 뽑았어.

더 나쁜 또는 덜 바람직한 결과를 맞게 되었음을 정중하게 표현할 때는 I received the less favorable part of the deal.이라고 하면 됩니다.

- Unfortunately, the project has failed. Therefore, **I received the less favorable part of the deal.**
  안타깝게도, 프로젝트는 실패했습니다. 그래서 제가 좀 불리한 입장에 놓이게 되었습니다.

Don't throw in the towel.
포기하지 마.

Please do not give up so easily.
그렇게 쉽게 포기하지 마십시오.

권투 경기에서 선수가 너무 다치거나 압도되어 경기를 계속할 수 없다고 판단되면, 코치가 타월을 링 안으로 던져(throw in the towel) 심판에게 경기를 중단해 달라고 신호를 보냅니다. 선수의 패배를 인정하고 더 이상의 부상을 막기 위해 경기를 포기하려는 것이죠. 그래서 Don't throw in the towel(타월을 던져 넣지 마).은 포기하지 말고 꿋꿋이 해 나가라고 응원하는 격려의 표현이 됩니다.

- The game isn't over yet, so **don't throw in the towel**!
  게임이 아직 끝나지 않았으니 포기하지 마!

비격식 유사 표현

Don't give up. 포기하지 마.
Hang in there. 버텨 봐.
Keep going. 계속해.
Keep at it. 계속해.
Stick with it. 계속해 봐.

Please do not give up so easily.는 누군가에게 포기하지 말라고 정중하게 격려할 때 쓸 수 있는 표현입니다.

- Success takes perseverance, please **do not give up so easily**.
  성공하려면 인내가 필요합니다. 그러니 그렇게 쉽게 포기하지 마세요.

Casual vs. **Formal**
Expressions in Conversation

MP3 090

Casual

A How's the team project going?
팀 프로젝트는 어떻게 진행되고 있어?

B Well, to be honest, **it's not my cup of tea**. I'm not really enjoying my role.
음, 솔직히 말해서, 내 취향은 아니야. 내 역할이 별로 재미없어.

A Oh, that's a bummer. Did something happen?
아, 그거 안됐다. 무슨 일 있었어?

B Yeah, I feel like **I got the short end of the stick**. I ended up with the most tedious tasks.
응, 내가 불리한 상황이 된 것 같아. 제일 따분한 일을 떠맡게 됐어.

A **Don't throw in the towel** just yet. We're all in this together and I'm sure we can find a way to make it more enjoyable for you.
아직 포기하지 마. 우리 모두 함께하는 거니까, 네가 더 재미있게 할 수 있는 방법을 찾을 수 있을 거야.

B Thanks for the encouragement. I'll try to stay positive and see if we can make some changes to improve the project experience.
격려해 줘서 고마워. 긍정적으로 생각하고 프로젝트 경험을 개선할 수 있는 방법을 찾아볼게.

Formal

A How is the progress of our team project?
우리 팀 프로젝트의 진행 상황은 어떻습니까?

B Honestly, **it is not within my personal preferences**. I'm not finding much enjoyment in my assigned role.
솔직히 말씀드리면, 제 취향에는 맞지 않습니다. 할당된 역할에서 큰 즐거움을 찾지 못하고 있습니다.

A I see. Is there a specific reason for this?
그렇군요. 특별한 이유가 있습니까?

B Yes, unfortunately, **I received the less favorable part of the deal**. I ended up with more tedious tasks.
네, 안타깝게도 제가 좀 불리한 입장에 놓이게 되었습니다. 더 지루한 작업들을 맡게 된 것이죠.

A **Please do not give up so easily**. We are all in this together and I am confident that we can find a way to make it more to your liking.
너무 쉽게 포기하지 마세요. 우리 모두 함께하는 것이니 당신의 역할을 더 마음에 들게 만들 방법을 찾을 수 있을 거라고 확신합니다.

B Thank you for saying that. I will strive to maintain a positive attitude and explore potential changes to enhance the project experience.
그렇게 말씀해 주셔서 감사합니다. 긍정적인 태도를 유지하며 프로젝트 경험을 향상시킬 수 있는 잠재적인 변화를 모색해 보겠습니다.

SESSION 4

MP3 091

일상 영어 (casual)

1. **It's not rocket science.**
   그렇게 어려운 일 아니야.
2. **I can't wrap my head around it.**
   도저히 모르겠어.
3. **That strikes a chord.** 공감이 되네.

격식 영어 (formal)

It is not particularly complex or difficult. 그다지 복잡하거나 어렵지 않습니다.

I find it perplexing.
상당히 혼란스럽습니다.

That resonates with me. 공감이 됩니다.

---

1 — It's not rocket science.
그렇게 어려운 일 아니야.

It's not particularly complex or difficult.
그다지 복잡하지/어렵지 않습니다.

It's not rocket science.는 '그건 그리 어렵지 않아'라는 뜻입니다. 지금 하는 작업이 로켓 과학자가 하는 연구처럼 고급 전문 지식이 필요하지 않은, 비교적 간단하고 쉽게 이해할 수 있는 일이라는 의미입니다.

- Just follow the instructions, **it's not rocket science**!
  설명대로만 따라 하면 돼. 그렇게 어려운 일 아니야!

비격식 유사 표현
It's not brain surgery. 뇌 수술만큼 어려운 건 아니야.
It's a piece of cake. 정말 쉬운 일이야.
It's not that hard. 그렇게 어렵지 않아.
It's a walk in the park. (공원을 걷는 수준의) 정말 쉬운 일이야.
It's easy as pie. (파이를 굽는 정도로) 정말 쉬운 일이야.
It's not a/no big deal. 별거 아니야.

격식 영어에서 It is not particularly complex or difficult.는 어떤 일이 복잡하거나 어렵지 않다는 것을 정중하게 표현할 때 쓸 수 있습니다.

- The process is straightforward; **it is not particularly complex or difficult.**
  이 과정은 간단합니다. 그다지 복잡하거나 어렵지 않아요.

I can't wrap my head around it.
도저히 모르겠어.

I find it perplexing.
상당히 혼란스럽습니다.

I can't wrap my head around it.은 '도저히 이해할 수가 없어'를 뜻합니다. 어떤 개념이나 상황이 너무 복잡하거나 헷갈려서 이해하기 어렵다고 할 때 씁니다.

- No matter how hard I try, I just **can't wrap my head around it**.
  아무리 노력해도 도저히 모르겠어.

비격식 유사 표현
I don't get it. 이해가 안 돼.
I'm confused. 헷갈려.
It's beyond me. 내 능력 밖이야.
I can't figure it out. 이해할 수가 없어.
It doesn't make sense to me. 나한테는 이해가 안 돼.
I'm lost. 완전 헷갈려.

I find it perplexing.은 어떤 것이 매우 혼란스럽거나 이해하기 어렵다는 것을 정중하게 표현할 때 씁니다.

- The concept is quite challenging; **I find it perplexing**.
  이 개념은 꽤 어렵군요. 상당히 혼란스럽습니다.

That strikes a chord.
공감이 되네.

That resonates with me.
공감이 됩니다.

That strikes a chord.에서 strike a chord는 '공감이 되다, 감정적으로 와닿다'를 뜻합니다. 특정 말이나 경험이 개인적으로 강한 감정을 불러일으킬 때 씁니다.

- That old song you played reminded me of my childhood. **That strikes a chord**.
  네가 틀어준 그 옛날 노래를 들으니 어릴 적이 생각났어. 정말 마음에 와닿더라.

비격식 유사 표현

That hits home. (집처럼 편안하게) 가슴에 와닿는다.
I can relate to that. 나도 비슷한 경험이 있어.
That moved me. (그게 가슴에 와 닿아서) 내 마음을 움직였어, 울컥했어.

격식 영어에서 That resonates with me.는 마음에서 우러나는 공감대를 정중하게 표현할 때 씁니다.

- I've gone through something similar in the past. **That resonates with me.**
  저도 예전에 비슷한 일을 겪었어요. 그래서 깊이 공감이 됩니다.

Casual vs. **Formal**
Expressions in Conversation

MP3 092

Casual

A Have you tried putting together the new bookcase yet?
새 책장 조립해 봤어?

B Yeah, it's not rocket science, but I can't wrap my head around the instructions. They are so confusing.
응, 어려운 건 아닌데, 설명서를 이해할 수가 없어. 너무 헷갈려.

A Don't worry, it's just a matter of following the steps. I've done it before so let me help you out.
걱정 마. 그냥 순서대로 따라 하면 돼. 내가 전에 해 본 적 있으니까 도와 줄게.

B That strikes a chord. I remember that you are experienced with furniture assembly. I could really use your expertise.
네 말을 들어 보니 완전 공감되네. 네가 가구 조립에 능숙했던 거 기억난다. 네 기술이 정말로 필요하겠어.

A Sure thing! Let's take it step by step and I'll guide you through the process. It'll be a breeze, I promise.
물론이지! 하나씩 차근차근히 해 보자. 내가 안내해 줄게. 장담컨대 아주 쉬울 거야.

B Thanks, I appreciate your help. I'm glad I won't have to tackle this alone.
고마워. 도와줘서 고마워. 혼자 씨름하지 않아도 돼서 다행이야.

Formal

A Have you attempted to assemble the new bookcase?
새 책장을 조립해 보셨나요?

B Yes, it is not particularly complex or difficult but I find the instruction manual perplexing.
네, 특별히 복잡하거나 어렵지는 않은데, 설명서가 너무 헷갈립니다.

A Do not fret. It is merely a matter of following the instructions to a T. I have prior experience with furniture assembly so allow me to assist you.
걱정하지 마세요. 그냥 설명서를 정확히 따라가기만 하면 됩니다. 제가 가구 조립을 해 본 경험이 있으니 도와드릴게요.

B Ah, that resonates with me. I recall you mentioning your expertise in furniture assembly. Your guidance would be greatly appreciated.
그렇다고 하시니 깊이 공감이 됩니다. 전에 가구 조립 기술이 있다고 말씀하신 적이 있었죠. 도움을 주시면 정말 감사하겠습니다.

A Certainly! Let's proceed methodically and I will provide you with step-by-step instructions. It will be a smooth process, I assure you.
물론이죠! 체계적으로 진행하면서 단계별로 안내해 드릴게요. 분명히 순조롭게 잘 될 거예요.

B Thank you, I am grateful for your assistance. I am relieved that I'm not on my own with this.
고마워요. 도움 주셔서 정말 감사합니다. 혼자서 하지 않게 돼서 정말 안심이 되네요.

* **to a T** 알파벳 T의 정확하게 똑 떨어지는 모양에서 유래하여 '아주 정확하게, 완벽하게, 하나도 틀리지 않게'의 뜻으로 쓰임.

163

SESSION 5

MP3 093

일상 영어 (casual)	격식 영어 (formal)
1 **Let's hit the road.** 출발하자.	**We should begin our journey now.** 이제 출발해야겠네요.
2 **It's raining cats and dogs.** 비가 억수같이 와.	**It is raining quite heavily.** 비가 꽤 많이 내리고 있어요.
3 **He's riding shotgun.** 그는 조수석에 앉아 있어.	**He is sitting in the front passenger seat.** 그는 앞 조수석에 앉아 있습니다.

1 ▬ Let's hit the road.
출발하자.

We should begin our journey now.
이제 출발해야겠네요.

Let's hit the road.는 여행을 시작하거나 어떤 장소를 떠나자고 할 때 쓰입니다. 길을 걷거나 차량으로 출발하려 할 때 도로와 맞닿게 되는 것을 hit(치다, 때리다)을 써서 강조하는 표현이죠.

- We've packed everything, so **let's hit the road**!
  짐을 다 쌌으니 출발하자!

비격식 유사 표현
Let's get going. 출발하자.
Let's get moving. 이동하자.
Let's roll. 출발하자.
Let's bounce/take off. 떠나자.
Let's head out. 출발하자.

We should begin our journey now.는 보다 정중하게 출발을 권유하는 표현입니다.

- Since our preparations are complete, **we should begin our journey now.**
  우리의 준비가 끝났으니 이제 출발해야겠네요.

It's raining cats and dogs.
비가 억수같이 와.

It is raining quite heavily.
비가 꽤 많이 내리고 있어요.

It's raining cats and dogs.는 비가 매우 심하게 내리는 것을 표현할 때 쓰입니다. cats and dogs의 유래에 관해서는 여러 설이 있으나, 폭우가 내릴 때 개떼와 고양이떼가 서로 사납게 으르렁거리며 싸울 때처럼 요란한 소리가 나는 것에서 유래되었다는 설이 가장 일반적으로 알려져 있습니다.

- We should wait before going outside; it's raining cats and dogs!
  밖에 나가기 전에 기다려야 해, 비가 억수같이 와!

비격식 유사 표현
It's pouring rain. 비가 억수같이 쏟아지고 있어.
It's coming down in buckets. 비가 양동이로 쏟아붓는 것 같이 와.
It's coming down like crazy. 비가 미친 듯이 쏟아지고 있어.
It's raining like mad. 비가 미친 듯이 내리고 있어.

비가 매우 심하게 내리고 있음을 좀 더 정중하게 표현할 때는 It is raining quite heavily.라고 합니다.

- The streets are flooding because it is raining quite heavily.
  비가 꽤 많이 내리고 있어서 거리가 침수되고 있어요.

He's riding shotgun.
그는 조수석에 앉아 있어.

He is sitting in the front passenger seat.
그는 앞 조수석에 앉아 있습니다.

He's riding shotgun.의 유래는 미국 서부 개척시대로 거슬러 올라갑니다. 당시에 마차는 주요 교통수단이었는데, 조수석에 앉은 사람은 보통 산탄총을 가지고 있다가 강도의 습격 등 여러 위협으로부터 마차를 보호해야 했습니다. 시간이 지나면서 이 표현은 단순히 자동차의 조수석에 앉는 것을 의미하게 되었습니다.

- He called the seat first, so he's riding shotgun.
  그가 (조수석) 자리를 먼저 찜해서, 그가 조수석에 앉을 거야.

비격식 유사 표현
He's riding up front. 그는 앞자리에 앉아 있어.
He's in the front seat. 그는 앞자리에 앉아 있어.
He's got the passenger seat. 그는 조수석에 앉아 있어.

같은 뜻을 보다 정중하게 전달하고 싶다면 He is sitting in the front passenger seat.라고 합니다.

- He claimed the seat in advance, so **he is sitting in the front passenger seat.**
  그가 미리 자리를 정했고, 그래서 그는 앞 조수석에 앉아 있습니다.

Casual vs. **Formal**
Expressions in Conversation

MP3 094

Casual

A Hey, ready to **hit the road**?
야, 출발할 준비됐어?

B Absolutely! Let's start this adventure.
당연하지! 이 모험을 시작해 보자고.

A Wait, **it's raining cats and dogs** outside. Should we still go?
잠깐만, 밖에 비가 억수같이 오는데. 그래도 갈까?

B No worries, we'll just bring some umbrellas and raincoats and enjoy the drive.
걱정 마. 우산이랑 우비 챙기고 드라이브를 즐기면 돼.

A Great idea! By the way, **I'm riding shotgun**, so I get to choose the music.
좋은 생각이야! 그런데 나 조수석에 앉을 거니까 음악은 내가 고를게.

B Perfect. As long as you don't play that one song on repeat again, I'm good. Let's go!
좋아. 한 노래만 반복해서 틀지 않으면 괜찮아. 가자!

Formal

A Shall we **begin our journey** now?
이제 출발해 볼까요?

B Certainly! Let's embark on this exciting adventure.
그러죠. 이 흥미진진한 모험을 시작하지요.

A However, **it is raining quite heavily outside**. Should we proceed?
하지만 밖에 비가 꽤 많이 내리고 있네요. 계속 진행하는 게 맞을까요?

B No need to worry, we can simply bring umbrellas and raincoats and take in the drive.
걱정할 필요 없어요. 우산과 우비를 챙겨가고 드라이브를 하면 됩니다.

A Excellent suggestion! By the way, **I am sitting in the front passenger seat**, so I get to choose the music.
훌륭한 제안이에요! 참고로, 제가 조수석에 앉을 테니 음악은 제가 선택하겠습니다.

B Perfect. As long as you do not play that one song over and over again, I am fine with it. Shall we go?
좋습니다. 한 노래만 계속 반복해서 틀지만 않으시면 괜찮습니다. 출발할까요?

SESSION 6

MP3 095

일상 영어 (casual)	격식 영어 (formal)
1 **Cut to the chase.** 본론만 말해.	**Please get directly to the point.** 요점으로 바로 들어가 주세요.
2 **I've got a lot on my plate.** 할 일이 너무 많아.	**I have many tasks that I need to accomplish.** 해야 할 업무가 많습니다.
3 **Let's get this show on the road.** 이제 시작하자.	**Let's commence with our planned activities.** 이제 예정된 활동을 시작하겠습니다.

1 ━ Cut to the chase.
본론만 말해.

Please get directly to the point.
요점으로 바로 들어가 주세요.

Cut to the chase.는 불필요한 세부 사항이나 서론 없이 바로 요점으로 들어가라는 뜻입니다. 예전에 음성 대사가 없는 무성 영화에서 추격(chase) 장면은 영화에서 가장 흥미로운 부분으로 보통 영화의 끝 부분에 나왔습니다. 관객들은 영화의 재미없는 부분은 건너뛰고 흥미진진한 추격 장면으로 바로 넘어가기를 원했죠. 이렇게 덜 흥미로운 부분을 건너뛰고 바로 핵심 부분으로 넘어가고자 한 것에서 유래한 표현입니다.

- We don't have much time, so **cut to the chase**.
  시간이 별로 없으니, 본론만 말해.

비격식 유사 표현

Get to the point. 요점으로 바로 가.
Skip the small talk. 잡담은 생략하자.
Bottom line it. 요점을 말해.
Let's get down to business. 본론으로 들어가자.
Don't beat around the bush. 빙빙 돌리지 말고 본론을 말해.

불필요한 이야기를 생략하고 요점에 집중해 달라고 보다 정중히 요청할 때는 Please get directly to the point.라고 합니다.

- Time is limited; **please get directly to the point**.
  시간이 제한되어 있으니, 요점으로 바로 들어가 주세요.

I've got a lot on my plate.
할 일이 너무 많아.

I have many tasks that I need to accomplish.
해야 할 업무가 많습니다.

I've got a lot on my plate.는 접시가 가득 차 있으면 음식을 먹거나 나르기 어려운 것처럼, '가득 찬 접시'에 처리해야 할 일이 많아 벅찬 상황을 비유한 표현입니다.

- I can't help right now; I've got a lot on my plate.
  지금 도와줄 수 없어. 할 일이 너무 많거든.

* 비격식 유사 표현

I'm swamped/slammed. 할 일이 너무 많아.
I'm overloaded. 일이 너무 과해.
I'm up to my ears (in work). 일이 산더미야.
I'm buried (in work). 일에 파묻혀 있어.
I'm drowning (in work). 일에 빠져 있어.
I've got my hands full. 손이 꽉 차 있어.

책임지고 처리할 일이 많다는 것을 좀 더 정중하게 표현할 때는 I have many tasks that I need to accomplish.라고 하면 됩니다.

- I'm currently occupied; I have many tasks that I need to accomplish.
  제가 현재 바쁩니다. 해야 할 업무가 많습니다.

Let's get this show on the road.
이제 시작하자.

Let's commence with our planned activities.
이제 예정된 활동을 시작하겠습니다.

Let's get this show on the road.는 '이제 시작할 시간이야, 실행에 옮겨야 할 시간이야'라는 의미로, 준비된 활동이나 행사를 시작하자는 표현입니다. 이 표현은 과거에 유랑 공연단이나 서커스단이 여러 마을을 돌아다니며 '길 위에서' 공연을 한 것에서 유래했는데, 점차 준비된 어떤 일이나 활동을 시작하자는 의미로 더 널리 쓰이게 되었습니다.

- Everything is set up, so let's get this show on the road!
  모든 준비가 끝났으니 이제 시작하자!

비격식 유사 표현

Let's get started. 시작하자.
Let's kick things off. 시작해 보자.
Let's get going. 시작하자. / 출발하자.
Let's dive in. 바로 시작하자.
Let's make it happen. 해 보자.

Let's commence with our planned activities.는 어떤 일의 진행을 시작하자고 정중하게 청하는 표현입니다.

- Since all preparations are done, **let's commence with our planned activities.**
  모든 준비가 완료되었으니, 이제 예정된 활동을 시작하죠.

Casual vs. Formal
Expressions in Conversation

Casual

A Hey, I've been meaning to talk to you about our upcoming trip. Can we **cut to the chase**? **I've got a lot on my plate.**
저기, 우리 다가오는 여행에 대해 얘기하려고 하는데. 본론으로 들어가 볼까? 내가 할 일이 너무 많아서.

B Sure thing! So, let's get straight to it.
물론이지! 바로 시작하자.

A Well, I've been doing some research and found some amazing destinations for us to visit.
내가 좀 조사를 해 봤는데, 우리가 방문할 멋진 여행지들을 찾았어.

B That's awesome! I trust your judgment so **let's get this show on the road** and start planning.
죽이는데! 네 판단을 믿으니까 바로 계획을 시작하자고.

A Perfect! I'll start looking into accommodations and activities, and we can discuss them later.
좋아! 내가 숙소와 활동들을 먼저 알아볼 테니 나중에 같이 논의하자고.

B Sounds like a plan! I'm excited to see where this trip takes us.
좋은 계획이야! 이 여행이 어떻게 될지 정말 기대된다.

Formal

A Excuse me, I would appreciate it if we could **get directly to the point**. I have many tasks that I need to accomplish.
실례지만, 우리가 바로 본론으로 들어가면 감사하겠습니다. 제가 처리해야 할 업무가 많아서요.

B Certainly, I understand the urgency. **Let's commence with our planned discussion without further delay.**
물론입니다. 급한 일이 있으신 것 이해합니다. 더 이상 지체하지 않고 예정된 논의를 시작하죠.

A Excellent. I have conducted thorough research on this company and have discovered some remarkable details for us to investigate.
좋습니다. 저는 이 회사에 대해 철저한 조사를 진행했으며, 우리가 살펴볼 만한 놀라운 세부 사항들을 발견했습니다.

B This is splendid news! I have complete faith in your judgment, so let's initiate the process of investigating this company.
정말 반가운 소식이군요! 당신의 판단을 전적으로 신뢰하니, 이 회사에 대한 조사 절차를 시작해 봅시다.

A I will begin promptly and report back to you as soon as possible.
즉시 시작하여, 가능한 한 빨리 보고드리겠습니다.

B That sounds like a prudent course of action. I am genuinely excited to find out the results.
신중하고 적절한 조치로 보입니다. 결과가 정말 기대됩니다.

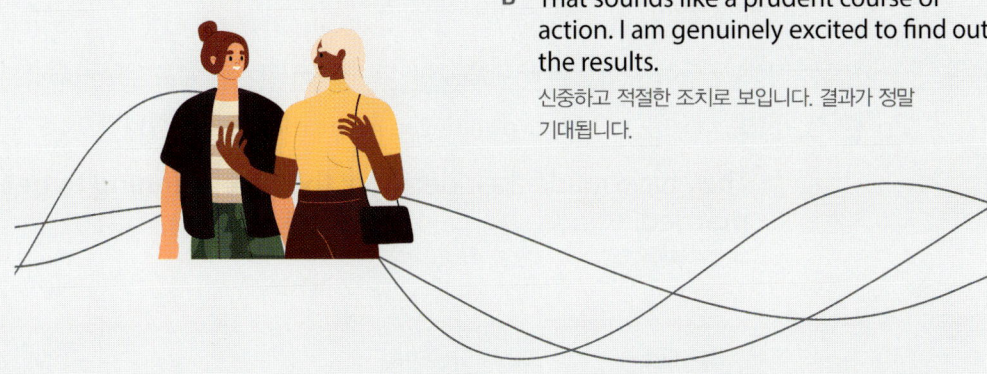

SESSION 7

MP3 097

일상 영어 (casual)	격식 영어 (formal)
1 **They're going to tie the knot.** 그들은 결혼할 거야.	**They are planning to get married.** 그들은 결혼할 계획입니다.
2 **They are two peas in a pod.** 그들은 찰떡 궁합이야.	**They are very similar in nature or behavior.** 그들은 성격이나 행동 면에서 매우 비슷합니다.
3 **I'm over the moon.** 나 매우 행복해.	**I am extremely pleased/happy.** 대단히 기쁩니다/행복합니다.

1 — They're going to tie the knot.
그들은 결혼할 거야.

They are planning to get married.
그들은 결혼할 계획입니다.

매듭(knot)은 강하고 지속적인 결속을 상징하여 고대 문화에서는 커플이 리본이나 끈으로 손을 묶어 결혼을 상징하는 의식을 치렀습니다. tie the knot은 이 매듭을 묶는 행위에서 유래하여 현대에는 '결혼하다'의 의미로 쓰이게 되었습니다.

- After years of dating, they're finally **going to tie the knot**.
  오랜 연애 끝에, 그들은 마침내 결혼할 거야.

비격식 유사 표현
They're getting hitched/married/wedded. 그들은 결혼할 거야.
They're walking down the aisle. 그들은 결혼식을 올릴 거야.
They're making it official. 그들은 공식적인 사이가 될 거야.

이를 좀 더 격식 영어 표현으로 바꾸어 보면, 두 사람이 결혼할 계획임을 명확하고 공식적인 어조로 전달하는 They are planning to get married.가 적절합니다.

- They have made their decision; **they are planning to get married.**
  그들은 결정을 내렸어요. 결혼할 계획입니다.

CHAPTER 3 구어체 이디엄 VS. 격식 영어 표현

They are two peas in a pod.
그들은 찰떡 궁합이야.

They are very similar in nature or behavior.
그들은 성격이나 행동면에서 매우 비슷합니다.

They are two peas in a pod.는 콩깍지(pod) 안에 들어 있는 두 개의 콩(pea)이 거의 동일하게 생겼다는 것에서 유래하여, 성격, 외모, 행동 등이 매우 유사하고 친밀한 두 사람을 묘사할 때 자주 쓰입니다.

- They like the same things and think alike; **they are two peas in a pod**.
  그들은 같은 것을 좋아하고 생각도 비슷해. 찰떡궁합이야.

비격식 유사 표현

They are like twins. 그들은 쌍둥이 같아.
They are like peanut butter and jelly. 그들은 땅콩버터와 젤리처럼 잘 어울려.
They are inseparable. 그들은 떼려야 뗄 수 없는 사이지.
They are like glue. 그들은 (풀처럼) 딱 붙어 다녀.

좀 더 격식 영어 표현으로 바꾸어 말하고 싶다면, They are very similar in nature or behavior.라고 하여 그들이 성격이나 행동 면에서 매우 비슷하다는 점을 명확하게 나타내는 것이 좋습니다.

- Their personalities align well; **they are very similar in nature or behavior**.
  그들은 성격적으로 잘 맞아요. 본성이나 행동 면에서 매우 비슷합니다.

I'm over the moon.
나 매우 행복해.

I am extremely pleased/happy.
대단히 기쁩니다/행복합니다.

I'm over the moon.은 기분이 너무 좋아서 마치 달 위에 떠 있는 것처럼 압도적인 기쁨과 행복을 느낀다는 것을 나타내는 표현입니다.

- When I won the competition, **I was over the moon**.
  나 대회에서 우승했을 때, 너무 행복했어.

비격식 유사 표현

I'm on cloud nine. 구름 위에 떠 있는 기분이야.
I'm ecstatic. 황홀해.
I'm thrilled/stoked/pumped/jazzed. 나 너무 기뻐.
I'm on top of the world. 세상을 다 가진 기분이야.
I'm delighted. 매우 기뻐.

매우 기쁘거나 만족스럽다는 것을 격식 영어로 I am extremely pleased. 또는 I am extremely happy.라고 표현하면 좀 더 공식적이고 정중한 느낌을 줄 수 있습니다.

- I have achieved this goal. Therefore, **I am extremely pleased.**
  저는 목표를 달성했습니다. 그래서 대단히 기쁩니다.

Casual vs. **Formal**
Expressions in Conversation

MP3 098

Casual

A Hey, have you heard the news? **James and Melissa are going to tie the knot.**
저기, 소식 들었어? James랑 Melissa가 결혼할 거래.

B No way! **I'm over the moon** for them! They've been together for so long, it's about time.
진짜?! 둘이 결혼한다니 너무 기쁘네! 둘이 아주 오래 사귀었잖아. 이제 결혼할 때도 됐지.

A Absolutely! **They are two peas in a pod**, always supporting each other and making a great team.
맞아! 둘은 정말 찰떡궁합이야. 항상 서로를 응원하는 훌륭한 한 팀이지.

B I couldn't agree more. It's clear they were meant to be. I can't wait to see them exchange vows.
완전 동의해. 둘이 운명이라는 게 너무 확실해. 둘이 결혼 서약하는 모습 얼른 보고 싶다.

A Me too! I'm already imagining how beautiful their wedding will be. They deserve all the happiness in the world.
나도! 벌써 결혼식이 얼마나 아름다울지 상상하고 있어. 둘은 세상에서 가장 행복해야 할 사람들이야.

B Definitely! It's going to be a day filled with love and joy. I'm so excited to celebrate their special day with them.
맞아! 사랑과 기쁨으로 가득한 날이 될 거야. 둘의 특별한 날을 함께 축하할 생각에 너무 설레네.

Formal

A Did you hear about the exciting news regarding James and Melissa? **They are planning to get married.**
James와 Melissa에 관한 기쁜 소식 들으셨나요? 결혼할 계획이랍니다.

B That is wonderful! **I'm extremely pleased** for them. They have been together for ages. This is a long time coming.
정말 멋지네요! 그 두 사람이 결혼한다니 매우 기쁩니다. 그 사람들 아주 오래 사귀어 왔죠. 정말 오래 기다렸던 순간이군요.

A I could not agree with you more. **They are very similar in nature and behavior**, always providing unwavering support to one another and functioning as an exceptional team.
전적으로 동의해요. 그 두 사람은 성격이나 행동 면에서 매우 비슷하여 항상 서로를 변함없이 지지하는 훌륭한 한 팀이지요.

B You captured my sentiments perfectly. It is evident that they were destined to be together. I am eagerly anticipating witnessing their nuptials.
제 마음을 완벽하게 표현하셨네요. 그들이 함께할 운명이었다는 게 분명합니다. 결혼식이 정말 기대되는군요.

A I am already envisioning the sheer beauty of it. They truly deserve every ounce of happiness that is coming their way.
저도 벌써 그 아름다운 모습을 상상하고 있어요. 그들은 정말 모든 행복을 누릴 자격이 있습니다.

B Undoubtedly! It will be a day brimming with joy and jubilation. I am thrilled to partake in their special day and celebrate their union.
분명히 그럴 겁니다. 기쁨과 축하로 가득한 날이 될 거예요. 두 사람의 특별한 날을 함께 기뻐하고 그들의 결합을 축하하게 되어 매우 기쁩니다.

SESSION 8

MP3 099

일상 영어 (casual)	격식 영어 (formal)
1 **He's lost his marbles.** 그는 넋이 나갔어.	**He seems to be acting irrationally.** 그가 좀 비이성적으로 행동하는 것 같아요.
2 **You're driving me up the wall.** 너 때문에 짜증 나.	**Your actions are causing me frustration.** 그렇게 하시니까 꽤 짜증스럽고 불편합니다.
3 **He's gone off the deep end.** 그는 완전히 맛이 갔어.	**He is acting in an extreme/ irrational manner.** 그의 행동이 과해/비이성적으로 보입니다.

1 ▬ He's lost his marbles.
그는 넋이 나갔어.

He seems to be acting irrationally.
그가 좀 비이성적으로 행동하는 것 같아요.

He's lost his marbles.는 '그는 정신이 나갔어, 실성했어'라는 뜻입니다. 옛날 어린이들이 아끼던 구슬을 갑자기 잃어버려 넋이 나간 상태를 비유한 표현으로, 제정신이 아닌 것처럼 비이성적으로 행동하는 것을 나타냅니다.

- After hearing his crazy plan, I think **he's lost his marbles**.
  그의 말도 안 되는 계획을 듣고 나니, 내 생각에 그는 완전히 넋이 나간 것 같아.

비격식 유사 표현
He's gone crazy/nuts. 그는 미쳤어.
He's out of his mind. 그는 제정신이 아니야.
He's lost it. 그는 정신줄을 놓았어.
He's off his rocker. 그는 미쳤어.

이를 좀 더 격식 영어로 표현하려면 He seems to be acting irrationally.라고 하여 '그는 비합리적으로 행동하는 것 같아요.' 정도로 상대방의 비정상적인 행동을 정중하게 지적하면 됩니다.

- His behavior suggests that **he seems to be acting irrationally**.
  그의 행동을 보면, 좀 비이성적으로 행동하는 것 같아요.

You're driving me up the wall.
너 때문에 짜증 나.

Your actions are causing me frustration.
그렇게 하시니까 꽤 짜증스럽고 불편합니다.

You're driving me up the wall.은 상대방에게 너무 심하게 짜증이 나서 벽을 타고 그 자리에서 도망치고 싶은 마음을 비유한 표현입니다. 상대방의 어떤 행동 때문에 짜증이 날 때 외에, 상대방이 가져온 소식이나 정보에 짜증이 날 때도 쓸 수 있습니다.

- Stop tapping your pen; **you're driving me up the wall!**
  펜 좀 두드리지 마. 너 때문에 짜증 나!

비격식 유사 표현
You're getting on my nerves. 너 정말 신경 거슬리게 해.
You're irritating me. 너 정말 나를 짜증 나게 해.
You're annoying me. 너 정말 나를 성가시게 해.
You're getting under my skin. 너 정말 나를 짜증 나게 해.

상대방에 대한 불편한 감정을 이보다 더 정중하게 표현하려면 Your actions are causing me frustration.으로, '당신의 행동이 나를 좌절하게/짜증스럽게 만들고 있다'는 것을 나타냅니다.

- You repeat the same words over and over. **Your actions are causing me frustration.**
  같은 말을 계속 반복하시네요. 그렇게 하시니까 꽤 짜증스럽고 불편합니다.

He's gone off the deep end.
그는 완전히 맛이 갔어.

He is acting in an extreme/irrational manner.
그의 행동이 과해/비이성적으로 보입니다.

He's gone off the deep end.는 누군가가 매우 극단적이거나 비이성적으로 행동하기 시작했다는 것을 나타내는 표현입니다. 수영장에서 수영을 못하는 사람이 수심이 깊은 곳(deep end)으로 막무가내로 들어가는 위험한 상황에 비유하여 상대방이 통제가 불가능한 정신 상태에 빠졌음을 나타냅니다. 앞에서 살펴본 He's lost his marbles.보다 더 심각한 상태를 표현합니다.

- He suddenly quit his job and moved away; **he's gone off the deep end.** 그는 갑자기 직장을 그만두고 떠났어. 아주 완전히 맛이 갔어.

비격식 유사 표현

He's lost his mind. 그는 제정신이 아니야.
He's gone crazy. 그는 미쳤어.
He's flipped out. 그는 완전히 뒤집어졌어.
He's cracked. 그는 미쳤어.

상대방의 행동이 지나치게 비정상적인 것임을 좀 더 정중하게 나타내는 격식 영어 표현으로는 He is acting in an extreme/irrational manner.가 적절합니다.

- His decisions lately indicate that **he is acting in an extreme manner.**
  최근에 그가 내린 결정들을 보면 그의 행동이 과해 보입니다.

Casual vs. **Formal**
Expressions in Conversation

Casual

A Hey, have you heard about John? **He's lost his marbles** and quit his job out of the blue.
야, John 얘기 들었어? 그가 정신나간 사람처럼 돼서 갑자기 일을 그만뒀대.

B What? **You're driving me up the wall** with this news! I can't believe he would do something so impulsive.
뭐? 그 소식 들으니 짜증이 팍 난다! 그가 그렇게 충동적으로 행동했다니 믿기지 않아.

A Yeah, **he's gone off the deep end** for sure. Apparently, he wants to become a professional surfer now.
응, 그 친구 완전히 맛이 갔네. 이제는 프로 서핑 선수가 되고 싶대.

B Talk about a drastic change! I never expected him to leave his stable career like that.
그런 엄청난 변화라니! 그가 그렇게 안정된 직업을 떠날 줄은 정말 상상도 못했어.

A I know, right? It's like he's completely lost touch with reality.
그러니까 말이야. 완전히 현실 감각을 잃은 것 같아.

B I think we should go and have a talk with him and see what's really up.
우리 가서 John이랑 이야기를 좀 해 보고 진짜 문제가 뭔지 알아봐야 할 것 같아.

Formal

A I have something to tell you about John. **He seems to be acting irrationally** and abruptly quit his job.
John에 대해 드릴 말씀이 있어요. 그가 좀 비이성적으로 행동하는 것 같기도 하고, 갑자기 일을 그만두었어요.

B Really? **You are making me really frustrated** with this news. I find it hard to believe he would make such a sudden decision.
정말요? 그 소식 때문에 정말 갑갑한 기분이네요. 그가 그렇게 갑작스러운 결정을 내리다니 믿기 어렵군요.

A Indeed, **he is acting in an extreme manner**. Apparently, he wants to pursue a career as a professional surfer now.
맞아요, 사실 과하게 행동하고 있는 거죠. 이제는 프로 서핑 선수로 경력을 쌓고 싶다는군요.

B That is quite a drastic change! I never anticipated him doing anything like that.
정말 극단적인 변화네요! 그가 그런 일을 할 것이라고는 전혀 예상하지 못했어요.

A It is almost as though he is not thinking like a sane person.
John이 거의 정신이 온전하지 않은 것처럼 보입니다.

B It would be prudent for us to go and have a talk with him to understand the situation better.
상황을 더 잘 이해하게 우리가 가서 그와 대화를 나누어 보는 것이 현명할 것 같군요.

SESSION 9

MP3 **101**

일상 영어 (casual) | 격식 영어 (formal)

1 You're adding fuel to the fire.
불난 집에 부채질하네.

You are exacerbating an already difficult situation.
안 그래도 어려운 상황을 당신이 더 악화시키고 있어요.

2 You're walking on thin ice.
(너) 지금 살얼음판을 걷고 있어.

You are in a precarious situation.
(당신은) 상당히 위태로운 상황에 처해 있습니다.

3 Don't beat around the bush.
돌려 말하지 마.

Please speak plainly.
직설적으로 분명하게 말씀해 주십시오.

---

1 ― You're adding fuel to the fire.
불난 집에 부채질하네.

You are exacerbating an already difficult situation.
안 그래도 어려운 상황을 당신이 더 악화시키고 있어요.

You're adding fuel to the fire.는 연료를 추가하면 불이 더 강하게 타오르듯, 누군가의 행동이나 말이 이미 나쁜 상황을 더 악화하고 있다는 것을 비유적으로 나타냅니다.

- Arguing won't help; **you're just adding fuel to the fire**.
  논쟁해 봤자 소용없어. 너 그냥 불난 집에 부채질하는 거야.

비격식 유사 표현

You're making it worse. (너) 상황을 더 악화시키고 있어.
You're stirring the pot. (너) 괜히 문제를 더 키우고 있어.
You're fanning the flames. (너) 불난 집에 더 부채질하고 있어.
You're digging a deeper hole. (너) 문제를 더 크게 만들고 있어.
You're throwing oil on the fire. (너) 불에 기름을 붓고 있어.

상대방이 상황을 더 악화시키고 있음을 좀 더 정중하게 나타내는 표현으로는 You are exacerbating an already difficult situation.이 있습니다.

- Instead of resolving it, **you are exacerbating an already difficult situation**.
  문제를 해결하는 대신, 이미 어려운 상황을 당신이 더 악화시키고 있습니다.

You're walking on thin ice.
(너) 지금 살얼음판을 걷고 있어.

You are in a precarious situation.
(당신은) 상당히 위태로운 상황에 처해 있습니다.

살짝 언 얇은 얼음 위를 걷고 있다는 것은 금방이라도 얼음이 깨져서 차가운 물에 빠질 수 있다는 말이므로, You're walking on thin ice.는 상대방이 위험하거나 문제가 생길 수 있는 위태로운 상황에 있다는 것을 뜻합니다.

- If you continue being late, **you're walking on thin ice** with your boss.
  계속 늦으면, 너는 상사와의 관계에서 살얼음판을 걷게 되는 거야.

비격식 유사 표현

You're playing with fire. 넌 불장난하고 있는 거야.
You're treading on dangerous ground. 넌 위험한 길을 가고 있어.
You're asking for trouble. 넌 문제를 자초하고 있어.

상대방이 위험하거나 매우 조심해야 하는 상황에 있음을 이보다 좀 더 세련되고 정중하게 나타내려면 You are in a precarious situation.이 적절합니다.

- You should be careful; **you are in a precarious situation**.
  조심해야 해요. (당신은) 상당히 위태로운 상황에 처해 있습니다.

Don't beat around the bush.
돌려 말하지 마.

Please speak plainly.
직설적으로 분명하게 말씀해 주십시오.

옛날 사냥꾼들은 덤불 속에 숨어 있는 새나 동물을 불러내기 위해 덤불 주위를 때리곤 했습니다. 직접적으로 사냥감을 노리기보다는 덤불을 쳤던 이 관행이 시간이 지나면서 에둘러 말하는 것을 나타내는 표현이 되었죠.

- Stop avoiding the topic and **don't beat around the bush**.
  주제를 피해서 돌려 말하지 좀 마.

비격식 유사 표현

Get to the point. 요점만 말해.
Stop dancing around the issue. 요점을 피해가지 마.
No need to sugarcoat it. 미화하지 않아도 돼. 포장해서 말하지 마.
Say it straight. 직설적으로 말해.

격식 영어에서 Please speak plainly.는 '요점만 말씀해 주십시오'를 뜻합니다. 불필요한 세부 사항이나 다른 이야기로 빙빙 돌리지 말고, 핵심 문제에 대해 직접적이고 명확하게 말해 달라고 요청하는 정중한 표현입니다.

- It is better to be direct; **please speak plainly.**
  직설적으로 말하는 것이 더 좋아요. 솔직하고 분명하게 말씀해 주세요.

Casual vs. **Formal**
Expressions in Conversation

`MP3 102`

Casual

A Can we talk about what happened last night?
어젯밤에 있었던 일에 대해 이야기 좀 할 수 있을까?

B **Don't beat around the bush**, just tell me what's on your mind.
돌려 말하지 말고 그냥 네 생각을 말해 봐.

A Alright, I'll be honest. **You're adding fuel to the fire** by constantly bringing up that topic.
좋아, 솔직히 말할게. 네가 그 주제를 계속 꺼내는 건 불난 집에 부채질을 하는 거야.

B I understand, but I just want to talk about the issue directly. I don't want you to get me wrong.
이해해. 하지만 나는 그냥 그 문제에 대해 직접 이야기하고 싶어. 네가 날 오해하지 않으면 좋겠어.

A I get it but watch your tongue. **You're walking on thin ice** here, and it could make things worse.
알겠는데, 너 말은 조심해라. 지금 너는 살얼음판을 걷고 있고, 이 상황은 더 악화될 수도 있어.

B No worries. I just want us to be able to speak freely and without any problems.
걱정 마. 나는 그냥 우리가 자유롭게 아무 문제없이 말할 수 있었으면 하는 거니까.

Formal

A May we discuss what transpired last evening?
어제 저녁에 일어난 일에 대해 논의할 수 있을까요?

B **Please speak plainly** and share your thoughts.
요점을 말씀하시고 생각을 공유해 주세요.

A Very well, I shall be forthright. **You are exacerbating an already difficult situation.**
알겠습니다. 솔직하게 말하지요. 당신의 행동이 이미 어려운 상황을 더 악화시키고 있습니다.

B I comprehend, but I simply desire to address the matter directly. I wish to avoid any misunderstandings.
이해합니다만, 저는 그 문제에 대해 직접적으로 다루고 싶을 뿐입니다. 어떤 오해도 피했으면 해요.

A It is prudent to exercise caution with your words. **You are in a precarious situation** and it could potentially escalate matters.
말씀을 신중하게 하는 것이 현명합니다. 당신은 지금 상당히 위태로운 상황에 처해 있고, 그로 인해 문제가 더 악화될 수 있어요.

B I shall bear that in mind. My intention is to engage in an open and honest conversation, devoid of any tension.
명심하겠습니다. 제 의도는 긴장감을 낮추고, 솔직하고 열린 대화를 나누는 것입니다.

SESSION 10

MP3 103

일상 영어 (casual)

1. **He chickened out.**
   그는 쫄아서 그만뒀어.

2. **It's up in the air.**
   미정이야.

3. **I'm in a pickle.**
   난처하네.

격식 영어 (formal)

He decided not to participate due to fear.
그는 두려워서 참여하지 않기로 했어요.

It remains uncertain.
여전히 불확실합니다.

I am in a difficult situation.
(저는) 어려운 상황에 처해 있습니다.

---

1 — He chickened out.
그는 쫄아서 그만뒀어.

He decided not to participate due to fear.
그는 두려워서 참여하지 않기로 했어요.

He chickened out.은 '그는 쫄았어', '그는 겁먹고 포기했어'를 뜻합니다. chicken은 명사로 쓰일 때 비유적으로 용기가 부족하거나 겁이 많은 사람, 즉 '겁쟁이'를 뜻하기도 하고, 동사로 쓰인 chicken out은 '겁나서 그만두다'를 의미합니다. 그래서 이 표현은 그가 겁을 먹어 처음에 계획했던 일을 하지 않기로 했다는 의미가 됩니다.

- **He was supposed to give a speech, but he chickened out.**
  그는 연설을 하기로 되어 있었지만, 결국 쫄아서 못 했어.

비격식 유사 표현

He bailed. 그는 포기했어.
He backed out. 그는 빠졌어.
He lost his nerve. 그는 겁먹었어.
He got cold feet. 그는 겁이 났어.
He wimped out. 그는 겁먹고 도망갔어.

이를 보다 세련되게 표현하면 He decided not to participate due to fear.로, '그는 두려움 때문에 참여하지 않기로 했다'는 뜻의 정중한 표현입니다.

- **He has stage fright, so he decided not to participate due to fear.**
  그는 무대 공포증이 있는데, 두려워서 참여하지 않기로 했어요.

It's up in the air.
미정이야.

It remains uncertain.
여전히 불확실합니다.

It's up in the air.는 상황이 명확한 방향이나 결론 없이 공중에 붕 떠 있다는 것에서 유래한 표현으로 어떤 것이 불확실하거나 결정되지 않았음을 나타냅니다.

- We haven't made a final decision yet; it's up in the air.
  아직 최종 결정을 내리지 않았어. 미정이야.

비격식 유사 표현
It's still undecided. 아직 결정되지 않았어.
Nothing's set in stone. 아직 아무것도 확정되지 않았어.
It's still up for grabs. 아직 확실하지 않아.
We're still figuring it out. 아직 파악 중이야.

격식 영어에서 It remains uncertain.은 어떤 것이 아직 결정되거나 해결되지 않았으며, 여전히 불확실하다는 것을 정중하게 나타내는 표현입니다.

- The details are still being discussed, so it remains uncertain.
  세부 사항은 아직 논의 중이라, 여전히 불확실합니다.

I'm in a pickle.
난처하네.

I am in a difficult situation.
(저는) 어려운 상황에 처해 있습니다.

I'm in a pickle.은 네덜란드어의 in de pekel zitten(고기나 야채를 절이기 위한 소금물 속에 앉아 있다)에서 유래한 표현으로 알려져 있습니다. pickle은 우리가 알고 있는 '절임 채소'를 뜻하기도 하지만, 여기서는 '뒤범벅된 공간'이라는 뜻에서 의미가 확장되어 '엉망진창인 상태, 진퇴양난'을 뜻합니다.

- I lost my wallet, and now I'm in a pickle.
  나 지갑을 잃어버려서 지금 난처한 상황이야.

비격식 유사 표현

I'm in a jam. (나는) 곤경에 처했어.
I'm in a bind. (나는) 난처한 상황에 있어.
I'm in a tough spot. (나는) 어려운 상황에 처해 있어.
I'm in hot water. (나는) 곤란에 빠졌어.
I'm in a mess. (나는) 엉망인 상황에 처해 있어.
I'm stuck. (나는) 꼼짝 못해.

'(저는) 어려운 상황에 처해 있습니다'라는 의미를 좀 더 격식 영어로 표현하려면 I am in a difficult situation.이라고 하는 것이 적절합니다.

- On the way to come here, I lost everything. **I am in a difficult situation.**
  여기로 오는 길에 모든 걸 잃어버렸어요. 어려운 상황에 처하게 되었죠.

Casual vs. **Formal**
Expressions in Conversation

MP3 104

Casual

A   Hey, we've been planning the skydiving trip. Well, guess what? **Julia chickened out!**
야, 우리 스카이다이빙 여행 계획하고 있었잖아. 그런데 말이야, Julia가 겁먹고 포기했어!

B   No way! I can't believe she got scared and backed out. Now **our plans are up in the air**, aren't they?
진짜? 겁이 나서 포기했다니 믿기지 않아. 그러면 이제 우리 계획이 공중에 붕 뜨게 되는 거잖아?

A   Yes, right. **We're in a pickle now.** If she doesn't come, we need to pay her part. It's gonna cost a lot more.
그래, 맞아. 지금 우리 좀 곤란한 상황이야. Julia가 안 오면, 우리가 그녀 몫까지 내야 하잖아. 비용이 훨씬 더 많이 들 거야.

B   I know, right? This has put us in a tough spot. What are we going to do now?
나도 그래. 이거 때문에 우리가 곤란하게 됐네. 이제 어떻게 하지?

A   Well, let's not let this ruin our fun. We can still find another adventure.
글쎄. 이 일로 우리 재미진 계획을 망치진 말자. 다른 모험을 찾을 수도 있잖아.

B   We'll figure something out. We're not gonna let one person's fear hold us back.
뭔가 방법을 찾을 거야. 한 사람의 두려움이 우리를 막을 순 없지.

Formal

A   Do you recall our previous discussion regarding the presentation we need to make to the new investors? I must inform you that **Julia has decided not to participate because of fear**.
우리가 새 투자자들에게 진행할 프레젠테이션에 대해 이전에 나눈 대화를 기억하시나요? Julia가 두려워서 참여하지 않기로 했다는 것을 말씀드려야 하게 되었습니다.

B   Fear? I find that rather surprising that she has allowed her apprehension to determine her actions. Consequently, **our plans remain uncertain** now.
두려움이라고요? 그녀가 불안감으로 그런 행동을 결정했다는 것이 상당히 놀랍네요. 그 결과, 우리의 계획도 지금은 불확실해진 상황이군요.

A   Regrettably, **we are in a difficult situation now**. I had eagerly anticipated a team effort.
안타깝게도, 지금 어려운 상황에 놓이게 되었어요. 팀 차원에서 노력할 것을 기대하고 있었는데 말이지요.

B   Indeed, this unforeseen change has presented us with a challenging predicament. What course of action should we pursue?
정말 그렇군요. 이 예기치 못한 변화로 우리가 곤란한 상황에 놓이게 됐어요. 우리가 어떤 행동을 취해야 할까요?

A   Let us not allow this setback to dampen our determination. We can still find an alternate person to work with.
이 차질 때문에 우리의 의지를 꺾지는 맙시다. 함께 일할 다른 사람을 찾을 수 있을 거예요.

B   Precisely! I refuse to allow one individual's fear to impede our plans.
바로 그겁니다! 한 개인의 두려움이 우리의 계획을 방해하도록 두면 안 되겠죠.

SESSION 11

MP3 105

일상 영어 (casual)	격식 영어 (formal)
1 She's a tough cookie. 그녀는 터프해.	She is a person with a strong and determined character. 그녀는 성격이 강하고 결단력 있는 사람입니다.
2 It's a pain in the neck. 골칫덩어리야.	It is an annoyance/inconvenience. 성가십니다/불편합니다.
3 I'll bend over backwards. 애써 볼게.	I will make a significant effort. / I will strive hard. 열심히 노력하겠습니다.

1 ▬ She's a tough cookie.
그녀는 터프해.

She's a person with a strong and determined character.
그녀는 성격이 강하고 결단력 있는 사람입니다.

She's a tough cookie.는 '그녀는 강한/만만치 않은 사람이야'라는 뜻입니다. 쉽게 부서지기 쉬운 쿠키가 강하다면 매우 이례적인 일이겠죠? 그래서 이 표현은 강하고, 회복력이 뛰어나며, 어려운 상황을 잘 처리하는 사람을 묘사하는 데 자주 쓰입니다. 또, tough가 가진 양면성 때문에 문맥에 따라 '다루기 힘든 사람, 고집 센 사람'의 부정적인 의미를 띠기도 합니다..

- Despite all the difficulties, she never gives up—**she's a tough cookie**.
  모든 어려움에도 불구하고, 그녀는 절대 포기하지 않아. 그녀는 강한 사람이야.

- The new manager is **a tough cookie** — not easy to work with.
  새 매니저는 다루기 힘든 사람이야. 같이 일하기 쉽지 않아.

비격식 유사 표현

She's a hard nut to crack. 그녀는 정말 만만치 않은 사람이야.
She's a real trooper. 그녀는 정말 끈기 있는 사람이야.
She's got guts. 그녀는 배짱이 있어.
She's a strong woman. 그녀는 강한 여자야.

그녀가 회복력이 뛰어나고, 의지가 강하며, 어려운 상황을 잘 처리할 수 있는 사람임을 좀 더 정중하게 묘사하려면 She is a person with a strong and determined character.라고 하여 '그녀는 강하고 결단력 있는 성격의 사람이다'라는 뜻을 나타냅니다.

- She handles challenges with resilience; **she is a person with a strong and determined character.**
  그녀는 모든 도전에 굴하지 않아요. 그녀는 성격이 강하고 결단력 있는 사람입니다.

It's a pain in the neck.
골칫덩어리야.

It is an annoyance/inconvenience.
성가십니다/불편합니다.

It's a pain in the neck.은 '골칫덩어리야, 성가셔'라는 뜻으로 매우 성가시거나 귀찮은 것을 묘사할 때 씁니다. 목의 통증(pain in the neck)이 있으면 계속해서 짜증스럽고 불편함을 느끼는 것에서 유래한 표현이죠.

- I hate to wait in long lines—it is such **a pain in the neck**.
  난 긴 줄에 서서 기다리는 건 정말 싫어. 아주 골치 아픈 일이야.

비격식 유사 표현

It's a hassle. 번거로운 일이야.
It's a nuisance/bother. 귀찮은 일이야.
It's a pain. 짜증 나/고통스러운 일이야.
It's a drag. 짜증 나는 일이야.
It's annoying. 성가신 일이야.

성가시거나 귀찮은 일에 대해 좀 더 정중하게 설명하고 싶다면 It is an annoyance.(성가십니다.) 또는 It is an inconvenience.(불편을 초래합니다.)라고 하면 됩니다.

- The extended delay has been quite **an inconvenience**.
  대기 시간이 연장돼서 꽤 불편합니다.

3 I'll bend over backwards.
애써 볼게.

I will make a significant effort. / I will strive hard.
열심히 노력하겠습니다.

I'll bend over backwards.는 '최선을 다하다, 정말로 애쓰다, 있는 힘껏 돕다'를 뜻합니다. 원래의 의미는 '뒤로 몸을 구부리다'라는 뜻이지만, 물리적으로 뒤로 몸을 구부리는 것이 매우 어려운 동작이라는 점에서 bend over backwards는 매우 어려운 상황에서도 최대한의 노력을 기울인다는 것을 뜻합니다. 누군가를 돕거나 무언가를 성취하기 위해 큰 노력을 기울이는 것을 나타내는 표현입니다.

- **I'll bend over backwards** to help you pass this exam.
  네가 이 시험을 통과하게 돕도록 애쓸게.

비격식 유사 표현

I'll go the extra mile. (내가) 특별히 더 노력할게.
I'll do whatever it takes. (나) 무엇이든 할게.
I'll move heaven and earth. 온 힘을 다할게.
I'll pull out all the stops. 모든 노력을 다할게.
I'll go above and beyond. 기대 이상으로 할게.

한편, I will make a significant effort. 또는 I will strive hard.라고 하면 목표를 달성하거나 누군가를 돕기 위해 많은 노력을 기울이겠다는 뜻을 나타내는 정중한 표현이 됩니다.

- **I will make a significant effort** to ensure your success.
  (저는) 당신의 성공을 위해 열심히 노력하겠습니다.

Casual vs. **Formal**
Expressions in Conversation

MP3 106

Casual

A Our new boss is such **a tough cookie**. She's always pushing us to work harder.
새로 온 우리 상사는 정말 만만치가 않아. 항상 우리에게 더 열심히 일하라고 압박하잖아.

B Yeah, she's a real **pain in the neck**. She never seems satisfied with our performance.
맞아, 정말 성가셔. 우리가 낸 성과에 절대 만족하지 않는 것 같아.

A Well, I guess **we'll have to bend over backwards** to meet her expectations. It's going to be a challenge, but we can do it.
뭐, 그분의 기대를 충족시키기 위해서 우리가 정말 열심히 해야겠지. 어려운 도전이 되겠지만 우리는 해낼 수 있을 거야.

B We've dealt with difficult bosses before. We just need to stay focused and give it our best shot.
우리 전에 어려운 상사들을 겪어 봤잖아. 집중해서 최선을 다하면 돼.

A True, let's show her what we're made of and prove that we can handle anything she throws at us.
맞아, 우리가 어떤 사람인지 보여 주고 그분이 맡기는 건 뭐든 처리할 수 있다는 걸 증명하자.

B Agreed. Let's show her that we can't be beaten.
동감이야. 우리가 쉽게 당하지 않는다는 걸 보여 주자고.

Formal

A **The new boss is a person with a strong and determined character.** She consistently pushes us to enhance our performance.
새로 오신 상사는 성격이 강하고 단호한 분이세요. 우리의 성과를 향상시키도록 꾸준히 압박을 가하시죠.

B Indeed, her standards can be **quite an annoyance**. It seems that she is never content with our level of achievement.
맞아요, 그분의 기준은 상당히 성가실 때가 있어요. 우리의 성과 수준에 절대 만족하지 않는 것 같습니다.

A Well, it appears that **we will** need to **make significant efforts** and strive hard to meet her expectations. But I am sure we can overcome it.
음, 우리가 그분의 기대에 부응하기 위해 많은 노력을 기울여야 할 것 같아요. 하지만 우리가 극복할 수 있을 거라 확신합니다.

B We have encountered challenging superiors in the past. We simply need to remain focused and give it our all.
우리는 과거에도 힘들게 하는 상사들을 만나 봤잖아요. 그저 집중하고 최선을 다해야 해요.

A Precisely, let's demonstrate our capabilities and prove that we can handle any obstacles she presents.
그래요, 우리의 능력을 입증하고 그분이 제시하는 모든 장애물을 처리할 수 있다는 것을 증명합시다.

B Agreed, let's work as a cohesive team and exhibit our resilience.
동의해요. 단결된 팀으로서 일하고 우리의 회복성을 보여 줍시다.

SESSION 12

MP3 107

일상 영어 (casual)	격식 영어 (formal)
1 **The apple doesn't fall far from the tree.** 피는 못 속이네.	**Like father, like son. / Like mother, like daughter.** 부전자전. / 모전여전.
2 **That's the last straw.** 더는 못 버텨. 그게 한계야.	**That is the ultimate tipping point.** 그것이 궁극적인 한계점입니다.
3 **He's got a screw loose.** 그 사람, 나사 하나가 풀린 것 같아..	**He shows behavior that is eccentric and peculiar.** 그는 기이하고 특이한 행동을 보여요.

1 ── The apple doesn't fall far from the tree.
피는 못 속이네.

Like father, like son. / Like mother, like daughter.
부전자전. / 모전여전.

The apple doesn't fall far from the tree.는 '피는 못 속이네, 그 나물에 그 밥' 정도의 뜻입니다. '나무에서 떨어진 사과가 멀리 굴러가지 않고 나무 바로 밑에 떨어지는' 것처럼, 사람의 성격이나 행동도 부모로부터 많은 영향을 받는다는 것을 의미합니다.

- He's just as talented as his father—**the apple doesn't fall far from the tree**.
  그는 아버지만큼 재능이 뛰어나. 피는 못 속여.

비격식 유사 표현
~ is a chip off the old block ~는 부모를 꼭 빼닮았다
~ run(s) in the family ~(질병 등)는 집안 내력이다, 가족 내에서 대대로 이어져 내려온다

자녀가 부모를 닮는다는 의미를 위 표현보다 좀 더 세련되고 정중하게 나타내려면 Like father, like son.(부전자전.), 또는 Like mother, like daughter.(모전여전.)라고 하면 됩니다.

- It is evident that she takes after her mother; **like mother, like daughter**.
  그녀는 어머니를 닮은 것이 확실합니다. 모전여전이에요.

That's the last straw.
더는 못 버텨, 그게 한계야.

That is the ultimate tipping point.
그것이 궁극적인 한계점입니다.

That's the last straw.는 '이제 한계야, 더는 못 버티겠어'를 뜻합니다. 이 표현은 the straw that broke the camel's back(낙타의 등을 무너뜨린 지푸라기)라는 더 긴 문구에서 유래되었습니다. 낙타는 무거운 짐을 견딜 수 있지만, 버틸 수 있는 한계에 다다라 있을 때는 아주 작은 무게만 더해져도, 예를 들어 지푸라기 한 올만 더 얹어도 결국 무너질 수 있다는 고대 속담에서 유래한 표현이죠. 일련의 어려움 끝에 작은 부담이나 문제가 더해져 한계점을 초과하면 붕괴를 일으킬 수 있습니다. 이처럼 능력치나 인내심이 한계에 도달했음을 나타내는 표현입니다.

- I've tolerated enough of his behavior—**that's the last straw**!
  그의 행동을 참을 만큼 참았어. 이제 더는 못 참아!

비격식 유사 표현
I've had it. 이제 끝이야. / 더는 못 참아.
I'm done. 이제 그만. / 더 이상 못 해.
That's it. 이제 끝. / 더는 못 참아.
I'm at my breaking point. (나) 한계에 다다랐어.
Enough is enough. 이제 그만. / 참을 만큼 참았어.

인내심의 한계, 즉 참을 수 있는 마지막 단계에 도달한 상태임을 나타내는 정중한 표현은 That is the ultimate tipping point.입니다.

- This situation has reached its limit; **that is the ultimate tipping point**.
  이 상황은 한계에 도달했어요. 그것이 궁극적인 한계점입니다.

He's got a screw loose.
그 사람, 나사 하나가 풀린 것 같아.

He shows behavior that is eccentric and peculiar.
그는 기이하고 특이한 행동을 보여요.

He's got a screw loose.는 그가 이상하게 행동하거나 정신적으로 불안정해 보이는 상태라는 의미입니다. 기계나 장치의 나사가 느슨하면 제대로 작동하지 않거나 고장이 날 수도 있겠죠. 마찬가지로, 사람이 screw loose라면 제대로 기능하지 못한다는 의미로, 괴팍하거나 비합리적인 행동을 할 때 쓸 수 있습니다.

- The way he talks to himself all the time makes me think **he's got a screw loose**.
  그가 혼잣말을 계속하는 걸 보니, 내 생각에 그는 나사가 풀린 것 같아.

비격식 유사 표현

He's nuts/crazy. 그는 미쳤어.
He's lost it. 그는 제정신이 아니야.
He's out of his mind. 그는 제정신이 아니야.
He's off the rails. 그는 통제 불능이야.

이보다 좀 더 정중하게 말하고 싶다면 '그는 기이하고 특이한 행동을 보여 주고 있다' 정도로 He shows behavior that is eccentric and peculiar.라고 하는 것이 적절합니다.

- His unusual mannerisms suggest **he shows behavior that is eccentric and peculiar.**
  그의 색다른 행동을 보면, 그는 기이하고 특이한 행동을 보이는 사람 같습니다.

Casual vs. **Formal**
Expressions in Conversation

MP3 108

Casual

A   Those pizza shop owners treat their customers like garbage and their parents were just as rude. **The apple definitely doesn't fall far from the tree.**
그 피자 가게 주인들은 고객을 쓰레기처럼 대하고, 그들의 부모도 똑같이 무례했어. 피는 확실히 못 속여.

B   I've had enough of their terrible service. **That's the last straw.** I'm never eating there again.
그들의 끔찍한 서비스는 이제 질렸어. 이번이 마지막이야. 다시는 거기서 먹지 않을 거야.

A   It's like **they've got a screw loose** or something. Nobody should be treated that way when their spending their hard-earned money.
그 사람들 나사 하나가 풀린 것 같아. 힘들게 번 돈을 쓰는 사람들을 그렇게 대하면 안 되지.

B   We need to tell everybody about their terrible customer service.
그들의 끔찍한 고객 서비스를 모두에게 알려야 해.

A   Definitely. We should give our money to businesses that care about their customers.
맞아. 우리 돈을 고객에게 더 신경 쓰는 가게에 써야지.

B   We deserve better. Let's not put up with them anymore.
우리는 더 나은 대우를 받을 자격이 있으니까. 더는 참지 말자.

Formal

A   Those restaurant owners do not treat their clientele very well. **Like father like son.** They learned that from their parents.
그 레스토랑 주인들은 고객 응대를 잘 못 하는군요. 부전자전이네요. 그들은 그걸 부모에게 배운 것 같아요.

B   I have reached my limit. What they do to their customers: **that is the ultimate tipping point** for me. I will not be patronizing them anymore.
저는 이제 한계에 도달했어요. 그들이 고객에게 하는 행동이 저에겐 결정적인 계기가 됐습니다. 다시는 거길 이용하지 않을 겁니다.

A   I concur. **They have shown behavior that is eccentric and peculiar.** No individuals should endure such treatment.
동의합니다. 그 사람들 행동은 괴상하고 특이해요. 어떤 사람도 그런 대우를 참아서는 안 돼요.

B   It is utterly unacceptable. We need to spread the word to other people.
정말로 용납할 수 없어요. 다른 사람들에게 이 사실을 알려야 합니다.

A   Most certainly. Let's support businesses that prioritize customer satisfaction.
당연하죠. 고객 만족을 최우선으로 하는 사업체들을 지원합시다.

B   Let's redirect our patronage elsewhere and show them that we will not tolerate their behavior anymore.
우리의 후원을 다른 곳으로 돌리고, 우리가 그들의 행동을 더 이상 참지 않을 것임을 그들에게 보여 주도록 하자고요.

SESSION 13

MP3 109

일상 영어 (casual)

1. It's the tip of the iceberg.
이건 빙산의 일각이야.

2. You're in over your head.
지금 너 감당하기 힘든 벅찬 상황이구나.

3. It's a ballpark figure.
대략적인 수치야.

격식 영어 (formal)

It represents merely a fraction of the whole picture.
이것은 큰 그림의 일부에 불과합니다.

You are involved in a situation with complex, unfathomable obstacles.
복잡하고 파악하기 어려운 난관에 처해 있군요.

It is an approximate number.
그것은 추정치입니다.

---

1 — It's the tip of the iceberg.
이건 빙산의 일각이야.

It represents merely a fraction of the whole picture.
이것은 큰 그림의 일부에 불과합니다.

It's the tip of the iceberg.는 물위에 올라와 있는 얼음산(빙산)의 작은 부분만 보이고, 대부분은 물 아래에 숨겨져 있다는 사실에서 유래된 표현입니다. 즉, 보이는 것이 다가 아닌 복잡한 상황의 일부분에 불과하다는 것을 의미합니다.

- The financial losses reported by the company are just **the tip of the iceberg**.
  그 회사가 보고한 재정 손실은 빙산의 일각일 뿐이야.

비격식 유사 표현

Just scratching the surface. 겨우 겉만 핥고 있는 거야.. 수박 겉핥기 정도에 불과해.
There's more where that came from. 이건 시작에 불과해.
It's just the beginning. 이건 시작에 불과해.

우리가 알고 있는 것, 또는 눈에 보이는 것은 더 크고 복잡한 상황의 일부분에 불과하다는 것을 격식 영어로 나타내려면 It represents merely a fraction of the whole picture.라고 하면 됩니다.

- The real problem is much deeper; **it represents merely a fraction of the whole picture.**
  진짜 문제는 훨씬 더 심각해요. 이것은 전체 문제의 일부에 불과합니다.

You're in over your head.
지금 너 감당하기 힘든 벅찬 상황이구나.

You are involved in a situation with complex, unfathomable obstacles.
복잡하고 파악하기 어려운 난관에 처해 있군요.

You're in over your head.는 '너는 감당 못하는 상황에 처했다, 진퇴양난의 상황에 처했다'를 뜻합니다. 이 표현은 발을 딛고 서기에는 너무 깊은 물에 빠져 있는 상황에서 유래하여, 누군가가 자신의 능력이나 통제 범위를 넘어서는 상황에 처해 있음을 뜻합니다.

- He agreed to manage the project, but now **he's in over his head**.
  그는 프로젝트를 맡기로 했지만, 감당하기 힘든 벅찬 상황이야.

비격식 유사 표현

You're out of your depth. (네가) 감당하기는 불가능하다.(← 너는 너무 깊은 물에 빠졌다)
You're biting off more than you can chew. (너는) 감당할 수 없는 일을 하고 있다.
You're in deep water. (너는) 큰일에 처했다.(← (너는) 깊은 물에 빠졌다)
You're drowning. (너는) 물에 빠져 허우적거리고 있다.
You've taken on too much. (너는) 너무 많은 일을 떠맡았다.

'당신은 능력이나 통제 범위를 넘어서는 상황에 있다'는 뜻을 좀 더 정중하게 나타내는 표현으로는 You are involved in a situation with complex, unfathomable obstacles. 가 있습니다.

- The task proved to be more challenging; **he is involved in a situation with complex, unfathomable obstacles.**
  그 일이 예상보다 더 어려운 것으로 드러났어요. 그는 복잡하고 파악하기 어려운 난관에 처해 있습니다.

3 It's a ballpark figure.
대략적인 수치야.

It is an approximate number.
그것은 추정치입니다.

It's a ballpark figure.에서 ballpark는 '야구 경기장'이라는 뜻이지만, '넓은 영역, 대략적인 범위/액수/양'을 의미하기도 합니다. 그래서 이 표현은 비유적으로 대략적인 범위나 어림잡은 근사치를 추정할 때 쓸 수 있습니다.

- I have analyzed the data, but it's a ballpark figure.
  데이터를 분석했지만 대략적인 수치야.

비격식 유사 표현
It's a rough estimate. 그건 대략적인 추정치야.
It's a guesstimate. 그건 대략적인 추정값이야.
It's a rough guess. 그건 어림잡은 추측이야.

주어진 숫자가 정확하지 않고 대략적으로 예측한 값이라고 밝히는 정중한 표현으로는 It is an approximate number.가 있습니다.

- The estimate is not precise; it is an approximate number.
  그 수치는 정확하지 않아요. 그것은 추정치입니다.

Casual vs. Formal
Expressions in Conversation

`MP3 110`

Casual

A It's crazy how well our new product is doing!
우리 신제품이 이렇게 잘나가다니 정말 놀라워!

B Yeah, it's impressive, but remember, **it's just the tip of the iceberg**. We have a long way to go.
맞아, 정말 인상적이야. 하지만 아직 빙산의 일각일 뿐이란 거 알지? 갈 길이 멀어.

A I know, but I'm confident we can handle it. We've got a great team.
알지. 하지만 우리가 잘 해낼 수 있을 거라고 확신해. 우리 팀은 훌륭하니까.

B True, but be careful not to underestimate the challenges ahead. You might find yourself **in over your head**.
맞아. 하지만 앞에 놓인 도전을 과소평가하지 않도록 조심해. 자칫하면 감당 못할 일이 생길 수도 있으니까.

A Yes, but let's not worry too much. Can you give me **a ballpark figure** of how much revenue we can expect next quarter?
그래, 하지만 너무 걱정하지는 말자. 다음 분기 예상 매출이 어느 정도 될지 대략적으로 말해 줄 수 있어?

B It's hard to say for sure, but I estimate around $1 million. Keep in mind that **it's just a ballpark figure**.
확실히 말하기는 어렵지만, 대략 100만 달러 정도로 예상해. 하지만 어디까지나 대략적인 수치임을 잊지 마.

Formal

A The latest sales report is showing how remarkable our new product is performing.
최신 판매 보고서가 우리 신제품이 얼마나 뛰어난 성과를 내고 있는지 보여 주고 있습니다.

B Indeed, **it represents merely a fraction of the whole picture**. However, we must remain cognizant of the extensive journey that lies ahead.
그렇습니다. 이는 전체 그림의 일부일 뿐이죠. 하지만, 우리는 앞으로의 긴 여정에 계속 유의해야 해요.

A Agreed, however, I am confident in our ability to navigate the challenging period ahead. Our team is exceptional.
동의합니다. 하지만 저는 우리가 다가올 어려운 시기를 잘 헤쳐나갈 수 있을 거라고 확신합니다. 우리 팀은 뛰어나니까요.

B Well, that may be true, but we must exercise caution not to **be involved in a situation with complex, unfathomable obstacles**.
맞는 말씀입니다만, 복잡하고 이해하기 어려운 난관에 처하지 않도록 주의해야 합니다.

A Understood, yet let us not dwell excessively on these concerns. Could you provide an approximate number for the revenue we can anticipate next quarter?
이해했습니다. 그러나 이러한 우려에 지나치게 신경 쓰지는 맙시다. 다음 분기 예상 매출을 대략적으로 말씀해 주실 수 있나요?

B It is challenging to provide an exact figure, but I would estimate it to be around $1 million. Nevertheless, it is important to note that **it is an approximate number**.
정확한 수치를 제공하기는 어렵지만, 약 100만 달러 정도로 예상합니다. 다만, 이는 어디까지나 추정치임을 유의하시기 바랍니다.

SESSION 14

MP3 111

일상 영어 (casual)	격식 영어 (formal)
1 **We're in the same boat.** 우리는 한 배를 탄 거지.	**We are in a similar situation.** 우리는 비슷한 상황입니다..
2 **Don't spill the beans.** 비밀 누설하지 마.	**Please keep this information confidential.** 이 정보는 기밀로 해 주세요.
3 **Let's face the music.** 결과를 받아들이자.	**Let's accept the unpleasant consequences.** 불편한 결과도 받아들입시다.

1 ▬ We're in the same boat.
우리는 한 배를 탄 거지.

We are in a similar situation.
우리는 비슷한 상황입니다.

We're in the same boat.는 '우리는 같은 배를 타고 있어, 같은 처지에 있어'를 뜻합니다. 같은 배에 탄 선원과 승객들은 같은 운명을 공유했으니 배가 어려움에 처하면 배에 탄 사람들이 모두 같은 위험에 직면하게 됩니다. 특히, 어려움이나 도전을 겪을 때 비슷한 상황에 처해 있음을 뜻하는 비유적인 표현입니다.

- We both failed the test, so we're in the same boat.
  우리 둘 다 시험을 망쳤어. 그러니까 한 배를 탄 처지야.

비격식 유사 표현
We're all in this together. 우리는 모두 함께 이 상황에 처해 있어.
We're on the same page. 우리는 같은 입장이야.
We're facing the same problems. 우리는 같은 문제에 직면해 있어.
We're going through the same thing. 우리는 같은 일을 겪고 있어.

이를 좀 더 정중하고 격식을 갖춘 영어로 표현해 보면 We are in a similar situation.(우리는 비슷한 상황에 처해 있습니다.)이 적절합니다.

- We're in a similar situation, so I totally get how you feel.
  비슷한 상황이라 당신 기분이 어떤지 완전히 이해됩니다.

Don't spill the beans.
비밀 누설하지 마.

Please keep this information confidential.
이 정보는 기밀로 해 주세요.

Don't spill the beans.는 '비밀을 누설하지 마'라는 뜻입니다. 고대에는 콩을 통에 넣는 방식으로 투표를 했는데 콩이 통 밖으로 새어 나오면 비밀 투표의 결과가 공개되니 결국 비밀이 유출되는 셈이 되었습니다. 여기서 유래하여 spill the beans가 '비밀을 유출하다'라는 뜻으로 쓰이게 되었다고 합니다.

- It's a surprise party, so don't spill the beans!
  이건 깜짝 파티야. 그러니까 비밀 누설하지 마!

비격식 유사 표현
Keep it under wraps. 비밀로 해 둬.
Don't let the cat out of the bag. 비밀 누설하지 마.
Keep it on the down-low. 비밀로 해 둬.
Don't blab. 입조심해.
Mum's the word. 비밀이야.

정보를 누설하지 않도록 정중하게 요청할 때는 Please keep this information confidential.(이 정보를 기밀로 해 주세요.)라고 하면 됩니다.

- This detail must remain undisclosed; please keep this information confidential.
  이 세부 사항은 밖으로 알려지면 안 됩니다. 이 정보는 기밀로 해 주세요.

Let's face the music.
결과를 받아들이자.

Let's accept the unpleasant consequences.
불편한 결과도 받아들입시다.

Let's face the music.은 '결과를 받아들이자, 현실을 직시하자'라는 의미입니다. 유래에는 두 가지 설이 있는데요, 그중 하나는 배우가 무대에서 관객의 비난이나 야유를 마주하는 상황에서 유래했다고 합니다. 공연이 끝난 후 배우들은 무대에 나와 관객의 박수나 야유를 받는데, 이때 관객석(the music)을 향해 서는 것을 'face the music'이라고 표현했다고 합니다. 다른 하나는 군인이 훈련 중 잘못을 저질렀을 때, 군악대(the music)의 연주에 맞춰 상관 앞에 서거나 처벌을 받게 되는 상황을 빗댄 말이라는 것입니다.

두 가지 설 모두 '피할 수 없는 상황을 정면으로 맞서고 결과를 받아들이다'의 의미를 담고 있습니다.

- We missed the deadline, now **let's face the music**.
  우리가 마감 기한을 놓쳤으니, 결과를 받아들이자.

비격식 유사 표현
Let's deal with it. 해 보자.
Let's take care of it. 해결해 보자.
Let's bite the bullet. 고통을 감수하자.
Let's own up to it. (한 것을) 인정하자.

어려운 상황을 받아들이고 해결해 나가려고 할 때나, 자신의 행동으로 인해 발생한 부정적인 결과를 인정하고 처리하겠다는 의지를 정중하게 표현할 때는 격식 영어로 Let's accept the unpleasant consequences.(불편한/불쾌한 결과를 받아들입시다.)라고 합니다.

- The situation requires accountability; **let's accept the unpleasant consequences**.
  이 상황에서는 책임이 필요합니다. 불편한 결과도 받아들입시다.

Casual vs. **Formal**
Expensive Expressions in Conversation

MP3 112

Casual

A The principal knows exactly what we did. I think **we're all in the same boat** here.
교장 선생님이 우리가 한 일을 정확히 알고 있어. 우리 모두 같은 처지인 것 같아.

B I've heard some rumors but let's **not spill the beans** yet. He may be bluffing. Let's get some more info first.
소문은 들었지만 아직 비밀을 누설하지 말자. 교장 선생님이 그냥 허세를 부리는 걸 수도 있어. 정보를 좀 더 모아보자고.

A OK, though eventually we will have to **face the music** and talk to him about it.
알았어. 하지만 결국에는 현실을 직시하고 교장 선생님과 얘기해야 할 거야.

B I sure think so. Openly discussing and finding a solution is important.
맞아. 솔직하게 얘기하고 해결책을 찾는 게 중요해.

A I think the main problem here is a lack of communication between him and us.
여기서 주된 문제는 교장 선생님과 우리 사이의 소통 부족인 것 같아.

B That's true but we should also discuss how he picks favorites and how it affects the students.
맞아. 하지만 교장 선생님이 편애하는 것과 그게 학생들에게 미치는 영향에 대해서도 얘기해야 해.

Formal

A The principal is aware of what we have done. It appears that **we are all in a similar situation here**.
교장 선생님께서 우리가 한 일을 알고 계십니다. 우리 모두 비슷한 상황에 처해 있는 것 같습니다.

B Yes, I have heard some murmurs but let's **keep the information confidential** for now. It would be prudent to gather more details before disclosing anything.
네, 소문은 들었지만 아직 그 정보는 비밀로 합시다. 세부 정보를 더 수집한 후에 밝히는 것이 현명할 것입니다.

A Indeed, at some point we will have to **accept the unpleasant consequences** and address this matter with him.
맞습니다. 언젠가는 이 불편한 결과를 받아들이고 이 문제를 교장 선생님과 해결해야 할 것입니다.

B It's imperative that we engage in an open and constructive dialogue to find a resolution that benefits all parties involved.
모든 관련 당사자에게 이로운 해결책을 찾기 위해 열린 대화와 건설적인 논의가 필수적입니다.

A Primary concerns revolve around the inadequate communication between the principal and the faculty.
주요 문제는 교장 선생님과 교직원들 간의 부족한 소통에 있습니다.

B That is a valid point, and we should also discuss the issue of potential favoritism and its impact on the overall work environment.
맞는 말씀입니다. 그리고 잠재적인 편애 문제와 그것이 전체적인 업무 환경에 미치는 영향에 대해서도 논의해야 합니다.

SESSION 15

MP3 113

일상 영어 (casual)	격식 영어 (formal)
1 **It's in the bag.** 따 놓은 당상이야.	**Success is virtually guaranteed.** 성공은 사실상 보장된 것이나 다름없습니다.
2 **You're jumping the gun.** 서두르지 마.	**You are starting an action too soon, before the appropriate time.** 아직 때가 아닌데 너무 서둘러 시작하고 계시네요.
3 **He's a couch potato.** 그는 게으름뱅이야.	**He leads a sedentary lifestyle.** 그는 늘 앉아서 생활합니다.

1 ── It's in the bag.
따 놓은 당상이야.

Success is virtually guaranteed.
성공은 사실상 보장된 것이나 다름없습니다.

It's in the bag.은 '이제 확실해, 따 놓은 당상이야, 거의 확정이지'를 뜻합니다. 구하는 물건이 일단 내 봉투에 들어있으면 확보를 해 놓은 것이니, 어떤 것을 이미 손에 넣은 것이나 다름없다고 확신할 때 쓰는 표현입니다.

- I studied hard for the exam, so **it's in the bag**.
  시험을 위해 열심히 공부했으니까, 이제 합격은 따 놓은 당상이야.

비격식 유사 표현
It's a done deal. 확정된 일이야.
It's a sure thing. 확실해.
We're golden. 우린 문제없어.
We've got it locked down. 우린 확실히 장악했어.

이처럼 일이 거의 끝났거나 성공이 보장되어 있음을 좀 더 세련되고 정중하게 표현하려면 Success is virtually guaranteed.(성공이 사실상 보장되어 있습니다.)로 원하는 결과가 달성될 것이라는 높은 수준의 확신을 나타낼 수 있습니다.

- Given the preparation, **success is virtually guaranteed**.
  준비를 철저히 했으니, 성공은 사실상 보장된 것이나 다름없습니다.

You're jumping the gun.
서두르지 마.

You are starting an action too soon, before the appropriate time.
아직 때가 아닌데 너무 서둘러 시작하고 계시네요.

You're jumping the gun.은 '조급하게 굴지 마, 너무 서두르지 마'라는 뜻입니다. 육상 경기에서 출발 신호인 총성이 나기도 전에 선수가 먼저 출발하는 것을 jumping the gun이라고 하는 것에서 유래하여, 적절한 신호나 시기를 기다리지 않고 성급하게 행동하거나 결정을 내리는 사람에게 할 수 있는 말입니다.

- Don't start celebrating yet, **you're jumping the gun**.
  아직 축하할 때가 아니야. 서두르지 마.

비격식 유사 표현
You're rushing things. 너 너무 서두르고 있어.
Hold your horses. 진정해. / 잠깐 기다려.
Don't get ahead of yourself. 너무 앞서가지 마.
Slow down. 좀 천천히 해.

상대방이 너무 서둘러 행동하고 있음을 좀 더 정중하게 지적하려면 You're starting an action too soon, before the appropriate time.(적절한 시점 이전에 당신이 너무 일찍 행동을 시작하고 있습니다.)이라고 합니다. 다음에 나올 formal conversation처럼 an action 대신에 그 상황에 맞는 구체적인 명사를 넣어 말해도 됩니다.

- Premature excitement isn't wise; **you are starting an action too soon before the appropriate time**.
  너무 일찍 들뜨는 건 현명하지 않아요. 아직 때가 아닌데 너무 서둘러 시작하고 계시네요.

He's a couch potato.
그는 게으름뱅이야.

He leads a sedentary lifestyle.
그는 늘 앉아서 생활합니다.

couch potato는 '게으름뱅이, 종일 TV만 보는 사람'을 가리키는 말로, 소파(couch)에서 빈둥거리기만 하고 신체 활동을 거의 하지 않는 사람을 감자(potato)에 비유하는, 비아냥거리는 어조의 표현입니다.

- He spends all weekend watching TV—**he's a couch potato**.
  그는 주말 내내 TV만 봐. 그는 완전 게으름뱅이야.

비격식 유사 표현

He's a TV junkie. 그는 TV 중독자야.
He's a lazybones/layabout. 그는 게으름뱅이야.
He's a sloth. 그는 나무늘보 같아.
He's a lounger. 그는 빈둥거리기만 하는 사람이야.

신체 활동을 거의 하지 않고 주로 앉아서 생활하는 사람임을 좀 더 세련되고 정중하게 설명하고 싶다면 He leads a sedentary lifestyle.이라고 하여 '그는 늘 앉아 지냅니다.'라는 식으로 순화하여 표현할 수 있습니다.

- His routine lacks activity; **he leads a sedentary lifestyle**.
  그의 루틴에는 활동이 부족합니다. 그는 늘 앉아서 생활하지요.

Casual vs. **Formal**
Expressions in Conversation

MP3 114

Casual

A Guess what? I just closed the deal on our new house! **It's in the bag!**
있잖아? 우리 새 집 계약 막 성사됐어! 이제 완전 해결됐어!

B Whoa, hold on a sec! **You're jumping the gun** a bit, aren't you? Did you even check the neighborhood and the condition of the house?
어우, 잠깐만! 너무 성급하게 구는 거 아니야? 동네랑 집 상태는 확인했어?

A Relax, I did my research. Trust me, it's a great deal!
걱정 마, 내가 다 조사했어. 믿어 봐. 진짜 좋은 거래야!

B Well, I hope you're right. I don't want to end up with a lemon. By the way, is the house big enough for all of our stuff?
글쎄, 네 말이 맞으면 좋겠네. 나중에 후회하지 않으면 좋겠어. 근데 집이 우리 짐 다 들어갈 만큼 커?

A It sure is. It's spacious and perfect for us. We won't turn into **couch potatoes** there. We'll have plenty of room to move around.
당연하지. 널찍하고 우리한테 딱이야. 거기선 (좁아서 할 게 없어서 TV만 보며) 빈둥거리는 일은 없을 거야. 돌아다닐 공간도 많아.

B If you say so. You need to show me this place ASAP.
당신이 그렇게 말하니 믿어 볼게. 나한테 그 집 최대한 빨리 보여 줘.

Formal

A Good news! I have surely placed the winning bid on that new building contract. Our **success is virtually guaranteed**.
좋은 소식입니다! 그 새 건물 계약 입찰 건을 확실히 따냈습니다. 성공은 거의 확실하다고 볼 수 있어요.

B Hold on for a moment. It seems that **you may be starting your celebrations too soon, before the appropriate time**. Have you thoroughly assessed the project and done the appropriate risk assessments?
잠시만요. 아직 때가 아닌데 축하를 너무 서둘러 하시는 것 같네요. 프로젝트를 철저히 검토하고, 적절한 리스크 평가도 모두 마치신 거죠?

A Rest assured; I have conducted extensive research. Trust me, it is an exceptional opportunity.
안심하세요, 광범위하게 조사를 했습니다. 믿어 보세요, 이것은 탁월한 기회입니다.

B I sincerely hope your assessment proves accurate. Do you foresee significant profits in the future after completion?
그 판단이 정확하길 진심으로 바랍니다. 이 프로젝트가 완료된 후, 상당한 수익이 발생할 것으로 예상하시나요?

A Yes. This development is targeted towards young and active people who do not **lead a sedentary lifestyle**. It is the way of the future. By getting in early, we are assured a great return on our investment.
네, 이 개발 프로젝트는 비활동적인 생활을 하지 않는 젊고 활동적인 사람들을 주요 대상으로 하고 있습니다. 이것이 바로 미래의 방향입니다. 초기에 진입함으로써, 투자에 대한 훌륭한 수익을 확실히 기대할 수 있습니다.

B If you insist, but I kindly request that you provide evidence to back up your claims.
그렇게까지 말씀하신다면 따르겠습니다만, 주장하신 내용을 뒷받침할 수 있는 근거를 제시해 주시길 정중히 요청드립니다.

SESSION 16

MP3 115

일상 영어 (casual)

1 **They are (as) thick as thieves.**
그들은 절친한 사이야.

2 **I smell a rat.**
수상한 냄새가 나는데.

3 **You've hit the nail on the head.**
정곡을 찔렀네.

격식 영어 (formal)

They share a close and secretive relationship.
그들은 아주 가까우면서도 은밀한 사이입니다.

I suspect deceit/trickery.
속임수를 쓰는 것인가/기만하는 것인가 의심이 갑니다.

Your statement/action is exactly correct. 하신 말씀이/행동이 정확히 옳습니다.

---

1 — They are (as) thick as thieves.
그들은 절친한 사이야.

They share a close and secretive relationship.
그들은 아주 가까우면서도 은밀한 사이입니다.

They are (as) thick as thieves.는 '그들은 절친한 친구이다, 아주 가까운 사이이다'라는 뜻입니다. 도둑들이 서로를 매우 믿고 긴밀하게 협력하는 것에서 유래된, '두터운 (thick)' 신뢰 관계를 나타내는 표현입니다. 다음 유사 표현 모두 두 사람의 친밀하고 신뢰할 수 있는 관계를 강조하며, 캐주얼하고 일상적인 대화에서 자주 쓰입니다.

- Those two are always together; **they're (as) thick as thieves**.
  그 둘은 항상 같이 다녀. 아주 절친해.

비격식 유사 표현
They are like two peas in a pod. 그들은 항상 같이 다니지.
They are joined at the hip. 그들은 항상 함께 지내는 사이야.
They are buddy-buddy/best buds. 그들은 절친한 사이야.
They are inseparable. 그들은 떼려야 뗄 수 없는 사이야.

They share a close and secretive relationship.은 '그들은 긴밀하고 비밀스러운 관계를 공유합니다'라는 뜻으로, 두 사람이 서로 매우 가까운 관계를 유지하면서도, 그 관계가 외부에는 잘 드러나지 않는 경우를 좀 더 세련되게 표현할 수 있습니다.

- Their bond is strong and private; **they share a close and secretive relationship.**
  그들은 유대감이 강하고 사적인 관계이죠. 긴밀하고 비밀스러운 사이입니다.

I smell a rat.
수상한 냄새가 나는데.

I suspect deceit/trickery.
속임수를 쓰는 것인가/기만하는 것인가 의심이 갑니다.

I smell a rat.은 '수상한 냄새가 나네, 뭔가 수상한데, 낌새가 이상해'라는 의미입니다. 옛날 위생 상태가 좋지 않은 집에 쥐가 출몰하면 눈에 보이지 않아도 냄새를 통해서 그 존재를 감지할 수 있었는데, 거기서 유래되어 보이지 않지만 의심스러운 무언가가 있다는 직감을 나타내는 표현이 되었습니다.

- Something doesn't feel right—I smell a rat.
  뭔가 이상해. 수상한 냄새가 나.

비격식 유사 표현

Something's fishy. 냄새가 나네, 무언가 수상하다.
This doesn't add up. 이건 말이 안 되잖아.
Something's off. 뭔가 이상하다.

누군가가 부정직하게 행동하고 있거나, 어떤 부정행위가 일어날 가능성이 의심된다는 것을 정중하게 나타내는 표현으로는 I suspect deceit/trickery.(속임수를 쓰는 것인가/기만하는 것인가 의심됩니다.)가 적절합니다.

- There's reason for doubt; I suspect deceit.
  의심할 만한 이유가 있죠. 저는 속임수를 쓰는 것이 아닌가 의심이 갑니다.

You've hit the nail on the head.
정곡을 찔렀네.

Your statement/action is exactly correct.
하신 말씀이/행동이 정확히 옳습니다.

You've hit the nail on the head.는 '넌 정곡을 찔렀어, 딱 맞는 말을 했어'를 뜻합니다. 목수들이 망치로 못을 박을 때 못의 머리 부분을 정확하게 치는 행위에서 유래하여, 문제를 정확히 지적하고 맞히거나 올바른 해결책을 제시하는 것을 의미합니다.

- That's exactly what happened—you've hit the nail on the head.
  정확히 그런 일이 일어난 거지. 네가 정곡을 찔렀어.

비격식 유사 표현

You nailed it. 네가 완벽하게 해냈어.
Spot on. 정확해.
Right on the money. 딱 맞았어.
Bingo. 맞았어.
Bullseye. 정곡을 찔렀어.

이보다 좀 더 세련되고 정중하게 말하고 싶다면 Your statement/action is exactly correct.(하신 말씀이/행동이 정확히 옳습니다. 귀하의 판단은 정밀합니다.)라고 하면 됩니다.

- Your analysis is accurate; **your statement is exactly correct**.
  당신이 분석한 게 정확합니다. 하신 말씀이 정확히 옳아요.

Casual vs. **Formal**
Expressions in Conversation

MP3 116

Casual

A Hey, buddy! Long time no see. How have you been?
야, 친구야! 오랜만이다. 어떻게 지냈어?

B Oh, you know, same old, same old.
아, 뭐 늘 똑같지 뭐.

A I heard **you and Sarah are thick as thieves now**. Is that true?
너랑 Sarah가 요즘 절친이라며? 사실이야?

B Absolutely! We've become inseparable lately. We just click.
맞아! 요즘 우리는 뗄 수 없는 사이가 됐어. 우린 정말 잘 맞아.

A That's awesome, man. But **I smell a rat**. Are you sure there's nothing more than friendship going on between you two?
멋지다. 근데 뭔가 수상한 냄새가 나는데? 너네 정말 단순히 친구 사이기만 한 거고 다른 건 없어?

B Haha, you're right! **You've hit the nail on the head** with that question. We are seeing each other nowadays.
하하, 맞아! 네가 딱 맞혔어. 우리 요즘 사귀고 있어.

Formal

A It has been quite some time since we last met. How have you been faring?
오랜만에 뵙네요. 어떻게 지내고 계셨나요?

B Well, I can say my life follows the usual routine, day by day.
그냥, 하루하루 똑같이 지내고 있지요.

A I heard that **you and Sarah share a close and secretive relationship**. Is this information accurate?
그쪽과 Sarah가 긴밀한 사이라고 들었어요. 이 정보가 정확한가요?

B Indeed! We have grown incredibly close recently. Our bond is unbreakable.
그렇습니다! 우리가 최근에 매우 가까워졌어요. 우리의 유대 관계가 매우 단단하죠.

A That is splendid news, however, **I suspect** some **trickery** here. Are you absolutely certain that there is no hidden intentions between the two of you?
훌륭한 소식이지만, 여기 뭔가 속임수가 있는 것 같은데요. 두 분 사이에 숨겨진 의도가 없다는 것이 확실한가요?

B You are very astute. **Your statement is exactly correct.** We are currently in a committed relationship with each other.
매우 예리하시군요. 말씀하시는 게 정확히 맞아요. 현재 서로 헌신적인 연애를 하고 있지요.

211

SESSION 17

MP3 117

일상 영어 (casual)

1. **They buried the hatchet.**
   그들은 서로 화해했어.

2. **He's got a chip on his shoulder.**
   그는 앙심을 품고 있어.

3. **Don't blow your own trumpet.**
   너무 과시하지 마.

격식 영어 (formal)

They have decided to end their dispute. 그들은 분쟁을 끝내기로 했습니다.

He seems to harbor resentment/anger. 그는 원한을/분노를 품고 있는 것처럼 보입니다.

You should not boast about your own achievements.
본인의 성과를 과하게 자랑하는 건 피하시는 게 좋습니다.

---

1 — They buried the hatchet.
그들은 서로 화해했어.

They have decided to end their dispute.
그들은 분쟁을 끝내기로 했습니다.

They buried the hatchet.은 '그들은 서로 화해했다, 갈등 관계를 끝냈다, 불화를 풀었다'라는 뜻으로 쓰입니다. 옛날에 미국 원주민들은 전쟁이나 갈등이 끝나고 평화 협정을 맺을 때, 무기를 내려놓고 더 이상 싸우지 않겠다는 결의를 하면서 이를 상징하는 의미로 손도끼(hatchet)를 땅에 묻었습니다. 여기서 유래되어 bury the hatchet은 갈등을 끝내고 화해하는 것을 뜻하게 되었습니다.

- After years of rivalry, **they** finally **buried the hatchet**.
  오랜 경쟁 끝에, 그들은 마침내 서로 화해했어.

비격식 유사 표현

They made up. 그들은 화해했다.
They settled their differences. 그들은 서로의 차이를 해결했다.
They squashed the beef. 그들은 다툼을 끝냈다.
They called a truce. 그들은 휴전을 선언했다.

보다 정중하고 격식을 갖춘 영어 표현으로 바꿔 말하려면 They have decided to end their dispute.(그들은 분쟁을 끝내기로 했습니다.)라고 하면 적절합니다.

- The conflict is over; **they have decided to end their dispute**.
  갈등 관계는 끝났어요. 그들은 분쟁을 끝내기로 했죠.

He's got a chip on his shoulder.
그는 앙심을 품고 있어.

He seems to harbor resentment/anger.
그는 원한을/분노를 품고 있는 것처럼 보입니다.

He's got a chip on his shoulder.는 '그는 앙심을 품고 있다, 마음에 응어리가 져 있다, 예민하게 반응한다'의 뜻입니다. 19세기 미국에서는 싸움을 걸거나 도전을 표현하는 방법으로 자신의 어깨에 나무 조각(chip)을 올려놓고 다녔습니다. 만약 누군가 그 나무 조각을 쳐서 떨어뜨리면, 싸움을 하겠다는 신호로 여긴 거죠. 그래서 a chip on his shoulder는 싸울 준비가 되어 있거나, 무언가에 대해 불만을 가지고 있으며, 쉽게 화를 내는 상태를 뜻하게 되었습니다.

- Ever since he was passed over for promotion, **he's had a chip on his shoulder**.
  승진에서 누락된 이후로 그는 계속 앙심을 품고 있어.

비격식 유사 표현

He's holding a grudge. 그는 앙심을 품고 있다.
He's got a beef. 그는 불만이 있다.
He's salty. 그는 불만이 많다.
He's bitter. 그는 씁쓸해하고 있다.

이를 보다 격식 영어로 바꾸면 He seems to harbor resentment/anger.가 적절하며, '그는 원한을/분노를 품고 있는 것처럼 보입니다'라는 의미의 정중한 표현이 됩니다.

- His demeanor suggests **he harbors resentment**.
  그의 태도를 보면, 그가 원한을 품고 있는 것처럼 보입니다.

Don't blow your own trumpet.
너무 과시하지 마.

You should not boast about your own achievements.
본인의 성과를 과하게 자랑하는 건 피하시는 게 좋습니다.

Don't blow your own trumpet.은 '자기 자랑하지 마, 너무 과시하지 마, 겸손하게 굴어'라는 뜻입니다. blow one's own trumpet은 과거에 왕이나 귀족들이 도착했을 때 나팔(trumpet)을 불게 해 이를 알렸던 것에서 유래한 표현입니다. '자신의 나팔을 (스스로) 분다'는 것은 스스로 칭찬하고 자랑하는 것, 즉 자화자찬하는 것을 비유적으로 나타내지요. 그래서 Don't blow your own trumpet.은 '다른 사람들 앞에서 지나치게 자신을 칭찬하거나 자랑하지 말라'는 의미로 쓰이게 되었습니다.

- **You always talk about how great you are! Don't blow your own trumpet!**
  너는 항상 너 자신이 얼마나 대단한지에 대해서만 얘기하잖아! 너무 과시하지 마!

비격식 유사 표현
Don't brag. 자랑하지 마.
Don't toot your own horn. 자기 자랑하지 마.
Don't show off. 너무 뽐내지 마.
Don't pat yourself on the back. 스스로를 칭찬하지 마.
Don't be a self-promoter. 자기 홍보 그만 해.

겸손하게 행동해 달라고 요청하는 세련되고 정중한 표현으로는 You should not boast about your own achievements.(자신의 업적에 대해 자랑해서는 안 됩니다.)가 적절합니다.

- **A humble approach is better; you should not boast about your own achievements.**
  겸손하게 접근하는 것이 더 좋습니다. 본인의 성과를 과하게 자랑하는 건 피하시는 게 좋습니다.

Casual vs. **Formal**
Expressions in Conversation

MP3 118

Casual

A Did you hear that **Sarah and John** finally **buried the hatchet**? They're on good terms again.
Sarah랑 John이 드디어 화해했다는 얘기 들었어? 이제 다시 잘 지낸대.

B I'm glad they sorted things out. Speaking of which, have you heard about the Christmas party next week?
잘 해결됐다니 다행이다. 참, 말이 나와서 그런데 다음 주 크리스마스 파티에 대해서 들었지?

A I've heard. But I don't think John will attend. **He's** still **got a chip on his shoulder** about the advice we gave him at the last party. He thinks we are holding a grudge.
들었어. 근데 John은 안 올 것 같아. 걔가 아직도 우리가 지난번 파티 때 해 준 조언에 마음에 응어리가 남아 있어서, 우리가 앙심을 품고 있다고 생각하나 봐.

B That's a shame. We should encourage him to come and have a good time. It's a chance for everyone to relax.
그거 참 안타깝네. John도 와서 즐길 수 있게 우리가 좀 독려해야겠어. 모두가 편히 쉴 기회잖아.

A Let's not **blow our own trumpet**, though. We should make sure everyone feels included and welcomed at the party, not just certain people.
우리 자랑만 하지 말고 모두가 소속감을 느끼고 환영받는다는 느낌을 받게 해야 해. 특정 사람들만 그런 게 아니고.

B Let's make sure to extend an invitation to all.
맞아. 모두에게 초대장을 꼭 전달하자.

Formal

A The two managers, **Sarah and John have decided to end their dispute**. They are on amicable terms now.
Sarah와 John, 그 두 관리자가 분쟁을 끝내기로 했답니다. 이제 우호적인 관계가 되었어요.

B That is indeed splendid news. I am genuinely pleased to hear that they have successfully resolved their issues. By the way, have you been informed about the upcoming company Christmas party?
정말 훌륭한 소식이군요. 그들이 문제를 성공적으로 해결했다니 진심으로 기쁩니다. 그런데 다가오는 회사 크리스마스 파티에 대해 들으셨나요?

A Yes, however, despite John and Sarah working things out, it appears that **John harbors some resentment** towards her still. She continues to **boast about her own achievements**. I doubt he will attend this event.
네, 그런데 John과 Sarah가 잘 풀어내고 있긴 하지만, John이 아직 Sarah에게 앙금을 좀 품고 있는 것 같아요. 그녀는 계속 자신의 성과에 대해 자랑을 하니까요. John이 이번 행사에 참석할 것 같지는 않네요.

B That is unfortunate. We should make an effort to persuade him to join and partake in the festivities. It's a good opportunity for everyone to unwind.
그것 참 유감이군요. 그가 참여하여 축제를 즐길 수 있도록 우리가 노력해야겠어요. 모두가 쉴 수 있는 좋은 기회니까요.

A Our primary focus should be on ensuring that everyone feels included and welcomed.
우리의 가장 중요한 목표는 모든 사람이 환영받고, 소외되지 않고 함께한다는 느낌을 갖도록 하는 것이죠.

B I completely agree with you. Let's make certain to extend a warm invitation and reach out to everyone equally.
전적으로 동의해요. 따뜻한 초대를 전하고 모든 사람에게 연락을 취하도록 합시다.

SESSION 18

MP3 119

일상 영어 (casual)	격식 영어 (formal)
1 **I've got the munchies.** 배가 출출한데.	**I feel quite hungry.** 지금 꽤 허기가 집니다.
2 **He's a night owl.** 그는 야행성이야.	**He prefers to be active during the night.** 그는 밤에 활동하는 것을 선호합니다.
3 **That rings a bell.** 익숙한데, 기억이 날 듯해.	**That stimulates a memory. / That sparks a recall.** 그걸 보니 기억이 떠오릅니다.

1 — I've got the munchies.
배가 출출한데.

I feel quite hungry.
지금 꽤 허기가 집니다.

I've got the munchies.는 갑작스러운 식욕이나 간식을 먹고 싶은 충동이 생길 때 사용할 수 있는 표현으로, '배가 출출하네, 간식이 당겨, 뭔가 먹고 싶어'라는 뜻입니다. munchies는 '간식 같은 것을 먹고 싶음'을 의미하며, 배가 출출한데 항상 갖춰진 식사보다는 간식을 먹고 싶을 때 사용하는 표현입니다.

- It's late at night, but **I've got the munchies**.
  밤이 늦었는데, 배가 출출해.

비격식 유사 표현
I've got the snack attack. 간식이 너무 당겨.
I'm craving some junk food. 군것질이 당기는데.
I could really go for some… ~이 정말 먹고 싶어

격식 영어에서 I feel quite hungry.는 '지금 꽤 허기가 집니다'라는 의미의 정중한 표현입니다.

- I suddenly developed an appetite; **I feel quite hungry**.
  갑자기 식욕이 생겼습니다. 지금 꽤 허기가 지는군요.

He's a night owl.
그는 야행성이야.

He prefers to be active during the night.
그는 밤에 활동하는 것을 선호합니다.

He's a night owl.은 '그는 야행성이야, 그는 밤에 주로 활동해'라는 뜻입니다. 올빼미(owl)는 야행성으로, 주로 밤에 사냥하고 활동합니다. 여기에서 유래해 올빼미처럼 밤에 활발히 활동하는 사람도 이렇게 표현하게 되었습니다.

- He never sleeps before 3 AM—**he's a night owl**.
  그는 새벽 3시 전에 절대 안 자. 그는 야행성이야.

비격식 유사 표현
He's a night person. 그는 밤에 활동하는 사람이야.
He's a night-time enthusiast. 그는 밤을 좋아하는 사람이야.
He's a late-nighter. 그는 밤에 늦게까지 깨어 있는 사람이야.
He's always up late. 그는 항상 늦게까지 깨어 있어.

야행성인 사람을 격식 영어로는 He prefers to be active during the night.(그는 밤에 활동하는 것을 선호합니다.)와 같이 정중하게 표현할 수 있습니다.

- His energy peaks at night; **he prefers to be active during the night**.
  그는 밤에 에너지가 제일 충만합니다. 그는 밤에 활동하는 걸 선호해요.

That rings a bell.
익숙한데, 기억이 날 듯해.

That stimulates a memory. / That sparks a recall.
그걸 보니 기억이 떠오릅니다.

That rings a bell.은 '뭔가 익숙한데, 들어본 것 같은데, 기억날 듯 해'라는 의미입니다. 옛 시절부터 종소리는 사람들의 주의를 끌고, 중요한 일을 상기시키는 데 쓰였습니다. 교회나 학교에서 종을 울려 사람들이 특정 시간이나 행사를 기억하게 했죠. 여기서 유래하여 무언가가 익숙하게 들리거나 어떤 기억을 떠올리게 할 때 ring a bell이라는 표현을 쓰게 되었습니다.

- I don't remember exactly, but **that name rings a bell**.
  정확히 기억은 안 나지만, 그 이름 익숙한 것 같네.

비격식 유사 표현

That sounds familiar. 그거 익숙하게 들리네.
I think I've heard that before. 그거 전에 들어 본 것 같아.
That reminds me of something. 그게 뭔가 생각나게 하네.

격식 영어에서 That stimulates a memory.나 That sparks a recall.은 '그것은 기억이 떠오르게 합니다'를 뜻하여 어떤 정보나 상황이 기억을 불러일으키거나 상기시킨다는 의미를 나타내는 정중한 표현입니다.

- It sounds familiar; **that stimulates a memory.**
  익숙하게 들리는군요. 기억이 떠오르는 것 같아요.

Casual vs. Formal
Expressions in Conversation

MP3 120

Casual

A **I've got the munchies**, let's grab some pizza and satisfy this hunger.
배가 출출하다. 피자 먹으면서 허기 좀 채우자.

B Totally, **I'm a night owl** anyway, so I'm always up for a late-night snack. Pizza sounds perfect.
완전 좋아. 난 원래 야행성이라서 늦은 밤 간식은 언제든 환영이야. 피자 딱이네.

A Awesome! You know what, I think I've been to that pizza place around the corner before, it's called Tony's. Does **that ring a bell**?
좋았어! 그나저나, 저기 코너에 있는 피자 가게 가 본 적 있는 것 같아. 이름이 Tony's 피자였나. 기억나?

B Oh yeah, Tony's! I've heard good things about it. It definitely rings a bell.
아, 맞아. Tony's 피자! 거기 괜찮다고 들었어. 확실히 들어 본 것 같아.

A Great then! I'll call them up and place an order. We can have a feast tonight!
좋았어! 그럼 내가 전화해서 주문할게. 오늘 밤 피자 파티하자!

B Perfect, I can't wait to dig into some delicious pizza with you!
완벽해. 너랑 맛있는 피자 먹을 생각에 벌써부터 기대된다!

Formal

A I must say, closing that deal has made me **feel quite hungry**. Shall we indulge in some dinner to satiate our appetites?
이번 계약을 성사시키고 나니, 꽤 허기가 지는군요. 식사를 하며 허기를 달래 보는 건 어떨까요?

B Considering **I prefer to be active during the night**, it is a perfect time for some food. An excellent idea!
저는 밤 시간에 활동하는 걸 선호하는 편이라, 뭐 좀 먹기에 완벽한 시간인 것 같네요. 아주 좋은 생각이에요!

A By the way, I believe we have dined at that restaurant around the corner called Tony's. Does that **name stimulate your memory**?
그런데 말이에요. 우리가 전에 저 모퉁이에 있는 Tony's 라는 식당에서 식사한 적이 있던 것 같아요. 이름 들으니까 기억 나십니까?

B Yes! Tony's does sound familiar. I have heard favorable reviews about it, so it is definitely worth a visit.
네! Tony's는 낯익은 이름이네요. 그곳에 대해 좋은 평을 들은 적이 있어서 충분히 가 볼 만합니다.

A Splendid idea! I will contact them promptly to save us a seat.
훌륭한 생각이에요! 곧바로 연락해서 자리를 예약하겠습니다.

B Wonderful! Let's savor some great food tonight!
좋아요! 오늘 밤엔 맛있는 음식을 마음껏 즐겨 봅시다!.

SESSION 19

MP3 121

일상 영어 (casual)	격식 영어 (formal)
1 **I'll get the ball rolling.** 내가 먼저 시작할게.	**I will begin the process.** 절차를 진행하겠습니다.
2 **She's keeping her fingers crossed.** 그녀는 행운을 빌고 있어.	**She is hoping for a positive outcome.** 그녀는 긍정적인 결과가 나오기를 바라고 있습니다.
3 **It's a drop in the bucket.** 새 발의 피야.	**It is a very small portion of something much larger.** 큰 전체에서 극히 일부분입니다.

1 — I'll get the ball rolling.
내가 먼저 시작할게.

I will begin the process.
절차를 진행하겠습니다.

I'll get the ball rolling.은 '내가 먼저 시작할게, 일을 추진할게'라는 의미입니다. 가만히 놓여 있던 공을 일단 굴리기 시작하면 그 공은 점점 더 많은 추진력을 얻어 더 빠르게 굴러가게 됩니다. 여기에서 유래하여 get the ball rolling은 어떤 일을 주도적으로 시작함을 나타내게 되었고, 일단 시작했으니 공이 굴러 가듯 점차 더 많은 진전을 이루게 될 것을 비유한 표현입니다.

- Let's start the discussion—**I'll get the ball rolling.**
  논의를 시작하자. 내가 먼저 시작할게.

비격식 유사 표현
I'll kick things off. 내가 시작할게.
I'll get started. 내가 시작할게.
I'll jump right in. 바로 시작할게.
I'll get things moving. 내가 일을 추진할게.

어떤 일을 시작하거나 착수하겠다는 의미로 쓰이는 세련되고 정중한 표현은 I'll begin the process.(절차를 진행하겠습니다/개시하겠습니다.)입니다.

- To initiate the task, **I'll begin the process.**
  작업을 시작하기 위해 절차를 진행하겠습니다.

She's keeping her fingers crossed.
그녀는 행운을 빌고 있어.

She is hoping for a positive outcome.
그녀는 긍정적인 결과가 나오기를 바라고 있습니다.

예로부터 십자가는 보호와 행운을 상징해서, 손가락을 교차해 십자가 모양으로 만드는 행위는 나쁜 일로부터 보호받고 좋은 일이 생기기를 바라는 마음을 나타내게 되었습니다. 여기서 유래한 keep one's fingers crossed (= cross one's fingers)는 어떤 일이 잘되기를 바랄 때, 또는 긍정적인 결과를 기대하며 행운을 기원할 때 쓰입니다.

- She has an interview tomorrow, so **she's keeping her fingers crossed**.
  그녀는 내일 면접이 있어서 행운을 빌고 있어.

비격식 유사 표현

She's hoping for the best. 그녀는 최선의 결과를 바라고 있어.
She's got her hopes up. 그녀는 희망을 품고 있어.
She's wishing for good luck. 그녀는 행운을 빌고 있어.
She's praying it goes well. 그녀는 잘되길 기도하고 있어.

어떤 일에 대한 희망이나 기대를 보여 주는 더 정중한 표현으로는 She is hoping for a positive outcome.(그녀는 긍정적인 결과가 나오기를 바라고 있습니다.)이 적절합니다.

- She remains optimistic; **she is hoping for a positive outcome**.
  그녀는 낙관적으로 생각하고 있어요. 긍정적인 결과가 나오기를 바라고 있습니다.

It's a drop in the bucket.
새 발의 피야.

It is a very small portion of something much larger.
큰 전체에서 극히 일부분입니다.

It's a drop in the bucket.은 '새 발의 피, 빙산의 일각, 아주 작은 부분에 불과함'이라는 뜻입니다. 전체적인 크기에 비하면 아주 작은 부분에 불과하다는 의미의 영어 관용구죠. 통에 들어있는 한 방울의 물에 빗댄 표현으로 전체적인 양에 비하면 매우 미미하고 중요하지 않음을 강조할 때 쓰입니다.

- The donation is helpful, but it's just a drop in the bucket.
  그 기부가 도움은 되지만, 새 발의 피야.

비격식 유사 표현

It's just a drop in the ocean. 바다에 떨어진 물 한 방울에 불과해.
It's a small piece of the pie. 파이의 작은 조각일 뿐이야.
It's just a small part. 그건 작은 부분일 뿐이야.
It's a tiny bit. 아주 작은 부분이야.
It's barely a scratch. (그건) 해 봤자 거의 티도 안 나.

어떤 것이 전체적인 맥락에서 매우 미미하다는 것을 강조할 때 쓸 수 있는 좀 더 정중하고 격식을 갖춘 표현으로는 It is a very small portion of something much larger.(그것은 전체에 비해 매우 작은 부분(이거나 무시할 수 있는 정도)입니다.)가 있습니다.

- His contribution is minor; it is a very small portion of something much larger.
  그가 기여한 것은 미미합니다. 큰 전체에서 극히 일부분이죠.

Casual vs. **Formal**
Expressions in Conversation

MP3 122

Casual

A We have an important meeting at work tomorrow.
우리 내일 직장에서 중요한 회의가 있잖아.

B Yes, I hope it goes well. **I'm keeping my fingers crossed** for good results.
응, 잘되면 좋겠어. 결과에 행운이 있기를 빌고 있어.

A Me too, but you know, **it's just a drop in the bucket** compared to all the work we have ahead.
나도 그래. 하지만 알잖아, 우리 앞에 놓여 있는 모든 일에 비하면 그건(회의는) 그저 새 발의 피일 뿐이야.

B True, but every step counts. We should give it our best shot and see where it takes us.
맞아. 그래도 작은 걸음 하나하나가 중요해. 최선을 다하고 어떻게 되는지 봐야지.

A **I'll get the ball rolling** first thing in the morning. See you then.
내일 아침에 내가 제일 먼저 시작해 볼게. 그때 봐.

Formal

A We have a significant meeting at the office tomorrow.
우리 내일 사무실에서 중요한 회의가 있지요.

B I am aware of it. I sincerely hope that it yields favorable results. **I am hoping for a positive outcome**.
알고 있습니다. 회의가 좋은 결과를 가져오기를 진심으로 바랍니다. 긍정적인 결과를 기대하고 있어요.

A Indeed, however, we must acknowledge that **this is merely a very small portion of something much larger** that lies ahead.
맞습니다. 하지만 이건 우리 앞에 놓일 더 큰 작업 중 극히 일부분에 불과하다는 점을 인정해야겠지요.

B Precisely, but we must recognize that every step is integral to the outcome. We must exert our utmost effort.
바로 그것이죠. 하지만 모든 단계가 결과에 필수적이라는 점을 인식해야 해요. 최선을 다해야만 하죠.

A **I will begin the process** at 9:00 AM sharp. I'm looking forward to seeing you then.
오전 9시 정각에 절차를 시작하겠습니다. 그때 뵙지요.

SESSION 20

MP3 123

일상 영어 (casual)	격식 영어 (formal)
1 **It's a wild goose chase.** 헛수고야.	**It is a futile pursuit.** (그것은) 아무런 성과도 없는 일입니다.
2 **It's a walk in the park.** 식은 죽 먹기네.	**It is a task easily undertaken.** (그것은) 쉽게 해낼 수 있는 과업입니다.
3 **We're in hot water.** 우리 큰일났어.	**We are in a difficult situation.** 저희는 어려운 상황에 처해 있어요.

1 — It's a wild goose chase.
헛수고야.

It is a futile pursuit.
(그것은) 아무런 성과도 없는 일입니다.

wild goose chase는 '헛수고, 쓸데없는 노력'을 뜻합니다. 흔하지도 않고 잡기도 어려운 기러기(wild goose)를 잡으러 쫓아다니는 것마냥 성공 가능성이 낮고 무의미한 일을 추구하는 것을 의미하는 표현입니다.

- Searching for his lost key in the forest was **a wild goose chase**.
  숲에서 그의 잃어버린 열쇠를 찾는 건 완전 헛수고였어.

비격식 유사 표현
It's a fool's errand. 헛수고야.
It's like finding a needle in a haystack. 건초 더미에서 바늘 찾는 것과 마찬가지야.
It's chasing your own tail. 자기 꼬리를 쫓는 것과 같이 무의미한 일이야.
It's a dead-end pursuit. 막다른 길로 달려 봤자 뭐가 있겠어.

성과 없는 헛된 노력을 하고 있을 뿐, 성공할 가능성이 없다는 것을 강조하는 정중한 표현으로는 It is a futile pursuit.((그것은) 헛된 추구일 뿐입니다.)가 적절합니다.

- The attempt was in vain; **it is a futile pursuit**.
  그 시도는 헛된 것이었죠. (그것은) 아무런 성과도 없는 일입니다.

It's a walk in the park.
식은 죽 먹기네.

It is a task easily undertaken.
(그것은) 쉽게 해낼 수 있는 과업입니다.

It's a walk in the park.은 '식은 죽 먹기다, 누워서 떡 먹기다, 아주 쉬운 일이다'라는 뜻입니다. 공원에서 산책하는 것은 보통 평화롭고 즐거운 일이기 때문에, 이를 비유적으로 사용하여 어떤 일이 매우 쉽고 스트레스가 없음을 나타내는 표현입니다.

- Compared to my last project, **this is a walk in the park**.
  지난번 내 프로젝트에 비하면, 이건 식은 죽 먹기야.

비격식 유사 표현
It's a piece of cake. 식은 죽 먹기야.
It's a breeze. 아주 쉬워.
It's a cinch. 정말 간단해.
It's easy peasy. 정말 쉬워.

주어진 과제가 큰 어려움 없이 수행될 수 있음을 강조하는 정중한 격식 표현으로는 It is a task easily undertaken.((그것은) 쉽게 해낼 수 있는 과업입니다.)이 있습니다.

- The level of difficulty is minimal; **it is a task easily undertaken**.
  난도가 아주 낮습니다. (그것은) 쉽게 할 수 있는 과업입니다.

We're in hot water.
우리 큰일났어.

We are in a difficult situation.
저희는 어려운 상황에 처해 있어요.

We're in hot water.는 '우리 곤경에 빠졌어, 큰일 났어'를 뜻합니다. 뜨거운 물에 빠지는 것은 매우 위험하고 불편한 상황을 의미하기 때문에, in hot water는 곤란하거나 위험한 상황을 나타내는 표현이 되었습니다.

- If we don't submit the report on time, **we'll be in hot water**.
  제때 보고서를 제출하지 않으면, 우리 큰일 날 거야.

비격식 유사 표현

We're in trouble. 우리 큰일 났어.
We're in a jam. 우리 곤경에 빠졌어.
We're in a pickle. 우리 난처한 상황에 처했어.
We're in deep water. 우리 깊은 물에 빠진 것처럼 큰일 난 거야.
We're screwed. 우리 망했어.

이보다 더 정중한 격식 영어로는 We are in a difficult situation.(우리는 어려운 상황에 처해 있습니다.)이라고 말할 수 있습니다.

- A challenging predicament awaits; **we are in a difficult situation.**
  힘든 곤경이 기다리고 있어요. 저희는 어려운 상황에 처해 있습니다.

Casual vs. Formal
Expressions in Conversation

MP3 124

Casual

A We really need to start looking for a gift for our boss.
우리 진짜로 사장님 선물 찾아보기 시작해야 해.

B I have been, but **it's** turning into **a wild goose chase**. I can't find anything.
나 해 봤는데, 완전 헛수고야. 아무것도 못 찾겠어.

A Finding the perfect gift is not easy.
완벽한 선물 찾는 게 쉽지 않지.

B Exactly! I thought **it would be a walk in the park** but now **we're in hot water**. We're running out of time!
맞아! 완전 쉬울 줄 알았는데 이제 큰일 났어. 시간도 얼마 안 남았다고!

A We really need to find something soon. I hope we stumble upon the perfect gift before it's too late.
우리 빨리 뭔가 찾아야 해. 너무 늦기 전에 완벽한 선물을 찾아냈으면 좋겠다.

B Agreed. Let's not give up. There has to be one good gift out there for him.
그러니까 말이야. 포기하지 말자. 분명 사장님께 드릴 괜찮은 선물이 있을 거야.

Formal

A Finding the appropriate gift for our boss is something we have to start doing immediately.
대표님께 드릴 적절한 선물을 즉시 찾기 시작해야 해요.

B I started the process long ago, however **it has proven to be a futile pursuit**. I am encountering difficulty in finding a suitable option.
오래전에 그 과정을 시작했지만, 아무런 성과도 없는 일이었던 것 같습니다. 적합한 옵션을 찾는 데 어려움을 겪고 있어요.

A Locating the ideal gift is never **a task easily undertaken**.
이상적인 선물을 찾는 게 결코 쉽게 할 수 있는 일이 아니죠.

B But initially I believed it would be easily achieved, however time is running out! **We are in a difficult situation.**
처음에는 쉽게 되겠지 하고 생각했지만, 시간이 점점 부족해지고 있네요! 정말 어려운 상황이에요.

A We must urgently find a solution. Hopefully we will chance upon the perfect gift before time runs out.
긴급히 해결책을 찾아야겠네요. 시간이 다 되기 전에 완벽한 선물을 우연히라도 발견했으면 좋겠네요.

B I am confident that this quest will lead us to an appropriate one for him.
이렇게 찾다 보면 대표님께 드릴 적절한 선물을 꼭 찾게 될 거예요.

TIP 비격식 감탄사 vs. 격식 표현

일상 영어에서는 감정을 표현할 때 간단한 감탄사를 자주 사용합니다. 하지만 이런 표현들이 항상 같은 톤으로 전달되지는 않으며, 같은 감탄사라도 상황에 따라 조금 다른 의미를 나타낼 수도 있습니다. 또한 비격식 표현을 조금만 다듬어도 더 세련되고 진중한 인상을 줄 수 있습니다. 비격식 표현이 무조건 나쁘다는 뜻은 아니지만, 같은 감정을 좀 더 세련되게 표현하는 습관을 들여 보는 것이 좋습니다. 감탄사 하나도 상황에 맞게 잘 골라 쓰면 표현력이 훨씬 더 풍부해집니다.

비격식 감탄사	상황 / 의미	격식 표현
Ugh / Ew Ugh[Ew], this food smells awful. 으악, 이 음식 냄새 너무 끔찍해.	역겨움, 짜증	**That's unpleasant.** 불쾌하군요.
Meh Meh, it was okay. 음, 그냥 그랬어.	무관심, 시큰둥함	**I'm not very impressed.** 별로 인상적이지 않았어요.
Phew Phew, it's finally over. 휴, 드디어 끝났네.	안도감	**What a relief.** 다행이에요.
Whoa! Whoa! That's amazing! 우와! 진짜 대단하다!	(강한) 놀람	**That's surprising!** 놀랍군요!
Yay! / Woohoo! Yay![Woohoo!] We won! 야호! 우리가 이겼어!	기쁨, 흥분	**That's wonderful!** 굉장하네요! / 정말 멋져요!
Ouch! Ouch! I stubbed my toe. 아야! 발가락 부딪혔어.	신체적 고통	**That hurts.** 아프네요.
Hmm Hmm… I'm not sure. 흠… 잘 모르겠어.	생각 중, 망설임	**Let me think for a moment.** 잠깐만 생각해 볼게요.
Oh no! Oh no! I forgot my keys. 이런! 열쇠를 두고 나왔어.	슬픔, 안타까움	**That's unfortunate.** 유감이에요. / 안타깝네요.
Wow Wow, you did all that? 와, 그걸 네가 다 한 거야?	놀라움, 감탄	**That's impressive.** 멋있네요.
Aww Aww, that's adorable! 아, 너무 귀엽다!	귀여움, 애정 표현	**That's so sweet.** 정말 귀엽네요.

TIP 세련된 인상을 주는 짧은 반응 표현

일상적인 영어 대화에서는 What?, / Nope, / Yeah, 등과 같은 짧은 한 단어로 반응하는 일이 많습니다. 하지만 이런 표현들은 때로는 무례하거나 성의 없어 보일 수 있으며, 공식적인 자리에서는 어색하게 들릴 수도 있습니다. 여기에 간단히 한두 단어만 덧붙이거나 어조를 부드럽게 바꾸는 것만으로도 훨씬 세련되고 지적인 인상을 줄 수 있습니다.

비격식 표현	격식 표현
What? 뭐라고? / 뭐? → 무뚝뚝하거나 놀란 반응	**Excuse me? / I'm sorry?** 뭐라고요? / 죄송하지만 뭐라고 하셨죠?
Nope. 아니. / 안 돼. → 짧고 단호한 부정	**No, thank you. / I'm afraid not.** 아니요, 괜찮습니다. / 죄송하지만 안 될 것 같아요.
Yeah. / Yup. 응. / 그래. → 친근한 긍정 대답	**Yes. / Certainly. / Of course.** 네. / 물론이죠.
Huh? 네? / 뭐라고? → 잘 못 들었거나 놀랐을 때	**Pardon? / Could you repeat that?** 뭐라고 하셨어요? / 다시 말씀해 주시겠어요?
Whatever. 뭐든지. / 됐어. / 상관없어. → 무관심, 포기, 짜증	**It's up to you. / I'm okay with either.** 당신이 결정하세요. / 어느 쪽이든 괜찮습니다.
Fine. 괜찮아! / 알았어!(단조로운 억양) → 짜증 섞인 수락, 또는 강한 긍정	**That's acceptable. / I can go along with that.** 괜찮습니다. / 그렇게 하셔도 좋습니다.
Sure. 물론. / 그래.(단조로운 억양) → 동의 혹은 허락. 무성의하게 들릴 수도 있음	**Sure, I'd be happy to. / Of course.** 물론, 그렇게 할게요. / 기꺼이요.
No way! 말도 안 돼! / 절대 안 돼! → 놀람, 강한 부정	**I'm very surprised! / I can't believe it.** 정말 놀랍네요. / 믿기지 않아요.
Nah. 아니. / 됐어. → 부드러운 부정이나 거절	**No, I'd rather not.** 아니요, 안 하는 게 좋을 것 같아요.

CHAPTER 4

원어민이 가장 많이 쓰는
격언 표현 60

 왼쪽의 QR코드를 스캔하시고 '바로듣기'를 탭하세요. 해당 도서의 음원을 바로 들으실 수 있습니다. 반복 재생과 속도 조절도 가능합니다.

| SESSION 0 | **왜 격언을 사용할까?** |

짧은 문장 하나가 언어를 품격 있게 만드는 이유

일상적인 영어 대화에서 우리는 종종 단순한 문장이나 직설적인 표현을 사용하여 생각을 전달하곤 합니다. 물론 그런 표현들도 충분히 의사 전달의 목적을 달성할 수 있지만, 때로는 너무 장황하거나 유치하게 느껴질 수도 있습니다. 그럴 때 탁월한 역할을 해 주는 것이 바로 격언(Maxim)입니다.

격언은 단순한 말이 아닙니다. 오랜 시간 동안 사람들의 경험과 지혜 속에서 자연스럽게 정제된 표현입니다. 복잡한 감정이나 상황을 단 한 문장에 간결하게 담아내며, 때로는 수많은 말보다 더 강한 울림을 전달합니다.

예를 들어, 어떤 목표를 너무 빠른 시일 내에 이루려 애쓰는 성급한 친구에게 "네가 당장 모든 걸 해내려고 하면 지칠 수 있어. 조금씩이라도 꾸준히 하면 결국엔 다 쌓여서 목표에 도달할 수 있잖아. 어떤 일이든 너무 빨리 한꺼번에 다 이룰 수는 없어."라는 긴 문장으로 조언하는 대신에, 다음과 같이 한마디로 말할 수 있습니다.

"Rome wasn't built in a day."
로마는 하루아침에 이루어지지 않았어.

이 짧은 한 문장은 듣는 사람에게 명확한 메시지를 전달하고, 말하는 사람의 지적인 면모도 돋보이게 해 줍니다.

또한 격언은 언어를 세련되게 만들어 주는 미학적인 요소를 가집니다. 단지 단어들의 조합에서 그치는 것이 아니라, 그 안에 담긴 문화와 교훈, 그리고 여운까지도 함께 전달하기 때문입니다. 격언은 단순한 정보 전달을 넘어서 대화에 깊이를 더하고, 상대방의 감정을 자연스럽게 건드리는 언어적 도구가 됩니다.

물론 격언이 반드시 격식 있는 상황에서만 쓰이는 것은 아닙니다. 격언은 캐주얼한 일상 대화에서도 자연스럽게 쓰이죠. 어느 때이든, 상황에 맞는 적절한 격언 한 마디는 분위기를 환기시키거나, 감정을 정리해 주는 역할도 합니다.

예를 들어 친구가 힘든 시기를 보내고 있다면, 구구절절한 위로 대신에 이렇게 말할 수 있습니다.

"This too shall pass."
이 또한 지나가리라.

격언을 적절하게 사용할 줄 안다는 것은 단지 언어 실력만의 문제가 아닙니다. 말의 품격과 사고의 깊이를 함께 보여 주는 것이며, 듣는 사람에게는 말하는 사람의 지성과 세련됨을 느끼게 만드는 중요한 커뮤니케이션 도구입니다. Chapter 4에서는 영어에서 가장 많이 쓰이는 영어 격언들을 소개하고, 각 표현이 어떤 상황에서 쓰이는지, 그리고 어떻게 쓰면 자연스럽고 효과적으로 대화에 적용할 수 있는지를 함께 살펴볼 것입니다.

SESSION 1 '행동과 노력의 가치' 관련 격언들

MP3 125

Actions speak louder than words.
말보다 행동이 더 큰 힘을 가진다.

우리말로 의역하면 '말보다 행동이 중요하다' 또는 '행동이 말보다 더 강력하다' 정도의 의미입니다. 말로 무엇을 하겠다고 주장하거나 설명하는 것보다, 실제로 그 일을 실행하는 것이 더 강력한 메시지를 전달한다는 뜻입니다.

No pain, no gain.
수고 없이는 얻는 것도 없다.

'고생 없이는 성공도 없다' 또는 '노력 없이는 성과도 없다'로 해석할 수 있습니다. 어떤 성과나 목표를 달성하기 위해서는 반드시 어려움이나 고생을 감내해야 한다는 뜻입니다. 즉, 노력이 없으면 성공도 없다는 메시지입니다.

Out of sight, out of mind.
눈에서 멀어지면 마음에서도 멀어진다.

말 그대로 어떤 대상이 더 이상 눈앞에 보이지 않으면 그에 대한 생각이나 관심도 점점 줄어든다는 의미입니다. 멀리 떨어진 사람이나 물건에 대해 점차 잊어버리거나 무관심해질 수 있다는 것을 나타냅니다.

Maxims
in Conversation

A Have you noticed how John always talks about going to the gym but never actually goes?
John이 항상 헬스장에 간다고 말만 하고 실제로는 절대 안 가는 거 알았어?

B Yeah, it's true. You know what they say, **actions speak louder than words**. Talking about it doesn't burn any calories.
응, 맞아. 사람들이 그러잖아. '말보다 행동이 더 중요하다'고. 말만 해서는 칼로리가 소모되지 않지.

A Absolutely! I mean, **no pain, no gain**, right? It's not enough to just talk about getting fit, you have to put in the effort and the actual work.
완전 동의해! '고생 없이는 얻는 것도 없는 법'이잖아. 안 그래? 몸을 만들겠다고 말만 할 게 아니라, 실제로 노력하고 땀 흘려야지.

B Exactly—**no pain, no gain**. Saying you'll get fit isn't enough; you have to put in the work.
그러게. 고생 없이는 얻는 것도 없고. 몸 만들겠다고 말만 해서는 안 되고, 실제로 해야지.

A Right. Without consistent effort, there won't be any progress.
맞아. 꾸준한 노력이 없으면 진전도 없어.

B And part of the problem is that the gym isn't even in his routine—when it's not on your calendar or in front of you, it's **"Out of sight, out of mind."**
그리고 문제 중 하나는 헬스장이 John의 루틴에 없다는 거야. 달력에 없고 눈에 안 보인다? '눈에서 멀어지면 마음에서도 멀어지는 법'이거든.

A Good point. If he makes it a priority—blocks time and shows up—he'll start seeing results.
맞아. John이 운동을 우선순위로 두고 시간 막아 놓고 헬스장에 꾸준히 가기만 하면 결과가 보일 거야.

B Then let's tell him: **less talk, more reps**. He needs to stop making excuses and start taking action.
John한테 이렇게 말하자. 말보다 실천부터. 변명은 그만하고 행동부터 시작해야 한다고.

SESSION 2 '지혜와 협력' 관련 격언들

MP3 126

Better late than never.
늦더라도 안 하는 것보단 낫다.

말 그대로 무언가를 늦게 시작하거나 마무리하더라도, 아예 하지 않아서 아무 결과도 내지 않는 것보다는 낫다는 뜻입니다. 중요한 것은 일을 마무리하는 것이지, 조금 늦었다고 해서 의미가 없는 것은 아니라는 교훈을 줍니다.

Two heads are better than one.
두 머리가 하나보다 낫다.

우리 속담인 '백지장도 맞들면 낫다'와 같은 의미입니다. 즉 '두 사람의 지혜가 더 나은 결정을 만든다' 정도로 해석할 수 있습니다. 혼자서 문제를 해결하기보다는, 여러 사람의 머리를 맞대어 협력할 때 더 창의적이고 효율적인 결과를 얻을 수 있다는 것을 강조하는 표현입니다.

It's not brain surgery.
이건 그렇게 복잡한 일이 아니다.

어떤 일이 아주 복잡하거나 어려운 일이 아니라는 것을 강조할 때 사용합니다. 뇌 수술은 매우 어렵고 복잡한 수술로 간주되기 때문에, 지금 하는 일은 그와 반대로 그렇게 어렵지 않다는 것을 강조하는 비유적인 표현입니다.

Maxims
in Conversation

A Sorry I'm late. Traffic was terrible today.
늦어서 미안. 오늘 교통이 정말 최악이었어.

B No worries, **better late than never**, right? Anyway, about the work issue…
괜찮아. 늦더라도 안 오는 것보단 낫지. 그건 그렇고, 그 업무 이슈 말인데…

A Yeah, you're right. Let's brainstorm some solutions together.
응, 맞아. 같이 해결책을 브레인스토밍해 보자.

B Good idea! **It's not brain surgery**, after all. We can figure this out together.
좋은 생각이야! 이거 그렇게 복잡한 일도 아니잖아. 우리 같이 해결할 수 있을 거야.

A With our combined knowledge and ideas, we'll find the best approach in no time.
우리 둘의 지식과 아이디어를 합치면 금방 최고의 방법을 찾을 수 있겠지.

B **Two heads are better than one**, and together we can overcome any challenges that come our way.
백지장도 맞들면 낫다고, 함께하면 우리에게 일어날 어떤 어려움도 극복할 수 있을 거야.

A I'm glad we're on the same page. Let's put our heads together and make this happen.
우리 생각이 같아서 다행이네. 머리를 맞대고 그렇게 해 보자.

* **come one's way** (일이) 일어나다, 생기다

SESSION 3 · '성공과 인내' 관련 격언들

Fortune favors the bold.
운은 용감한 자의 편이다.

'운은 용감한 자에게 찾아온다' 또는 '기회는 과감한 자에게 온다' 정도로 해석할 수 있습니다. 용감하게 행동하는 사람에게 기회와 행운이 따른다는 의미입니다. 즉, 위험을 무릅쓰고 도전하는 사람들이 더 큰 성공을 얻을 가능성이 높다는 것을 강조합니다.

Good things come to those who wait.
좋은 일은 기다리는 자에게 온다.

말 그대로 참고 기다리는 사람에게 결국 좋은 일이 생긴다는 의미입니다. 즉, 조급해하지 않고 인내심을 가지고 기다리면 더 나은 결과를 얻을 수 있다는 것이죠.

Patience is a virtue.
인내는 미덕이다.

인내심을 가지는 것이 매우 중요한 덕목이라는 뜻입니다. 특히, 어려운 상황에 처하거나 목표를 향해 나아가는 과정에서 인내는 필수적인 요소라는 의미를 담고 있습니다.

Maxims
in Conversation

A I've been thinking about taking a leap and starting my own business.
한 단계 더 뛰어올라서, 내 사업을 시작해 볼까 생각 중이야.

B That's great! You know what they say, **fortune favors the bold**.
멋지다! 사람들이 그러잖아, 용감한 자에게 운이 따른다고.

A You're definitely right. I believe that taking risks and being bold can lead to great opportunities and success.
정말 맞는 말이야. 리스크를 감수하고 대담하게 나서면 큰 기회와 성공을 얻을 수 있다고 믿어.

B It's important to have the courage to pursue your dreams and not be afraid of failure.
꿈을 추구하고 실패를 두려워하지 않는 용기가 중요한 것 같아.

A Definitely! But sometimes I worry about the timing. Should I wait for the perfect moment?
바로 그거지! 하지만 가끔 타이밍이 걱정돼. 딱 이때다 하는 순간을 기다려야 할까?

B **Good things come to those who wait**, they say. **Patience is a virtue** after all.
좋은 일은 기다리는 자에게 온다고 하잖아. 결국 인내는 미덕이니까.

A Patience is important, I agree. But I also believe that sometimes you have to create your own opportunities and not just wait for them to come.
인내가 중요하다는 건 나도 동의해. 하지만 때로는 기회가 오기를 기다리기만 하는 게 아니라 스스로 만들어야 한다고도 생각해.

B I get what you mean. It's a delicate balance between being patient and seizing the right moment when it presents itself.
무슨 말인지 알아. 인내하는 것과 적절한 순간이 왔을 때 그걸 잡는 것 사이의 미묘한 균형이 중요한 것 같다.

SESSION 4   '관점과 현실' 관련 격언들

MP3 128

All good things must come to an end.
모든 좋은 일은 끝이 있기 마련이다.

아무리 좋은 일도 언젠가는 끝이 나기 마련이라는 의미입니다. 인생에서 즐겁고 행복한 순간들도 영원하지는 않다는 사실을 받아들여야 한다는 것이죠.

Don't bite the hand that feeds you.
너를 먹여 살리는 손을 물지 마라.

'너를 도와주는 사람에게 해를 입히지 마라' 또는 '은혜를 원수로 갚지 말라' 정도로 해석할 수 있습니다. 도움을 받는 상황에서 그 도움을 준 사람에게 해를 끼치는 것은 매우 어리석은 행동이라는 교훈을 전합니다.

Ignorance is bliss.
모르는 것이 축복이다.

우리말로 의역하면 '모르는 게 약이다' 또는 '알면 오히려 더 걱정이 된다'의 의미라고 할 수 있습니다. 때로는 알지 못하는 것이 더 마음이 편하다는 의미입니다. 즉, 어떤 정보를 몰랐을 때 스트레스나 걱정이 덜하고, 알게 되면 오히려 부담이 될 때도 있다는 것을 나타냅니다.

Maxims
in Conversation

A Oh no—our favorite bakery is shutting down. **All good things must come to an end**, I guess.
이런. 우리 단골 빵집이 문 닫는대. 좋은 일도 언젠가 끝이 오기 마련이긴 하지.

B What? That's a shame. I wish we'd supported them more.
뭐라고? 아쉽다. 우리가 더 자주 가 줄 걸 그랬네.

A Thinking back, the signs were there—fewer staff, smaller portions, and the croissants weren't as flaky. **Ignorance is bliss**, but once you notice, you can't unsee it.
돌이켜보면 징조는 있었어. 직원도 줄고, 양도 줄고, 크루아상도 예전만큼 바삭거리지 않았잖아. 모르는 게 약이지만, 한 번 보이기 시작하면 못 본 척하기가 어렵지.

B True. We'll have to find another place for our weekend treats, but I still feel bad for them.
맞아. 주말에 갈 맛집으로 다른 곳을 찾아야겠지만, 그래도 마음이 쓰이네.

A Honestly, I'm not surprised. They'd been cutting corners—cheaper butter, half-proofed dough. I mentioned it, but the owner brushed me off.
솔직히 놀랍진 않아. 그 사람들, 빵을 대충 만들고 있었거든. 싸구려 버터 쓰고, 반죽도 발효를 덜 하고. 내가 말했더니 사장님이 그냥 흘려버리더라.

B If that's how they treated loyal customers, well—**don't bite the hand that feeds you**. You can't dismiss feedback and expect to thrive.
단골을 그렇게 대했다면, 음, 은혜를 베푸는 손을 물지 말라고 했거늘. 손님 의견을 무시하고 잘되긴 어렵지.

A Exactly. If they'd listened and kept the quality up, maybe things would be different.
맞아. 귀 기울여 듣고 품질만 좋게 유지했어도 상황은 달랐을지 몰라.

B For now, let's wish them well and move on—and find our next weekend spot.
일단 잘되길 바라며 보내 주자. 그리고 주말에 갈 새 맛집을 찾아보자.

* **cut corners** (시간·비용을 절약하려고) 절차·원칙 등을 무시[생략]하다
  brush ~ off ~를 무시하다

SESSION 5　'리스크 관리와 선택' 관련 격언들

Don't put all your eggs in one basket.
모든 것을 한 곳에 걸지 말라.

'모든 것을 한 곳에 걸지 마라' 또는 '위험을 분산하라' 정도로 해석할 수 있습니다. 어떤 하나의 결정에 모든 것을 걸기보다는, 여러 가지 선택지를 고려하고 분산시키는 것이 안전하다는 뜻입니다. 가지고 있는 달걀을 모두 한 바구니에 담았다가 바구니에 어떤 충격이 가해지거나, 들고 있던 사람이 넘어지기라도 하면 달걀이 다 깨져 버리듯, 한 가지에만 의지했다가 실패하게 되면 큰 손실을 입을 수 있다는 경고입니다. 특히 주식 투자를 할 때 한 가지 종목에만 올인하지 말라는 뜻으로도 흔히 쓰입니다.

Better safe than sorry.
후회하는 것보다는 안전한 것이 낫다.

우리말로 의역하면 '안전이 최우선이다'로 해석할 수 있습니다. 잘못되었을 때 후회하느니, 처음부터 안전한 선택을 하거나 신중하게 계획하고 행동하는 것이 현명하다는 교훈을 담고 있습니다.

When in doubt, do without.
의심이 생기면 하지 마라.

어떤 결정을 내릴 때 의심이나 불안감이 든다면, 그것이 신호가 될 수 있으니 행동을 미루거나 하지 않는 것이 좋다는 뜻입니다. 즉, 확신이 없을 때는 무리하지 말고 더 신중히 생각하라는 것이죠.

Maxims
in Conversation

A Hey, I've been thinking about investing all my savings into this new business opportunity. It seems like a sure-fire way to make a lot of quick money.
이봐, 내가 저축한 돈 전부를 이 새로운 사업 기회에 투자해 볼까 생각 중이야. 빠르게 큰돈을 벌 수 있는 확실한 방법 같거든.

B Whoa, hold on there! **Don't put all your eggs in one basket**. It's important to diversify your investments to minimize risk.
허, 잠깐만! 모든 걸 한 곳에 걸지 마. 투자를 다양화해서 위험을 최소화하는 게 중요해.

A Hmm, you're right. I guess it's **better to be safe than sorry**. I'll definitely reconsider my approach.
음, 네 말이 맞다. 후회하는 것보다는 안전한 게 낫겠지. 내 접근 방식을 다시 생각해 봐야겠어.

B That's a wise decision. Remember, **when in doubt, do without**. If you have any doubts about the potential success, it might be better to pass on it altogether.
현명한 결정이야. 그리고 의심이 들면 하지 않는 게 좋아. 성공 가능성에 의심이 든다면 아예 포기하는 게 나을 수도 있어.

A You make a good point. Perhaps it's best to trust my instincts and avoid it altogether.
좋은 말이야. 본능적인 감각을 믿고 아예 시작하지 않는 게 나을 것 같아.

B Take your time, do your research, and make a well-informed decision.
천천히 고민하면서 충분히 조사하고 잘 알아본 다음 결정을 내리도록 해.

* **sure-fire** 확실한

| SESSION 6 | '관계와 가치관' 관련 격언들 | MP3 130 |

Beauty is in the eye of the beholder.
아름다움은 보는 사람의 눈에 달렸다.

'미(美)의 기준은 사람마다 다르다'로 해석할 수 있습니다. 아름다움은 객관적이지 않으며, 각 사람의 관점에 따라 다르게 느껴진다는 의미입니다. 즉, 어떤 것이 아름답다고 느끼는지는 개인적인 취향에 따라 다르고, 사람마다 각기 다른 기준이 있다는 뜻입니다.

Love conquers all.
사랑은 모든 것을 이긴다.

사랑의 힘은 매우 강력해서 모든 어려움이나 장애물을 극복할 수 있다는 의미입니다. 어려운 상황에서도 사랑이 있으면 이겨낼 수 있다는 희망적인 메시지를 전달합니다.

To each his own.
취향은 각자 다르다.

사람마다 각자의 취향과 선호가 다르며, 이를 존중해야 한다는 의미입니다. 사람마다 다르게 생각할 수 있으니 다양한 의견이나 선택을 존중하고 받아들이는 자세가 중요함을 강조하는 말입니다.

Maxims
in Conversation

A Look at that painting. I can't believe someone finds it beautiful.
저 그림 좀 봐. 저걸 아름답다고 느끼는 사람이 있다니 믿기지가 않아.

B It might be personal taste. **Beauty is in the eye of the beholder**. Some people grew up around minimalism; this probably feels calm to them.
취향 차이일 거야. 아름다움은 보는 사람 눈에 달렸잖아. 어떤 사람들은 미니멀한 환경에서 자라서 이런 게 오히려 편안하게 느껴질 수도 있어.

A True—like how I love cilantro and you say it tastes like soap.
맞아. 나는 고수를 좋아하지만 너는 비누 맛이 난다고 하는 것처럼 말이지.

B Exactly. And that spills into relationships too. Our friend kept dating despite others' doubts and kept showing up, changed for the better—sometimes **love conquers all**, at least when it pushes people to grow.
그렇지. 이런 게 인간관계에도 이어진다. 우리 친구 하나가 주변의 의심에도 계속 연애를 이어갔고, 더 나아지는 변화를 보였잖아. 때로는 사랑이 모든 걸 이기기도 해, 적어도 누군가를 성장하게 할 때는.

A Fair point. Still, we shouldn't force our standards on them. **To each his own**, as long as no one's getting hurt or pressured.
일리 있어. 그래도 우리 기준을 강요하면 안 돼. 각자 취향이 있는 법이니까. 누구도 상처받거나 압박받지 않는 선에서.

B Agreed. With the painting, I can just say, "Not my thing," then ask what they see in it. I might learn something.
동의해. 그림도 "내 취향은 아니네"라고 하고, 다른 이들에게 그 속에서 뭘 보는지 물어보면 되지. 뭔가 배울 수도 있잖아.

A Same. Let's stay curious instead of judgmental.
나도 그래. 판단하기보다는 호기심을 갖자고.

SESSION 7 '삶의 교훈과 회복' 관련 격언들 　MP3 131

Money can't buy happiness.
돈으로 행복을 살 수 없다.

돈이 인생의 진정한 행복을 보장하지 않는다는 의미입니다. 물질적인 풍요로움이 반드시 행복으로 이어지지는 않으며, 행복은 돈이 아닌 다른 요소에서 비롯된다는 교훈을 담고 있습니다.

Old habits die hard.
오래된 습관은 고치기 어렵다.

오랫동안 몸에 밴 습관이나 행동을 바꾸는 것은 매우 어렵다는 의미입니다. 사람은 오랜 시간 형성된 습관이나 태도를 쉽게 버리지 못하며, 그 습관이 오래될수록 변화하기 어렵다는 것을 뜻합니다.

Every dog has its day.
누구에게나 기회는 온다.

'모든 개들마다 특별한 날이 있다', 즉 '누구에게나 기회는 온다' 또는 '모든 사람에게는 자기 때가 온다' 정도로 해석할 수 있습니다. 누구에게나 성공할 수 있는 좋은 기회가 찾아오는 순간이 있다는 의미로, 힘들어도 포기하지 않고 기다리면 좋은 일이 생길 수 있다는 희망적인 메시지를 전달합니다.

Maxims
in Conversation

A I've come to realize that no matter how much wealth I accumulate, true happiness comes from within.
내가 깨달은 건 아무리 많은 부를 쌓아도 진정한 행복은 내면에서 온다는 거야.

B Definitely, it's important to stay positive and keep pushing forward. Happiness and success often come to those who never give up.
맞아, 긍정적인 마음을 유지하면서 계속 나아가는 게 중요해. 행복과 성공은 절대 포기하지 않는 사람들에게 찾아오잖아.

A It's also crucial to remember that **money can't buy happiness**. Material possessions bring temporary joy but not long-term happiness.
돈으로 행복을 살 수 없다는 것도 잊지 말아야 해. 물질적인 것은 일시적인 기쁨을 줄 뿐, 장기적인 행복을 주지 않으니까.

B It's easy to get caught up in the pursuit of wealth. **Old habits die hard**, but finding happiness in the little things can make all the difference.
부를 추구하는 것에만 몰두하느라 이런 것들을 놓치기 쉽지. 오래된 습관은 고치기 어렵겠지만, 작은 것에서부터 행복을 찾으면 큰 변화가 일어날 수 있어.

A **Every dog has its day**. No matter how many setbacks we face, we should believe in ourselves and in our abilities.
모든 사람에게는 기회가 있어. 아무리 많은 좌절을 겪더라도, 자신과 자신의 능력을 믿어야 해.

B Agreed. Let's stay hopeful. Our day to shine will come. It's all about embracing the journey and staying true to ourselves.
맞아, 희망을 놓지 말자. 우리도 빛날 날이 올 거야. 중요한 건 그 여정을 받아들이고 계속 자신에게 충실하게 지내는 거지.

SESSION 8 '한계와 책임' 관련 격언들

Don't bite off more than you can chew.
씹을 수 있는 양보다 더 많은 것을 베어 물지 마라.

'감당할 수 있는 것 이상을 하려고 하지 마라' 또는 '과욕 부리지 마라' 정도로 해석할 수 있습니다. 자신이 감당할 수 있는 것보다 더 큰 일을 맡거나 시도하지 말라는 의미입니다. 능력이나 자원을 넘어서는 일을 벌이는 것 자체가 무리수를 두는 것이며, 결국 성공 못할 가능성이 크다는 것을 뜻합니다.

Practice what you preach.
당신이 조언하는 것을 스스로 실천하라.

'언행일치하라(말한 대로 실천하라)' 또는 '자신이 말한 것을 행동으로 보여라'의 의미라고 할 수 있습니다. 자신이 남에게 조언하거나 말한 것을 실제로 행동으로 보여 주라는 의미입니다. 즉, 말만 하지 말고, 자신이 주장하는 것을 실천하는 일관성 있는 행동을 해야 한다는 뜻입니다.

You reap what you sow.
뿌린 대로 거둔다.

자신이 한 행동이나 노력에 따라 그에 맞는 결과를 얻는다는 의미입니다. 좋은 결과를 얻으려면 열심히 노력해야 하고, 반대로 나쁜 행동을 하면 나쁜 결과를 얻게 된다는 교훈을 담고 있습니다.

Maxims
in Conversation

A Have you heard of the saying, **don't bite off more than you can chew**? It's a reminder to not take on more responsibilities than we can handle.
'씹을 수 있는 양보다 더 많은 것을 베어 물지 말라'라는 격언 들어 본 적 있어? 감당할 수 있는 책임 이상을 맡지 말라는 경고지.

B Right. It's important to know our limits and not to overwhelm ourselves by starting too many big projects at once.
맞아. 한계를 알고 한 번에 너무 많은 큰일을 시작해서 스스로 지나치게 일을 벌이지 않는 게 중요해.

A Exactly. But setting realistic limits doesn't mean we should slack off. Ultimately, **you reap what you sow**. The choices and actions we make today will definitely have consequences in the future.
바로 그거야. 하지만 현실적인 한계를 설정한다는 게 게으름을 피워도 된다는 뜻은 아니지. 궁극적으로 '뿌린 대로 거두게' 되잖아. 오늘 우리가 내리는 선택과 행동이 미래에 분명히 결과로 돌아오게 될 테니까.

B That's so true. It reminds us that even when we take things slow, we must still be mindful of the quality of our actions and make wise decisions.
정말 그래. 일을 천천히 진행하더라도, 행동의 질을 신중히 생각하고 현명한 결정을 내리는 게 중요하다는 교훈이야.

A And that commitment to quality means we have to **practice what we preach**. We should always strive to do what we tell others, especially when it comes to effort and patience.
그리고 그런 품질에 대한 헌신은 우리가 '말한 대로 실천해야' 한다는 것을 의미해. 특히 노력과 인내에 관해서는 우리가 다른 사람들에게 말하는 것처럼 항상 스스로도 실천해야 하고.

B I couldn't agree more. Let's remember to take things one step at a time and in the end, we will reap the fruits of our efforts.
완전 동의해. 한 번에 한 걸음씩 차근차근 나아가면 결국 노력한 대가를 얻게 될 거야.

SESSION 9 '타이밍과 신중함' 관련 격언들

Rome wasn't built in a day.
로마는 하루아침에 이루어진 것이 아니다.

위대한 일이나 큰 성취에는 시간이 걸린다는 의미입니다. 즉, 성공을 하거나 큰 목표를 이루기 위해서는 인내와 꾸준한 노력이 필요하며, 즉각적인 결과를 기대해서는 안 된다는 것을 뜻합니다.

The early bird catches the worm.
일찍 일어나는 새가 벌레를 잡는다.

일을 먼저 시작하거나 일찍 준비하는 사람이 더 많은 기회를 잡고 성공할 가능성이 크다는 의미입니다. 기회를 놓치지 않기 위해서는 부지런히 준비하고 행동하는 것이 중요함을 나타냅니다.

Look before you leap.
뛰기 전에 살펴라.

어떤 결정을 내리기 전에 신중하게 생각하고 준비하라는 의미입니다. 충동적으로 행동하거나 서두르기보다는, 먼저 상황을 잘 살펴보고 계획을 세운 후 행동하는 것이 현명하다는 교훈을 줍니다.

Maxims
in Conversation

A Have you finished building your new website yet?
새 웹사이트 다 완성했어?

B No, not yet. **Rome wasn't built in a day**, you know.
아니, 아직이야. 로마도 하루아침에 이루어진 게 아니잖아.

A True, true. But you know what they say, **the early bird catches the worm**.
맞아, 맞아. 하지만 '일찍 일어나는 새가 벌레를 잡는다'고 하잖아.

B That's right! I've been waking up early every day to work on it.
맞아! 매일 아침 일찍 일어나서 작업하고 있어.

A Good job! Just remember to **look before you leap**, double-check everything.
잘하고 있네! 하지만 뛰기 전에 잘 살펴봐. 모든 걸 두 번 확인하고.

B Absolutely, I don't want any mistakes. Thanks for the reminder.
당연하지. 실수는 하고 싶지 않거든. 일깨워 줘서 고마워.

A No problem. It's always better to be safe than sorry.
고맙긴. 후회할 일을 만드는 것보다는 안전하게 하는 게 낫잖아.

B I couldn't agree more. I'll make sure to take time to review everything.
동감이야. 시간을 들여서 모든 걸 꼼꼼히 검토할게.

SESSION 10 '인식과 현실' 관련 격언들

MP3 134

The more, the merrier.
사람이 많을수록 더 즐겁다.

함께하는 사람이 많을수록 더 재미있고 즐거운 시간이 된다는 의미입니다. 즉, 사람이 많이 모일수록 분위기가 더 활기차지고 즐거움도 커진다는 것을 나타내는 표현입니다.

There's no place like home.
집만큼 좋은 곳은 없다.

아무리 멋진 곳을 여행하더라도 집처럼 편안하고 안락한 곳은 없다는 의미입니다. 집이 주는 편안함과 안정감을 다른 곳에서 느끼기 어려움을 나타냅니다.

Time flies when you're having fun.
즐거운 시간은 빨리 지나간다.

재미있는 활동을 할 때는 시간이 빠르게 지나가는 것처럼 느껴진다는 뜻입니다. 일상적으로 느린 시간과는 달리, 즐거운 일을 할 때는 시간이 순식간에 지나가는 것을 나타냅니다.

Maxims
in Conversation

A **Are you inviting more people to the party tonight?**
오늘 밤 파티에 손님을 더 초대할 거야?

B **Absolutely! You know what they say, the more, the merrier!**
당연하지! 사람이 많을수록 더 즐겁다는 말도 있잖아!

A **I couldn't agree more. It's always fun to have a big crowd. Plus, there's no place like home when it comes to hosting a great gathering.**
완전 동의해. 사람이 많이 모이면 항상 더 재미있지. 그리고 좋은 모임을 열기에는 집만한 곳이 없고.

B **That's true. Our cozy living room is the perfect setting for a memorable night.**
맞아. 우리 집 아늑한 거실이 기억에 남을 밤을 보내기에는 딱인 것 같아.

A **Yup, but time flies when you're having fun, so let's make the most of it.**
그렇지. 하지만 재미있으면 시간이 빨리 가니까, 그 시간을 최대한 즐기자고.

B **Definitely. We'll make sure to have plenty of games and activities to keep everyone entertained.**
맞아. 모두가 즐겁게 보낼 수 있도록 게임이랑 다양한 것들을 많이 준비하도록 하자.

A **Sounds like a plan. Let's get everything ready.**
좋은 생각이야. 이제 모든 준비를 시작하자.

B **I can't wait! It's going to be a night to remember!**
정말 기대된다! 잊지 못할 밤이 될 거야!

SESSION 11　'겉과 속의 판단' 관련 격언들

MP3 135

A leopard can't change its spots.
표범은 무늬를 바꿀 수 없다.

우리말로는 '본성은 쉽게 바뀌지 않는다' 또는 '사람은 쉽게 변하지 않는다' 정도로 해석할 수 있습니다. 사람이 근본적으로 가진 성격이나 습관은 변화하기 어렵고, 본성은 쉽게 고쳐지지 않는다는 사실을 강조하는 표현입니다.

A picture is worth a thousand words.
그림 한 장이 천 마디 말보다 낫다.

이미지나 시각적인 정보는 말로 설명하는 것보다 더 강력하고 효과적으로 의미를 전달할 수 있다는 뜻입니다. 복잡한 개념을 사진이나 그림이 훨씬 더 효율적으로 명확하게 설명할 수 있다는 것을 나타냅니다.

All that glitters is not gold.
반짝인다고 다 금은 아니다.

우리말로 의역하면 '겉과 속이 다르다' 정도의 의미라고 할 수 있습니다. 겉으로 보기에 화려하고 매력적인 것이 실제로 안을 들여다보면 그렇지 않을 수 있으므로, 외모나 첫인상에 속지 말고 내면을 파악하라는 교훈을 담고 있습니다.

Maxims
in Conversation

A Recently, I feel like Sarah is trying to change her ways. Do you agree?
요즘 Sarah가 자기 방식을 바꾸려고 하는 것 같아. 너도 그렇게 생각해?

B Well, I hope she is, but I'm skeptical. You know what they say, **a leopard can't change its spots.**
음, 그러길 바라지만 난 좀 회의적이야. '본성은 쉽게 바뀌지 않는다'라는 말이 있잖아.

A Yeah, you're right. I guess some things will just never change easily. She's all talk right now.
맞아. 어떤 것들은 절대 쉽게 변하지 않는 것 같아. 지금은 Sarah가 말만 앞서는 것 같고.

B Absolutely. That's why I always say actions speak louder than words. We need to see real, consistent change from her.
그러니까 말이야. 그래서 내가 늘 '말보다 행동이 더 중요하다'라고 하는 거야. Sarah에게서 실제적이고 일관된 변화를 봐야 해.

A I agree. But sometimes, her new appearance or a single grand gesture is compelling—almost like **a picture is worth a thousand words.**
동의해. 하지만 가끔 걔의 새로운 모습이나 한 번의 큰 행동이 설득력을 가질 때가 있어. 마치 '그림 한 장이 천 마디 말보다 더 효과적'인 것처럼 말이야.

B That's a good point about first impressions. However, we have to be careful, because appearances can be deceiving.
첫인상에 대한 좋은 지적이야. 하지만 외모는 속임수일 수 있으니까 조심해야 해.

A As they say, **all that glitters is not gold.** I feel like that's definitely the case with Sarah's recent efforts.
그렇지. 반짝인다고 다 금은 아니라는 말처럼, Sarah의 최근 노력도 딱 그런 것 같아.

B Exactly. To truly evaluate her change, it's important to look beyond the surface and see what's real.
맞아. 그녀의 변화를 제대로 평가하려면 겉모습 너머의 내면과 진심을 보는 게 중요해.

SESSION 12 | '효율과 끝맺음' 관련 격언들

As easy as pie.
파이 먹는 것만큼 쉽다.

우리말의 '식은 죽 먹기' 또는 '누워서 떡 먹기'와 같은 의미라고 할 수 있습니다. 어떤 일이 전혀 어렵지 않아서, 누구나 쉽게 할 수 있다는 것을 나타냅니다.

It ain't over till it's over.
끝날 때까지 끝난 게 아니다.

ain't는 [be동사 + not]을 뜻하는 비격식 영어 표현입니다. 마지막 순간까지 결과를 예측할 수 없고, 모든 것이 끝날 때까지 지켜봐야 한다는 뜻입니다. 상황이 끝나지 않았기 때문에 아직 희망적이거나 절망적인 상황이 올 수 있으니 끝까지 해 봐야 안다는 것을 강조합니다.

Kill two birds with one stone.
두 마리의 새를 돌멩이 하나로 잡기.

우리말로 의역하자면 '일석이조' 또는 '한 번에 두 가지 목표를 달성하다'의 의미입니다. 한 가지 일을 하면서 동시에 두 가지 이상의 결과나 이익을 얻음으로써 효율적으로 문제를 해결하거나 여러 가지 이득을 동시에 얻는 상황을 나타냅니다.

Maxims
in Conversation

A I heard you have a big presentation tomorrow. Are you nervous?
내일 큰 발표가 있다고 들었어. 긴장되지 않아?

B Nah, it's going to be **as easy as pie**. I've prepared thoroughly.
전혀. 식은 죽 먹기일 거야. 준비를 철저히 했거든.

A That's great! I know you'll do amazing.
굉장한데! 네가 멋지게 해낼 거라는 걸 알아.

B Thanks. I'm hoping to **kill two birds with one stone** and impress my boss too.
고마워. 일석이조로 상사에게도 좋은 인상을 남기고 싶어.

A Smart move! Remember, **it ain't over till it's over**, so keep pushing till the end.
좋은 전략이야! 끝날 때까지 끝난 게 아니라는 걸 명심하고 마지막까지 최선을 다해 봐.

B Surely! I won't give up until I've given it my all.
물론이지! 전부 쏟아부을 때까지 포기하지 않을 거야.

A That's the spirit! I have no doubt you'll succeed.
바로 그 정신이야! 네가 성공할 거라는 확신이 든다.

B Thanks for the encouragement. I'm feeling confident and ready to conquer it all!
응원해 줘서 고마워. 이제 자신감도 넘치고 모든 걸 해낼 준비가 됐어!

SESSION 13 '인간관계와 통찰' 관련 격언들

MP3 137

Familiarity breeds contempt.
친숙함은 경멸을 낳는다.

우리말로는 '가까워질수록 만만하게 본다' 정도로 해석할 수 있습니다. 어떤 대상에 너무 익숙해지면 그것의 소중함을 잊고, 무시하거나 당연하게 여기는 경향이 생긴다는 뜻입니다. 오래되고 친숙한 관계에서 오히려 존중이나 감사함을 잃게 되는 상황을 나타냅니다.

Birds of a feather flock together.
같은 깃털을 가진 새들이 무리를 짓는다.

'끼리끼리 논다' 또는 '유유상종' 정도로 해석할 수 있습니다. 비슷한 수준이나 성향을 가진 사람들끼리 잘 어울려 지낸다는 뜻입니다. 비슷한 사람들은 서로를 이해하기가 더 쉽고, 자연스럽게 가까워지게 된다는 것이죠. 맥락에 따라 긍정적으로도, 부정적으로도 쓰입니다.

If it ain't broke, don't fix it.
고장 나지 않았으면 손대지 마라.

문제가 없거나 잘 작동하고 있는 것을 불필요하게 바꾸거나 수정하지 말라는 의미입니다. 굳이 바꿀 필요가 없으면, 그대로 놔두는 것이 더 낫다는 뜻을 나타냅니다.

Maxims
in Conversation

A Have you noticed how people with similar interests always hang around together? **Birds of a feather flock together**, right?
항상 비슷한 관심사를 가진 사람들끼리 어울린다는 거 알았어? 유유상종이라는 거지, 안 그래?

B It's like they naturally gravitate towards one another. But that kind of closeness can be tricky. You know what they say: **Familiarity breeds contempt**, don't you think?
그런 사람들끼리 자연스럽게 서로에게 끌리는 것 같아. 하지만 그런 친밀함은 미묘할 수도 있지. '가까워질수록 만만히 보게 되기도 한다'라는 말도 있잖아, 그렇지 않아?

A I guess you're right. When people get too comfortable with each other, they sometimes start to find faults and become easily annoyed.
그렇긴 해. 사람들이 서로 너무 편해지면, 서로의 단점을 발견하고 쉽게 짜증을 내기 시작하는 경우가 있지.

B True. Yet, if the relationship is working, why complicate things? **If it ain't broke, don't fix it**. It's often better to just let successful relationships be.
맞아. 하지만 관계가 잘 유지되고 있다면, 왜 일을 복잡하게 만들어? '고장 나지 않았으면 손대지 마라'라는 말처럼, 잘 돌아가고 있는 관계는 그대로 두는 게 더 나을 때가 많지.

A That's a good point. Focusing on maintaining what is good is definitely wiser than unnecessarily trying to change it.
맞는 말이야. 불필요하게 바꾸려고 시도하는 것보다, 좋은 것을 유지하는 데 집중하는 게 현명하지.

B Agreed. When you have that foundation of understanding and belonging, sometimes stability is key to long-term harmony.
동의해. 이해심과 소속감이라는 기반이 있을 때는, 때때로 안정감이 장기적인 화합의 열쇠니까.

SESSION 14   '선택의 딜레마와 현실 직시' 관련 격언들   MP3 138

The grass is always greener on the other side.
반대편에 있는 풀이 항상 더 푸른 것처럼 보인다.

우리말로는 '남의 떡이 더 커 보인다' 또는 '멀리 있는 것이 더 좋아 보인다' 정도로 해석할 수 있습니다. 나 자신의 상황보다 다른 사람의 상황이 항상 더 좋아 보인다는 뜻으로, 사람들은 종종 자신이 가진 것보다 남이 가진 것이 더 나아 보인다고 생각하지만, 실제로는 그렇지 않을 수 있다는 것을 나타내는 표현입니다.

There's no smoke without fire.
아니 땐 굴뚝에 연기 나랴.

어떤 소문이 떠돌 때는 그 원인이 반드시 존재한다는 의미입니다. 즉, 어떤 소문이나 이야기가 그냥 만들어지는 것이 아니고 그 이유나 근거, 감춰진 진실이 있다는 것을 나타냅니다.

You can't have your cake and eat it too.
케이크를 가지기도 하고 먹기도 할 수는 없다.

'두 마리 토끼를 한 번에 잡을 수 없다'로 해석할 수 있습니다. 원하는 모든 것을 한 번에 다 가질 수 없고 한 가지를 선택하면 다른 것을 포기해야 한다는 뜻을 나타냅니다.

Maxims
in Conversation

A Do you agree that people often think **the grass is always greener on the other side**?
사람들이 늘 남의 떡이 더 커 보인다고 생각하는 것 같지 않아?

B Yeah, totally. We tend to believe that others have it better—better jobs, better lives, better luck.
맞아. 우리는 흔히 다른 사람들이 더 나은 직장, 더 나은 삶, 더 좋은 운을 가졌다고 생각하잖아.

A True. But we never really know what's happening behind the scenes.
그러게. 하지만 그 이면에서 어떤 일이 벌어지고 있는지는 우리가 잘 모르지.

B Exactly. **There's no smoke without fire.** If someone seems successful, there's probably a lot of hard work and sacrifice behind it.
맞아. 아니 땐 굴뚝에 연기 나랴고 하잖아. 누군가 성공한 듯 보인다면, 그 뒤엔 분명 많은 노력과 희생이 있을 거야.

A Right. People only see the result, not the sleepless nights or the failures it took to get there.
그렇지. 사람들은 결과만 보지, 거기까지 오는 동안 밤잠 못 자고 실패한 건 보지 못하잖아.

B Exactly. And in the end, **you can't always have your cake and eat it too.** Every achievement comes with trade-offs.
맞아. 결국 모든 걸 다 가질 순 없어. 어떤 성취든 그만한 대가가 따르니까.

A Well said. I guess it's better to focus on our own path rather than envy someone else's.
좋은 말이야. 결국 남을 부러워하기보다는, 내 길에 집중하는 게 더 현명하겠네.

SESSION 15 · '건강, 희생, 그리고 합리적인 선택' 관련 격언들

MP3 139

An apple a day keeps the doctor away.
하루에 사과 하나면 의사가 필요 없다.

건강한 식습관을 유지하면 병에 걸리지 않고 건강을 유지할 수 있다는 의미입니다. 여기서 사과는 '건강한 식단'의 상징으로, 건강한 음식을 꾸준히 섭취하면 병원에 갈 일이 줄어들 수 있다, 즉 예방이 치료보다 더 낫다는 뜻을 나타냅니다.

If the shoe fits, wear it.
신발이 맞으면 신어라.

'그 말이 맞으면 받아들여라' 또는 '상황에 맞다면 인정하라'로 해석할 수 있습니다. 어떤 말이나 상황이 본인에게 해당한다면 그 사실을 인정하고 받아들이라는 뜻입니다. 주어진 상황에 맞게, 현명하게 행동하라는 교훈을 담고 있습니다.

You can't make an omelet without breaking eggs.
달걀을 깨지 않고는 오믈렛을 만들 수 없다.

'성과를 얻기 위해서는 희생이 따른다' 정도로 해석할 수 있습니다. 목표를 달성하기 위해서는 불가피하게 어려움을 겪거나 손실을 감수해야 한다는 뜻입니다.

Maxims
in Conversation

A You know the saying, "**An apple a day keeps the doctor away**", right?
'하루에 사과 하나면 의사가 필요 없다'라는 말 알지?

B Yeah. It means that if you eat an apple every day, you'll stay healthy and won't need to see a doctor often.
그럼. 매일 사과를 먹으면 건강을 유지할 수 있어서 의사를 자주 찾지 않아도 된다는 뜻이잖아.

A Right. It's a great reminder to prioritize our health and make healthy choices.
맞아. 우리가 건강을 우선시하고 건강한 선택을 해야 한다는 걸 상기시켜 주는 좋은 말인 것 같아.

B But that doesn't mean that we have to do it. **If the shoe fits**, then it's OK, but if it doesn't, we have to find something else that works for us.
하지만 그렇다고 해서 우리가 꼭 그대로 따라야 하는 건 아니야. 그 말이 우리 상황에 딱 들어맞는다면 받아들여야겠지만, 그렇지 않다면 우리에게 맞는 다른 방식을 찾아야 해.

A That's a great point. It's important for us to make good choices and find a routine that we can stick to comfortably.
좋은 지적이야. 우리에겐 현명한 선택을 하고, 편안하게 지킬 수 있는 루틴을 찾는 것이 중요하니까.

B Agreed. But often, achieving any significant health goal—even sticking to a comfortable routine—means making sacrifices. **You can't make an omelet without breaking an egg**, after all.
동의해. 하지만 어떤 중요한 건강 목표를 이루려면, 심지어 편안한 루틴을 지키는 것조차 희생이 필요하지. 결국 '달걀을 깨지 않고는 오믈렛을 만들 수 없는 법'이니까.

A Indeed. That sacrifice might mean giving up favorite foods or finding time to exercise when we're tired. Sometimes we have to make tough choices for the greater good of our health.
그렇지. 그 희생은 좋아하는 음식을 포기하거나, 피곤할 때 운동할 시간을 내는 걸 의미할 수도 있어. 때로는 건강이라는 더 큰 선의를 위해 어려운 선택을 해야 할 때도 있잖아.

B I completely agree. It reminds us that real growth happens when we step outside our comfort zone.
맞아. 진짜 성장은 우리가 익숙한 틀을 벗어날 때 이루어진다는 걸 일깨워 주지.

SESSION 16 '기회 포착과 위로의 심리' 관련 격언들

No news is good news.
무소식이 희소식이다.

아무 소식이 없다는 것은 별 문제없이 지낸다는 뜻이라는 의미로, 만약 나쁜 일이나 문제가 생겼다면 소식이 왔을 것이므로, 소식이 없을 때는 상황이 잘 유지되고 있음을 나타낸다는 뜻입니다.

Misery loves company.
불행은 동반자를 원한다.

'동병상련', '불행은 나누고 싶어 한다' 정도로 해석할 수 있습니다. 불행한 상황에 처한 것이 자기 자신뿐이 아니고 다른 사람들도 같은 처지라면 견디기가 좀 더 쉬워진다는 의미입니다.

Strike while the iron is hot.
쇠는 달궈졌을 때 두드려라.

'기회가 왔을 때 행동하라' 또는 '뭐든지 타이밍이 중요하다'라는 의미로, 우리말의 '쇠뿔도 단김에 빼라'로 대체할 수 있습니다. 대장장이가 쇠를 달군 후, 식기 전에 망치로 두드려야 원하는 모양을 만들 수 있다는 데서 유래된 표현입니다.

Maxims
in Conversation

A Have you heard from David lately? I texted him last week but haven't heard back.
요즘 David한테서 소식 들었어? 지난주에 문자했는데 아직 답이 없어.

B **Maybe no news is good news**, but let's not assume—last time he went quiet when things were rough.
무소식이 희소식이지만 단정하진 말자. 지난번에도 상황이 힘들 때 조용했잖아.

A Good point. Let's do a light check-in so it doesn't feel like pressure.
맞는 말이야. 부담 안 되게 가볍게 안부부터 물어보자.

B Right. **Misery loves company**, so a simple "we're here for you" message might help.
맞아. 불행은 동반자를 원한다고 하잖아. "우리가 곁에 있어"라는 짧은 메시지가 도움이 될 거야.

A I'll send: "Hey, thinking of you. No pressure—coffee or a quick call if you feel up to it."
내가 이렇게 보낼게. "헤이, 생각나서 전화했어. 부담 갖지 말고, 괜찮으면 커피 한잔하거나 짧게 통화하자."

B Great. And let's offer something concrete: a ride, groceries, or a walk—his choice.
좋아. 구체적으로도 제안하자. 차 태워주기, 장보기, 산책 중에서 선택하게.

A Timing matters—**strike while the iron is hot**. I'll message today; if there's no reply by tomorrow evening, I'll **give him a quick call**.
타이밍이 중요해. 쇠는 달궈졌을 때 두드려야 하니까. 오늘 메시지 보내고 내일 저녁까지 답이 없으면 내가 간단히 전화 넣을게.

B If he says he needs space, we'll respect it and set up a gentle follow-up next week.
혼자 있고 싶다고 하면 존중하고, 다음 주에 가볍게 다시 안부 묻기로 하자.

SESSION 17   '용서, 화해, 그리고 인연' 관련 격언들

Let bygones be bygones.
지난 일은 지난 일로 놔두어라.

우리말로 의역하면 '지난 일은 묻어두자' 또는 '과거는 과거일 뿐' 정도로 해석할 수 있습니다. 과거에 있었던 일이나 갈등을 잊고 용서하여 새롭게 시작을 하라는 의미입니다.

Life is too short to hold grudges.
삶은 원한을 품기엔 너무 짧다.

우리의 삶은 너무 짧기 때문에, 다른 사람에 대한 원한이나 미움을 오래 품지 말고 용서하고 긍정적인 마음을 가지라는 의미입니다. 원한을 품느라 시간과 감정을 소모하지 말고, 더 중요한 것에 집중하라는 교훈을 전합니다.

It's a small world.
세상은 좁다.

생판 남인 줄 알았는데 알고 보니 친구의 가족이나 친구였다든가 하는 경우가 종종 있어서, 그럴 때 '세상 참 좁네' 하고 감탄하게 되지요. 이처럼 세상은 우리가 생각하는 것보다 훨씬 더 작고, 사람들 사이의 연결이 가깝기 때문에 우연한 만남이나 인연, 혹은 뜻밖의 관계가 자연스럽게 맺어질 수도 있다는 것을 강조하는 표현입니다.

Maxims
in Conversation

A Hey, it's been a while since we last talked. I've thought about things, and I feel like it's time to just **let bygones be bygones**, okay?
여어, 우리 마지막으로 얘기한 지 좀 됐네. 나 여러모로 생각해 봤는데, 이제 지난 일은 다 잊고 넘겨도 될 것 같아. 괜찮지?

B OK. **Life is too short to hold grudges.** It's definitely better to move on and focus on the present.
그래. 원한을 품기엔 삶이 너무 짧잖아. 이제는 지나간 일은 넘기고 현재에 집중하는 게 훨씬 낫지.

A You know, it's funny how things work out. **It's a small world after all.** We never thought we would cross paths again.
있잖아, 일이란 게 참 묘하게 풀리네. 세상 참 좁다는 생각이 들어. 우리가 다시 만날 줄은 몰랐는데 말이야.

B I couldn't agree more. It's amazing how interconnected our lives can be.
맞아. 우리 삶이 이렇게 서로 연결되어 있다는 게 참 놀라워.

A Let's just put that disagreement we had behind us. It wasn't such a big deal after all.
그때 우리가 했던 다툼은 그냥 뒤로 넘기자. 그렇게 큰일도 아니었잖아.

B Holding onto grudges only weighs us down. It's refreshing to start anew and leave the past in the past.
원한을 품고 있으면 더 힘들어지기만 할 뿐이지. 이제 새롭게 시작하고, 과거는 과거로 남기는 게 마음도 가벼워져.

A I'm glad we had this talk. All that negativity was really taking a toll on me.
너와 이런 대화를 나누게 돼서 참 좋다. 그동안 부정적인 감정들이 나에게 큰 부담이었거든.

B As you said, life is too short. I hope this can be a new beginning for us.
네 말처럼, 삶은 너무 짧아. 이번이 우리에게 새로운 시작이 되면 좋겠다.

SESSION 18 　'긍정적인 자세와 문제 극복' 관련 격언들　[MP3 142]

Two wrongs don't make a right.
두 가지의 잘못이 옳은 것을 만들지는 못한다.

우리말로는 '잘못을 잘못으로 갚아선 안 된다' 또는 '악은 악으로 갚을 수 없다'로 해석할 수 있습니다. 잘못된 행동을 또 다른 잘못으로 보복하면 상황이 더 악화할 뿐 좋아지는 것은 없다는 뜻입니다.

Where there's a will, there's a way.
의지가 있으면 방법이 생긴다.

우리말의 '뜻이 있는 곳에 길이 있다'와 같은 표현입니다. 강한 의지만 있다면 해결책이나 방법을 반드시 찾아낼 수 있다는 교훈을 전합니다.

When life gives you lemons, make lemonade.
삶이 레몬을 주면 레모네이드를 만들어라.

우리말로 의역하면 '어려움을 기회로 바꿔라' 정도로 해석할 수 있습니다. 너무 시어서 먹기 어려운 레몬(어려움)밖에 없는 상황이라고 해도, 그 상황을 긍정적으로 바라보고, 그 레몬으로 상큼하고 맛있는 레모네이드(좋은 결과)를 만들 수 있는 좋은 기회로 삼으라는 교훈을 담고 있습니다.

Maxims
in Conversation

A You know, I've been thinking about that argument we had. I realize now that **two wrongs don't make a right**. My reaction only made things worse.
있잖아, 그때 우리 다툰 거 생각해 봤어. 이제 보니까, '잘못을 잘못으로 갚는다고 해결되는 건 아닌 것 같아'. 내 대응이 상황을 악화시키기만 했어.

B I agree. Holding onto grudges isn't helping us, but if we both decide to fix this, we can. You know what they say: **Where there's a will, there's a way.**
나도 그렇게 생각해. 원한을 품고 있어 봤자 소용없지. 하지만 우리가 이 문제를 해결하기로 마음먹는다면, 할 수 있어. '뜻이 있으면 길이 있는 법'이잖아.

A That's right. Instead of dwelling on the past mistake, let's focus on the present and make the best of this situation. As they say, **when life gives you lemons, make lemonade**. We can turn this into something positive.
맞아. 과거의 실수에 얽매이지 말고, 현재에 집중해서 이 상황을 최대한 좋게 만들자. '삶이 레몬을 주면 레모네이드를 만들어라'라는 말처럼. 이걸 긍정적인 것으로 바꿀 수 있을 거야.

B That's a great perspective. Let's put our egos aside and commit to finding a real solution that strengthens our relationship.
정말 좋은 태도다. 우리 자존심을 내려놓고, 우리 관계를 강화할 실질적인 해결책을 찾는 데 전념하자.

A It's amazing how a shift in mindset and a commitment to positive action can make all the difference.
마음가짐을 바꾸고 긍정적인 행동을 다짐하는 것이 얼마나 큰 차이를 만드는지 정말 놀라워.

B I'm sure this experience can teach us something great.
이번 경험이 우리에게 좋은 가르침을 줄 거라고 확신해.

SESSION 19 '전략적 지혜와 끈기' 관련 격언들 MP3 143

Don't judge a book by its cover.
책의 표지만으로 책을 판단하지 마라.

'겉모습만 보고 판단하지 마라' 또는 '첫인상으로 모든 것을 알 수는 없다'로 해석할 수 있습니다. 책의 화려한 표지가 내용의 질을 보장하지는 않듯이, 외모나 첫인상만 보고 속성이나 본질을 판단하지 말라는 의미입니다. 겉으로 보이는 것이 항상 진실만을 반영하는 것은 아니므로, 사람이나 상황의 진정한 가치를 파악하려면 더 깊이 살펴보는 것이 중요하다는 것을 나타냅니다.

Keep your friends close and your enemies closer.
친구는 가까이, 적은 더 가까이 두어라.

자신에게 해를 입힐 수 있는 적이나 반대자에 대해 더 잘 알고 가까이 두는 것이 전략적으로 유리하다는 뜻입니다. 적을 멀리 두기보다는 그들의 움직임을 주시하고, 그들의 행동을 예측할 수 있도록 가까이 두는 것이 유리할 수도 있다는 교훈을 담고 있습니다.

If at first you don't succeed, try, try again.
처음에 성공하지 못하면 계속 다시 도전하라.

우리말의 '실패는 성공의 어머니'와 비슷한 표현입니다. 실패 또한 성공의 일부이며, 실패를 통해 배우고 꾸준히 노력하면 결국 성공에 이를 수 있다는 뜻입니다.

Maxims
in Conversation

A I learned during a recent interview that **you shouldn't judge a book by its cover**—one quiet candidate solved the toughest problem once we let them explain their approach.
최근 면접에서 겉모습만 보고 판단하면 안 된다는 것을 배웠어. 말수 적던 지원자가 풀이 과정을 설명할 수 있게 해 주자 가장 어려운 문제를 풀더라고.

B Exactly. First impressions are useful, but they can be misleading; we need deeper questions and time to see how people actually work.
맞아. 첫인상이 유용하기는 해도 틀릴 수 있어. 실제로 어떻게 일하는지 보려면 더 깊이 묻고 시간이 필요해.

A That also changed how I deal with difficult teammates. Instead of avoiding them, I try to understand their incentives—**keep your friends close and your enemies closer**.
그게 까다로운 팀원을 대하는 내 방식도 바꿨어. 피하기보다 그 사람의 동기를 이해하려고 해. 친구는 가까이, 적은 더 가까이 두라는 말처럼.

B Right. If we map their goals and keep communication open, we can anticipate issues and protect the project.
맞아. 상대 목표를 파악하고 소통을 열어 두면 문제를 예측하고 프로젝트를 지킬 수 있지.

A Of course, even then the first attempt can fail—timelines slip, handoffs break.
물론 그렇게 해도 첫 시도는 실패할 수 있어. 일정이 미끄러지거나 인수인계가 엉킬 때가 있잖아.

B True. **If at first you don't succeed, try, try again**—tighten the scope, get feedback sooner, and iterate.
맞아. 처음에 성공하지 못하면 계속 다시 도전하라. 범위를 조정하고, 피드백을 더 일찍 받고, 반복해서 개선하면 돼.

A So: fair evaluation (don't judge a book by its cover), strategic relationships (friends close, "enemies" closer), and persistence (try again). That's a workable playbook.
결국 요점은 이거야. 공정한 평가(겉모습으로 판단하지 않기), 전략적 관계(친구는 가까이, '적'은 더 가까이), 끈기(다시 시도). 이게 통하는 운영 원칙이야.

B Agreed. Let's apply it to the next sprint—I'll draft the plan, and we'll review it together.
동의해. 다음 스프린트에 바로 적용하자. 내가 계획안 잡아 올게. 같이 검토하자.

SESSION 20 · '가치의 재발견과 과정의 중요성' 관련 격언들

One man's trash is another man's treasure.
누군가의 쓰레기가 다른 사람에겐 보물이다.

어떤 사람이 가치 없다고 여기는 것이 다른 사람에게는 매우 소중할 수 있다는 의미입니다. 개인의 가치관과 선호에 따라 사물이나 상황에 대한 평가는 충분히 달라질 수 있음을 뜻합니다.

It's the journey, not the destination.
목적지가 아닌 여정이 중요하다.

우리말의 '결과보다 과정이 더 중요하다'와 비슷한 표현입니다. 결과만이 중요한 것이 아니라, 그 과정에서 겪는 배움과 성장이 더 큰 가치를 지닐 수 있다는 뜻입니다.

The best things in life are free.
인생에서 가장 소중한 것들은 돈으로 살 수 없다.

인생에서 가장 중요한 것들, 즉 사랑, 우정, 행복, 자유 등의 소중한 가치들은 돈으로 살 수 없으며 자연스럽게 우리에게 주어진다는 뜻입니다. 즉, 이러한 것들은 돈으로도 살 수 없는 소중한 가치라는 교훈을 담고 있습니다.

Maxims
in Conversation

A You know, it's funny how **one man's trash can be another man's treasure**. I was walking down the street and I found a valuable, old painting that was in the garbage.
있잖아. 누군가에겐 쓰레기인 것이 다른 누군가에겐 보물이 될 수도 있다는 게 정말 재미있어. 내가 길을 걷다가 쓰레기통 속에서 값진 오래된 그림을 하나 발견했거든.

B That's amazing! It just goes to show you never know what hidden gems you might find.
정말 대단한데! 이런 걸 보면 정말로 어디에 숨겨진 보물이 있을지 모르는 거야.

A And you know what? The process of discovering the value of that painting has been so exciting. It's not just about the destination, but the journey of uncovering its worth.
그리고 말이야. 그 그림의 가치를 알아가는 과정이 정말 흥미진진했어. 단순히 결과만이 아니라, 그 가치를 찾아가는 여정 자체가 큰 의미가 있었거든.

B I couldn't agree more. The journey holds the most meaning and fulfillment. **It's the journey, not the destination**.
완전 동의해. 그러한 여정이야말로 가장 큰 의미와 성취감을 주는 거지. 목적지가 아닌 여정이 중요해.

A You know what's even better? The fact that this whole experience didn't cost me a dime. **The best things in life are truly free**.
그리고 더 좋은 건 뭐냐 하면, 이 모든 경험에 한 푼도 들지 않았다는 거야. 인생에서 가장 좋은 것들은 돈으로 살 수 없다는 말이 진짜 맞네.

B I think the most precious moments and experiences in life often come without a price tag.
맞아. 인생에서 가장 소중한 순간들과 경험에는 가격표가 붙어 나오진 않지.

INDEX

* 어구 옆의 (c)는 '일상 표현'을, (f)는 '격식 표현'을 나타냅니다.
* 표시가 없는 것은 CHAPTER 4의 격언을 뜻합니다.

A

A considerable amount of time has passed. (f)	138
A leopard can't change its spots.	254
A picture is worth a thousand words.	254
A significant/lengthy period of time has elapsed. (f)	138
Absolutely, I am in full agreement. (f)	109
Absolutely. (c)	109
absorbed (f)	25
Actions speak louder than words.	234
adept (f)	67
All good things must come to an end.	240
All that glitters is not gold.	254
alluring (f)	61
amazing (f)	24
amusing (f)	25, 36, 63
An apple a day keeps the doctor away.	262
An extensive amount of time has gone by. (f)	138
An oversight occurred on my part. (f)	121
animated (f)	52
appealing (f)	61
appear (f)	20
Are you serious? (c)	112
As easy as pie.	256
assertive (f)	60
astonishing (f)	24
astounding (f)	24, 75, 79, 64
astute (f)	64
at ease (f)	46
attend (f)	20
attractive (f)	60
audacious (f)	60
avant-garde (f)	48
awesome (c)	39, 73, 76, 78

babe (c)	33
banging (c)	75
be a chip off the old block. (c)	192
be at fault (f)	96
be present (f)	20
be serene (f)	45

B

beat (c)	118
beat it (c)	115, 117
Beauty is in the eye of the beholder.	244
Better late than never.	236
Better safe than sorry.	242
Bingo. (c)	210
Birds of a feather flock together.	258
blingy (c)	69
blissful (f)	51
blow it (c)	96
blowy (f)	46
blue (c)	97
blustery (f)	46
bold (f), bold (c)	42, 58, 60
bonkers (c)	64
botch (c)	96
Bottom line it. (c)	168
bouncy (c)	52
breezy (c)	45
brutal (c)	75
bubbly (c)	51, 52, 67
Bullseye. (c)	210
bummed out (c)	97
bungle (c)	96
buoyant (f)	70
burned out (f)	118
Buzz off! (c)	114

buzzing (c) 69

C

Calm down. (c) 121
captivating (f) 20
careful (f) 17
catch (c) 20
Catch you later. (c) 84
charming (f) 22, 25, 61
check it out (c) 78
cheeky (c) 60, 64, 66
cheerful (c) 52, 67
cheery (c) 51
chic (f), chic (c) 18, 30, 48, 49, 61
chill (c) 15, 45
Chill out. (c) 91, 114
chipper (c) 51
chirpy (c) 67
Chop-chop. (c) 117
chummy (c) 33
classy (f) 48
clear (f) 39
clever (f) 63
Climb down. (c) 148
close (f) 33
comfortable 45
comfy (c) 46
comical (f) 63
commit an error (f) 96
composed (f) 14
concur wholeheartedly. (f) 109
convenient (f) 46
cool (c) 18, 20, 46, 48, 49, 54, 55, 57, 72, 73, 75,
Could you please vacate the premises? (f) 115
Could you please wait a moment? (f) 88

courageous (f) 60
cozy (c) 46
cracking me up (c) 63
crafty (c) 66
crashed (c) 118
crazy (c) 70
crisp (c) 39
cunning (c) 67
Cut it out. (c) 114
Cut the attitude. (c) 115
Cut to the chase. (c) 168

D

dapper (c) 54, 61
daring (f) 60
dashing (c) 61
dead tired (c) 118
dear (f) 33
debonair (f) 57
Definitely. (c) 109
delectable (f) 17
delightful (f) 24, 63
dependable (f) 15
depleted (f) 118
detailed (f) 17
dexterous (f) 67
distinctive (f) 49
distinguished (f) 27
Do not be hard on yourself. (f) 132
Do not be overly concerned. (f) 121
Do not be overly self-critical. (f) 134
Do not engage in excessive self-criticism. (f) 134
Do not subject yourself to severe self judgment. (f) 134

Don't be a self-promoter. (c)	214
Don't be sassy. (c)	115
Don't beat around the bush. (c)	168, 180
Don't beat yourself up. (c)	132
Don't bite off more than you can chew.	248
Don't bite the hand that feeds you.	240
Don't blab. (c)	201
Don't blow your own trumpet. (c)	212
Don't brag. (c)	214
Don't freak out. (c)	120
Don't get ahead of yourself. (c)	205
Don't give me lip. (c)	115
Don't give me that attitude. (c)	114
Don't give up. (c)	158
Don't give yourself a hard time. (c)	134
Don't judge a book by its cover.	270
Don't kick yourself. (c)	134
Don't let the cat out of the bag. (c)	201
Don't lose it. (c)	121
Don't panic. (c)	121
Don't pat yourself on the back. (c)	214
Don't put all your eggs in one basket.	242
Don't put yourself down. (c)	134
Don't second-guess yourself. (c)	134
Don't show off. (c)	214
Don't spill the beans. (c)	200
Don't sweat it. (c)	136
Don't talk back. (c)	115
Don't throw in the towel. (c)	156
Don't toot your own horn. (c)	214
Don't worry about it. (c)	87, 127
dope (c)	27, 73
drained (f)	118
Drop the attitude. (c)	115
dynamic (f)	51, 54, 57, 67,

Easy peasy. (c)	97

E

easygoing (c)	15
Eat humble pie. (c)	148
eccentric (f)	48
ecstatic (f)	51
edgy (c)	48
elated (f)	51, 70
electrifying (c)	36
elegant (f)	18, 30, 49, 55, 57, 61
enchanting (f)	22
energetic (f)	52, 54, 57, 66, 70
engaging (f)	22, 61, 63
engrossed (f)	24
enjoyable (f)	25
Enough already. (c)	114
Enough is enough. (c)	193
entertaining (f)	63
enthralling (f)	22
enthusiastic (f)	67
enticing (f)	22
epic (c)	20, 73, 75, 76, 78, 79,
err (f)	96
Every dog has its day.	246
examine (f)	79
excellent (f)	27, 72
exceptional (f)	14, 21, 27, 28, 73, 78
excited (c)	70
exciting (f)	75
exhausted (f)	118
exhilarating (f)	76
experiencing depression (f)	97
exquisite (f)	73
extraordinary (f)	14, 20, 75, 78, 79

extravagant (f)	58, 69
extremely tired (f)	117
exuberant (f)	52, 69
exultant (f)	51
eye-catching (f)	58

F

fab (c)	39
fabulous (f)	39
facetious (f)	64
Familiarity breeds contempt.	258
fanciful (f)	66
fancy (c)	18, 48, 61, 69
fascinating (f)	22, 63
fashionable (f)	18
fatigued (f)	118
feeling blue (c)	97
feeling depressed (f)	96
feeling down/low (c)	97
feeling melancholic (f)	97
Feels like forever. (c)	138
feisty (c)	60
feisty (c)	54
ferocious (f)	76
fierce (f)	75
flamboyant (f)	58, 69
flashy (c)	18, 49, 57, 58, 69
flawless (f)	55
flexing (c)	42
fling (c)	33
flub (c)	96
fly (c)	55
For sure. (c)	109
Forget about it. (c)	127, 136
formidable (f)	76

Fortune favors the bold.	238
foul up (c)	96
foxy (c)	67
friendly (f)	33
funny (c)	48, 57, 64
funny as hell (c)	63

G

Get a move on. (c)	117
Get going. (c)	117
Get lost! (c)	115
Get off your high horse. (c)	148
Get out of here/my sight! (c)	111, 115
Get to the point. (c)	168, 182
give it a try (c)	79
Give me a minute. (c)	88
Give me a sec. (c)	87
glam (c)	57
glitzy (c)	69
gnarly (c)	75
Go ahead, I'm all yours. (c)	99
going down a blind alley (c)	149
Good things come to those who wait.	238
Goodbye for now. (f)	84
goof up (c)	96
goofy (c)	49
gorgeous (c)	61
Got it. (c)	139
grandiose (f)	69
groovy (c)	48, 57
groundbreaking (f)	54
gusty (f)	46
gut-busting (c)	63
gutsy (c)	54

H

handsome (c)	61
handy (c)	54
Hang in there. (c)	158
Hang on a sec(ond). (c)	88
hang out (c)	45
Hang tight. (c)	88, 91
happy-go-lucky (c)	51
harsh (c)	76
He backed out. (c)	184
He bailed. (c)	184
He chickened out. (c)	184
He decided not to participate due to fear. (f)	184
He frequently engages in self-aggrandizing behavior. (f)	103
He got cold feet. (c)	184
He has a penchant for flaunting his possessions. (f)	103
He has a propensity for speaking at length. (f)	129
He is acting in an extreme/irrational manner. (f)	176
He is exceedingly communicative. (f)	129
He is exceptionally talkative. (f)	129
He is extremely happy. (f)	152
He is filthy rich. (c)	153
He is flush with cash. (c)	153
He is in seventh heaven. (c)	154
He is in the money. (c)	153
He is inclined to show off his achievements. (f)	103
He is loaded. (c)	153
He is on top of the world. (c)	154
He is over the moon. (c)	154
He is quite verbose. (f)	129
He is sitting in the front passenger seat. (f)	164
He is tickled pink. (c)	154
He is very loquacious. (f)	129
He is walking on air. (c)	154
He is well-off. (c)	153
He leads a sedentary lifestyle. (f)	204
He lost his nerve. (c)	184
He loves to brag. (c)	103
He possesses significant wealth. (f)	152
He prefers to be active during the night. (f)	216
He seems to be acting irrationally. (f)	176
He seems to harbor resentment/anger. (f)	212
He shows behavior that is eccentric and peculiar. (f)	192
He tends to be quite expansive in his speech. (f)	129
He tends to display ostentatious behavior. (f)	102
He wimped out. (c)	184
He's a big shot. (c)	103
He's a braggart/blowhard. (c)	103
He's a chatterbox. (c)	129
He's a couch potato. (c)	204
He's a gabber. (c)	129
He's a jabberer. (c)	129
He's a late-nighter. (c)	217
He's a layabout. (c)	206
He's a lazybones. (c)	206
He's a lounger. (c)	206
He's a night owl. (c)	216
He's a night person. (c)	217
He's a night-time enthusiast. (c)	217
He's a peacock. (c)	103
He's a showboat. (c)	103
He's a show-off. (c)	102
He's a sloth. (c)	206
He's a talker. (c)	129

He's a TV junkie. (c)	206
He's always flaunting his stuff. (c)	103
He's always up late. (c)	217
He's bitter. (c)	213
He's cracked. (c)	178
He's crazy. (c)	194
He's flipped out. (c)	178
He's full of himself. (c)	103
He's gone crazy. (c)	176, 178
He's gone nuts. (c)	176
He's gone off the deep end. (c)	176
He's got a beef. (c)	213
He's got a chip on his shoulder. (c)	212
He's got a screw loose. (c)	192
He's got the passenger seat. (c)	166
He's holding a grudge. (c)	213
He's in the front seat. (c)	166
He's lost his marbles. (c)	176
He's lost his mind. (c)	178
He's lost it. (c)	176, 194
He's nuts. (c)	194
He's off his rocker. (c)	176
He's off the rails. (c)	194
He's on cloud nine. (c)	152
He's out of his mind. (c)	176, 194
He's riding shotgun. (c)	164
He's riding up front. (c)	166
He's rolling in dough. (c)	152
He's salty. (c)	213
hilarious (c)	36
hip (c)	48, 57
Hold it together. (c)	121
Hold on a sec(ond). (c)	88, 90
Hold steady. (f)	91
Hold your horses. (c)	205
hooked (c)	24
hot (c)	61
How are you? (f)	84
humorous (f)	64
hunky (c)	60
Hurry up. (c)	117
hyped (c)	70
hysterical (c)	63

I

I acknowledge the error. (f)	121
I am burdened with numerous tasks. (f)	139
I am completely full. (f)	124
I am currently unwell. (f)	136
I am distressed. (f)	103
I am eagerly anticipating… (f)	141
I am encumbered with work obligations. (f)	139
I am enthusiastic about… (f)	141
I am exhausted. (f)	84
I am experiencing a high volume of work. (f)	139
I am experiencing financial difficulties. (f)	105
I am extremely pleased/happy. (f)	172
I am facing financial constraints. (f)	105
I am feeling indisposed at this time. (f)	136
I am financially challenged. (f)	105
I am financially strapped. (f)	105
I am fully aware. (f)	139
I am fully in accord with this. (f)	109
I am fully ready to listen to you. (f)	99
I am fully satisfied. (f)	124
I am in a difficult financial situation. (f)	105
I am in a difficult situation. (f)	184
I am inundated with work. (f)	139

I am keenly awaiting… (f)	141	I did not qualify. (f)	126
I am looking forward to… (f)	141	I did not succeed. (f)	105, 126
I am not feeling well at the moment. (f)	135	I didn't mean to. (c)	134
I am not in optimal health right now. (f)	136	I don't get it. (c)	161
I am overwhelmed with work. (f)	138	I drew the short straw. (c)	158
I am particularly excited. (f)	141	I dropped the ball. (c)	106, 121
I am prepared to give you my full attention. (f)	99	I failed to achieve. (f)	106
		I failed. (c)	126
I am rather tired. (f)	93	I feel quite hungry. (f)	216
I am rather upset. (f)	102	I fell short of the required standard. (f)	126
I am ready to listen attentively. (f)	99	I find it hard to believe that ~ (f)	111
I am replete. (f)	124	I find it intolerable. (f)	102
I am skeptical that ~ (f)	112	I find it perplexing. (f)	160
I am thrilled about… (f)	141	I flubbed it. (c)	106, 121
I am under considerable pressure from work. (f)	139	I flunked. (c)	126
		I follow you. (c)	139
I am under financial stress. (f)	105	I fully comprehend. (f)	139
I apologize for the error. (f)	121	I fully endorse this view. (f)	109
I blew it. (c)	105, 121, 126	I get it. (c)	138
I bombed. (c)	126	I get the picture. (c)	139
I botched it. (c)	106, 121	I goofed up. (c)	106, 121
I came up short. (c)	126	I got a raw deal. (c)	157
I can accommodate that. (f)	127	I got the short end of the stick. (c)	156
I can relate to that. (c)	162	I grasp the concept entirely. (f)	139
I can't eat another bite. (c)	124	I have a thorough understanding. (f)	139
I can't figure it out. (c)	161	I have eaten to my capacity. (f)	123
I can't handle it. (c)	102	I have many tasks that I need to accomplish. (f)	168
I can't put up with it. (c)	102		
I can't stand it. (c)	102	I have reached my eating limit. (f)	124
I can't take it. (c)	102	I haven't heard from you in forever. (c)	138
I can't wrap my head around it. (c)	160	I haven't seen you in ages. (c)	138
I catch your drift. (c)	139	I kindly ask you to depart. (f)	115
I completely support this. (f)	109	I kindly request you to be more cooperative. (f)	115
I could really go for some… (c)	216		
I did not fulfill the requirements. (f)	126	I know. (c)	139
I did not pass. (f)	126	I made a boo-boo. (c)	106, 121

I made a mistake. (f)	120
I meant it in jest. (f)	120
I messed up. (c)	106, 121, 126, 134
I must ask you to leave. (f)	115
I received the less favorable part of the deal. (f)	156
I recognize the error. (f)	121
I regret the mistake. (f)	121
I screwed up. (c)	106, 120, 126
I see no problem with that. (f)	127
I see. (c)	139
I smell a rat. (c)	208
I struggle to accept that ~ (f)	112
I suspect deceit. (f)	208
I suspect trickery. (f)	208
I take full responsibility for the mistake. (f)	121
I tanked. (c)	126
I think I've heard that before. (c)	218
I understand completely. (f)	138
I was engaging in a bit of humor. (f)	120
I was merely making a joke. (f)	120
I was not able to fulfill. (f)	106
I was not able to meet the criteria. (f)	126
I was not successful. (f)	106
I was only attempting humor. (f)	120
I was simply jesting. (f)	120
I was unable to accomplish. (f)	106
I was unsuccessful. (f)	126
I will aim to do it. (f)	127
I will attempt to do it. (f)	126
I will be in touch with you by phone. (f)	100
I will begin the process. (f)	220
I will contact you via telephone. (f)	99
I will endeavor to do it. (f)	127
I will make a phone call to you. (f)	100
I will make a significant effort. (f)	188
I will make an effort to do it. (f)	127
I will reach out to you by phone. (f)	100
I will seek to do it. (f)	127
I will strive hard. (f)	188
I will strive to do it. (f)	127
I will telephone you. (f)	100
I will try to accomplish it. (f)	127
I will undertake to do it. (f)	127
I would appreciate it if you could stop this behavior. (f)	114
I'll bend over backwards. (c)	188
I'll call you. (c)	100
I'll do whatever it takes. (c)	190
I'll get in touch. (c)	100
I'll get started. (c)	220
I'll get the ball rolling. (c)	220
I'll get things moving. (c)	220
I'll give it a go. (c)	127
I'll give it a shot. (c)	126
I'll give it a try. (c)	127
I'll give it a whirl. (c)	127
I'll give you a buzz. (c)	100
I'll give you a call. (c)	100
I'll give you a ring. (c)	99
I'll go above and beyond. (c)	190
I'll go the extra mile. (c)	190
I'll hit/ring you up. (c)	100
I'll jump right in. (c)	220
I'll kick things off. (c)	220
I'll move heaven and earth. (c)	190
I'll pull out all the stops. (c)	190
I'll reach out to you. (c)	100
I'll take a crack at it. (c)	127
I'll try my hand at it. (c)	127
I'll try my luck. (c)	127
I'm all ears. (c)	99

I'm amped. (c)	141	I'm listening. (c)	99
I'm angry. (c)	103	I'm losing it. (c)	102
I'm annoyed. (c)	103	I'm lost. (c)	161
I'm at my breaking point. (c)	193	I'm mad. (c)	103
I'm beat. (c)	84	I'm not feeling well/great. (c)	136
I'm broke. (c)	105	I'm not into it. (c)	156
I'm buried (in work). (c)	139, 169	I'm on cloud nine. (c)	174
I'm bursting. (c)	124	I'm on top of the world. (c)	174
I'm busier than a bee. (c)	139	I'm out of cash. (c)	105
I'm cleaned out. (c)	105	I'm over the moon. (c)	172
I'm confused. (c)	161	I'm overloaded. (c)	139, 169
I'm craving some junk food. (c)	216	I'm packed. (c)	124
I'm delighted. (c)	174	I'm penniless. (c)	105
I'm done. (c)	193	I'm pissed off. (c)	103
I'm drowning (in work). (c)	139, 169	I'm pooped. (c)	93
I'm ecstatic. (c)	141, 174	I'm psyched. (c)	141
I'm elated. (c)	141	I'm pumped. (c)	141, 174
I'm fed up. (c)	102, 103	I'm sick of it. (c)	102
I'm feeling a bit off. (c)	136	I'm skint. (c)	105
I'm feeling sick. (c)	136	I'm slammed. (c)	169
I'm feeling under the weather. (c)	135	I'm snowed under with work. (c)	138
I'm filled up. (c)	124	I'm stoked. (c)	141
I'm full. (c)	124	I'm stuck. (c)	186
I'm furious. (c)	103	I'm stuffed. (c)	123
I'm hard up. (c)	105	I'm swamped. (c)	139, 169
I'm hyped. (c)	141	I'm tapped out. (c)	105
I'm in a bind. (c)	186	I'm thrilled. (c)	141, 174
I'm in a jam. (c)	186	I'm ticked off. (c)	102
I'm in a mess. (c)	186	I'm up to my ears (in work). (c)	169
I'm in a pickle. (c)	184	I'm up to my ears in work. (c)	139
I'm in a tough spot. (c)	186	I'm with you. (c)	139
I'm in hot water. (c)	186	I'mstoked. (c)	174
I'm irritated. (c)	103	I've got a lot on my plate. (c)	139, 168
I'm jam-packed with work. (c)	139	I've got my hands full. (c)	169
I'm jazzed. (c)	141, 174	I've got the munchies. (c)	216

I've got the snack attack. (c)	216	It does not meet the required standards. (f)	90
I've had it. (c)	193	It does not provide adequate value for the money. (f)	123
idiosyncratic (f)	49		
If at first you don't succeed, try, try again.	270	It does not require immediate attention. (f)	87
If it ain't broke, don't fix it.	258	It doesn't make sense to me. (c)	161
If the shoe fits, wear it.	262	It falls short of expectations. (f)	90
Ignorance is bliss.	240	It has been a substantial interval since… (f)	138
imaginative (f)	66	It has been quite some time since…	138
immaculate (f)	55	It imposes an undue burden. (f)	106
immersed (f)	25	It incurred a significant expense. (f)	124
immoderate (f)	70	It is a futile pursuit. (f)	224
impeccable (f)	61	It is a minor issue. (f)	87
impressive (f)	27, 28, 72, 73	It is a pity. (f)	134
in a funk (c)	97	It is a task easily undertaken. (f)	224
in a slump (c)	97	It is a very small portion of something much larger. (f)	220
in a state of depression (f)	97		
in the dumps (c)	96	It is advisable to discontinue this. (f)	108
incredible (f)	21, 24, 75, 79	It is an annoyance. (f)	188
Indeed, I agree completely. (f)	108	It is an approximate number. (f)	196
ingenious (f)	54, 64	It is an inconvenience. (f)	188
innovative (f)	48, 54	It is below acceptable levels. (f)	111
insane (c)	70, 79	It is below expectations. (f)	90
inspect (f)	79	It is deplorable. (f)	102
intelligent (f)	64	It is deteriorated. (f)	111
intense (f)	76	It is difficult to believe that ~ (f)	112
inventive (f)	64	It is disappointing. (f)	134
invigorating (f)	76	It is easily manageable. (f)	97
involved (f)	25	It is effortless. (f)	97
It ain't over till it's over.	256	It is fairly straightforward. (f)	132
It blows. (c)	90	It is fairly uncomplicated. (f)	132
It broke the bank. (c)	124	It is hard to fathom that ~ (f)	112
It cost a fortune. (c)	124	It is in need of repair. (f)	111
It cost me an arm and a leg. (c)	123	It is in poor condition. (f)	111
It creates certain difficulties. (f)	106	It is inadmissible. (f)	102
It does not justify the cost. (f)	123	It is insufferable. (f)	102

It is moderately easy. (f)	132	It is readily achievable. (f)	97
It is not a critical issue. (f)	87	It is relatively effortless. (f)	132
It is not a major concern. (f)	87	It is relatively simple. (f)	132
It is not a matter of great importance. (f)	135	It is simple. (f)	97
It is not a pressing issue. (f)	136	It is straightforward. (f)	97
It is not a pressing matter. (f)	87	It is substandard. (f)	90
It is not a significant issue. (f)	87	It is time for us to depart. (f)	130
It is not adequate[sufficient]. (f)	90	It is unacceptable. (f)	102
It is not economically viable. (f)	123	It is uncomplicated. (f)	97
It is not going to proceed. (f)	108	It is unendurable. (f)	102
It is not ideal. (f)	106	It is unmanageable. (f)	102
It is not in good condition. (f)	111	It poses a significant inconvenience. (f)	106
It is not of significant concern. (f)	136	It remains uncertain. (f)	184
It is not of utmost importance. (f)	136	It represents merely a fraction of the whole picture. (f)	196
It is not overly complex. (f)	132	It required a substantial investment. (f)	124
It is not particularly complex or difficult. (f)	160	It requires maintenance. (f)	111
It is not particularly critical. (f)	136	It results in significant disruption. (f)	106
It is not plausible that ~ (f)	112	It stinks. (c)	90
It is not satisfactory. (f)	90	It sucks. (c)	90, 106
It is not up to par. (f)	90	It was an expensive endeavor. (f)	124
It is not up to standard. (f)	111	It was intended as a joke. (f)	120
It is not within my personal preferences. (f)	156	It was meant in a light-hearted spirit. (f)	120
		It was priced steeply. (f)	124
It is of distinguished quality. (f)	112	It was quite expensive. (f)	123
It is of extremely high quality. (f)	111	It was rather costly. (f)	124
It is of little importance. (f)	87	It was steep. (c)	124
It is of superior quality. (f)	112	It will be discontinued. (f)	109
It is of the highest standard. (f)	112	It will be provided at no cost. (f)	142
It is of unparalleled quality. (f)	112	It will be terminated. (f)	109
It is offered free of charge. (f)	142	It will not be carried ou. (f)	109
It is quite easy. (f)	96	It will not be implemented. (f)	109
It is quite inconvenient. (f)	105	It will not be pursued. (f)	109
It is quite manageable. (f)	132	It will not be undertaken. (f)	109
It is raining quite heavily. (f)	164	It will not move forward. (f)	109
It is rather easy. (f)	132	It would be best if we left now. (f)	130

It would be prudent for us to leave now. (f)	130
It would be prudent to terminate this. (f)	108
It's a ballpark figure. (c)	196
It's a bore. (c)	106
It's a breeze. (c)	132, 225
It's a breeze/cinch/doodle/snap/pushover. (c)	97
It's a bummer. (c)	106
It's a cakewalk. (c)	97, 132
It's a cinch. (c)	132, 225
It's a dead end. (c)	109
It's a dead-end pursuit. (c)	224
It's a dive. (c)	111
It's a done deal. (c)	204
It's a downer. (c)	106
It's a drag. (c)	90, 105, 189
It's a drop in the bucket. (c)	220
It's a dump. (c)	111
It's a fool's errand. (c)	224
It's a guesstimate. (c)	198
It's a hassle. (c)	106, 189
It's a mess. (c)	111
It's a no-go. (c)	108
It's a nuisance/bother. (c)	189
It's a pain in the neck. (c)	188
It's a pain. (c)	106, 189
It's a piece of cake. (c)	96, 132, 160, 225
It's a pigsty. (c)	111
It's a rough estimate. (c)	198
It's a rough guess. (c)	198
It's a small piece of the pie. (c)	222
It's a small world.	266
It's a snap. (c)	132
It's a sure thing. (c)	204
It's a tiny bit. (c)	222
It's a walk in the park. (c)	97, 132, 160, 224
It's a wild goose chase. (c)	224
It's a wreck. (c)	111
It's A1. (c)	112
It's all cool. (c)	127
It's all good. (c)	87, 127, 135
It's annoying. (c)	106, 189
It's awesome. (c)	112
It's awful. (c)	90
It's barely a scratch. (c)	222
It's been a long time/so long/a while. (c)	138
It's been ages. (c)	138
It's been forever. (c)	138
It's beyond me. (c)	161
It's chasing your own tail. (c)	224
It's child's play. (c)	132
It's coming down in buckets. (c)	165
It's coming down like crazy. (c)	165
It's crap. (c)	90
It's driving me nuts/crazy. (c)	102
It's easy as pie. (c)	132, 160
It's easy peasy. (c)	225
It's excellent. (c)	112
It's first-rate. (c)	112
It's free. (c)	142
It's garbage. (c)	90
It's gratis. (c)	142
It's in the bag. (c)	204
It's just a drop in the ocean. (c)	222
It's just a small part. (c)	222
It's just the beginning. (c)	196
It's killer. (c)	112
It's like finding a needle in a haystack. (c)	224
It's lousy. (c)	90
It's my treat. (c)	142
It's no big deal. (c)	160

It's no big thing. (c) 136
It's no good. (c) 90
It's no sweat. (c) 132
It's not brain surgery. (c) 160, 236
It's not doable. (c) 109
It's not for me. (c) 156
It's not going to fly. (c) 109
It's not happening. (c) 109
It's not my cup of tea. (c) 156
It's not my thing/style. (c) 156
It's not rocket science. (c) 160
It's not that hard. (c) 160
It's nothing. (c) 87, 136
It's on me. (c) 142
It's on the house. (c) 141
It's out of the question. (c) 109
It's outstanding. (c) 112
It's pouring rain. (c) 165
It's raining cats and dogs. (c) 164
It's raining like mad. (c) 165
It's rubbish. (c) 90
It's still undecided. (c) 185
It's still up for grabs. (c) 185
It's superb. (c) 112
It's terrible. (c) 90
It's the journey, not the destination. 272
It's the tip of the iceberg. (c) 196
It's top-notch. (c) 111
It's top-tier. (c) 112
It's trashed. (c) 111
It's up in the air. (c) 184

J

jazzy (c) 52, 57, 58
jocular (f) 64

jolly (c) 51, 52
jovial (f) 51, 52
joyous (f) 51
Just a moment. (c) 88
Just fooling around. (c) 120
Just having fun. (c) 120
Just kidding. (c) 120
Just messing with you. (c) 120
Just playing. (c) 120
Just pulling your leg. (c) 120
Just scratching the surface. (c) 196
Just teasing. (c) 120

K

Keep at it. (c) 158
keep calm (f) 45
Keep going. (c) 158
Keep it on the down-low. (c) 201
Keep it together. (c) 91
Keep it under wraps. (c) 201
Keep your cool. (c) 90, 121
Keep your friends close and your enemies closer. 270
Keep your head. (c) 91
kick back (c) 45
Kill two birds with one stone. 256
killer (c) 72, 73, 78
Kindly accelerate your efforts. (f) 117
Kindly allow me a moment. (f) 88
Kindly avoid excessive worry. (f) 121
Kindly cease this activity. (f) 114
Kindly proceed quickly. (f) 117
Kindly vacate the premises immediately. (f) 118
Knock it off. (c) 114

knocked out (c)	118
kooky (c)	64

L

laid-back (c)	14
lavish (f)	70
Lay off. (c)	114
leave immediately (f)	117
Leave me alone! (c)	115
legendary (c)	78
Let bygones be bygones.	266
Let's accept the unpleasant consequences. (f)	200
Let's bite the bullet. (c)	202
Let's bounce. (c)	130, 164
Let's bring today's activities to a close. (f)	135
Let's call it a day. (c)	135
Let's call it a night. (c)	135
Let's call it quits. (c)	108, 135
Let's close out today's session. (f)	135
Let's commence with our planned activities. (f)	168
Let's conclude our activities for the day. (f)	135
Let's deal with it. (c)	202
Let's dive in. (c)	170
Let's draw today's work to a close. (f)	135
Let's drop it. (c)	108
Let's end it here. (c)	108, 135
Let's face the music. (c)	200
Let's finalize our tasks for the day. (f)	135
Let's finish up here. (c)	135
Let's get down to business. (c)	168
Let's get going. (c)	164, 170
Let's get moving. (c)	164
Let's get out of here. (c)	130

Let's get started. (c)	170
Let's get this show on the road. (c)	168
Let's give up. (c)	108
Let's go. (c)	117, 130
Let's head out. (c)	130, 135, 164
Let's hit the road. (c)	164
Let's kick things off. (c)	170
Let's knock off for the day. (c)	135
Let's make a time to discuss this further. (f)	99
Let's make it happen. (c)	170
Let's own up to it. (c)	202
Let's pack it in. (c)	108, 135
Let's quit while we're ahead. (c)	108
Let's roll. (c)	117, 130, 164
Let's shut it down. (c)	135
Let's split. (c)	129
Let's take care of it. (c)	202
Let's take off. (c)	130, 135, 164
Let's throw in the towel. (c)	108
Let's touch base. (c)	99
Let's wrap it up. (c)	135
Let's wrap up our work for today. (f)	135
Life is too short to hold grudges.	266
lighthearted (c)	66
Like father, like son. (f)	192
Like mother, like daughter. (f)	192
lit (c)	27, 30, 76
lively (f) (c)	36, 52, 57, 70
Long time no see. (c)	138
Look before you leap.	250
look into it (c)	79
Lose the attitude. (c)	115
Love conquers all.	244
lovely (f)	25

288   INDEX

M

magnificent (f)	21, 72, 78
Maintain your composure. (f)	90, 121
Maintain your equilibrium. (f)	91
make a mistake (f)	96
make an oversight (f)	96
Make it snappy. (c)	117
Makes sense. (c)	139
marvelous (f)	21
masterful (f)	67
May I ask you to wait for a moment? (f)	88
May I request that you leave? (f)	115
merry (f)	52
mesmerizing (f)	22, 36
mess up (c)	96
meticulous (f)	17
mind-blowing (c)	24
mischievous (c)	66
Misery loves company.	264
missing the mark (c)	149
modish (f)	57
Money can't buy happiness.	246
monitor (f)	79
moody (c)	97
mouth-watering (c)	18
Move it. (c)	117
Mum's the word. (c)	201
My appetite is completely sated. (f)	124
My bad. (c)	134
My fault. (c)	134
My health is not in the best condition at the moment. (f)	136
My mistake. (c)	134

N

neat (c)	17, 54, 61
next-level (c)	78
nifty (c)	54
No biggie. (c)	87, 127, 136
No charge. (c)	142
No doubt. (c)	109
No fee will be charged. (f)	142
No harm done. (c)	127
No need to sugarcoat it. (c)	182
No news is good news.	264
No pain, no gain.	234
No problem. (c)	87, 127, 136
No sweat. (c)	87, 97, 127
No way! (c)	109, 112
No worries. (c)	87, 126
nontraditional (f)	48
Not a big deal. (c)	87
Not a problem. (c)	136
notable (f)	27, 30, 73
noteworthy (f)	28
Nothing's set in stone. (c)	185

O

observe (f)	79
oddball (c)	49
Of course. (c)	109
off base (c)	149
offbeat (c)	48
Old habits die hard.	246
on the wrong track (c)	149
One man's trash is another man's treasure.	272
Oops. (c)	134
ornate (f)	58, 69

ostentatious (f)	58, 69
Out of sight, out of mind.	234
out-of-the-ordinary (f)	48
outstanding (f)	14, 21, 27, 28, 72, 73, 78
overjoyed (f)	51
over-the-top (c)	70
overtired (f)	118

P

palatable (f)	18
participate (f)	20
passed out (c)	118
passionate (f)	54, 67
Patience is a virtue.	238
peculiar (f)	49
peep it (c)	79
peppy (c)	51, 54, 67
perky (c)	52, 54, 60, 66
phenomenal (f)	21, 75, 78
Pick up the pace. (c)	117
playful (c)	66
pleasant (f)	25
pleasantly windy	45
Please act swiftly. (f)	117
Please adjust your uncooperative behavior. (f)	114
Please bear with me for a moment. (f)	88
Please depart at once. (f)	118
Please discontinue this conduct. (f)	114
Please do not give up so easily. (f)	156
Please exhibit a more cooperative attitude. (f)	115
Please exit the premises without delay. (f)	118
Please expedite your actions. (f)	117
Please get directly to the point. (f)	168
Please give me a moment. (f)	87
Please go away. (f)	114
Please hurry up. (f)	117
Please keep this information confidential. (f)	200
Please leave this area at your earliest convenience. (f)	118
Please leave. (f)	115
Please make haste. (f)	117
Please refrain from acting superior. (f)	148
Please refrain from this behavior. (f)	114
Please remain calm. (f)	121
Please speak plainly. (f)	180
Please stop that behavior. (f)	114
Please wait. (f)	90
pleasurable (f)	63
polished (f)	51, 61
posh (c)	57, 61
powerful (f)	76
Practice what you preach.	248
precise (f)	17
proficient (f)	67
prominent (f)	21, 27

Q

quaint (f)	66
quirky (c)	48, 64
Quit being rude. (c)	115
Quit it. (c)	114

R

rad (c)	27, 48, 75
radiant (f)	51, 57
rapt (f)	25
refined (f)	55, 57, 61

Refrain from undue worry. (f)	121	sharp (c)	55, 72
relationship (f)	33	She breathed her last. (c)	152
Relax. (c) Chill out. (c)	121	She demonstrates an exaggerated sense of superiority. (f)	130
relaxed (f)	14, 46	She displays undue arrogance. (f)	130
reliable (f)	14	She exhibits excessive pride. (f)	130
Remain calm. (f)	91	She gave up the ghost. (c)	152
remain composed	45	She is a person with a strong and determined character. (f)	188
remarkable (f)	14, 21, 27, 72, 73, 75, 78, 79	She is hoping for a positive outcome. (f)	220
resentful (f)	42	She is overly proud. (f)	129
resplendent (f)	58	She kicked the bucket. (c)	152
Retain your poise. (f)	91	She met her maker. (c)	152
ridiculous (c)	64	She thinks she's all that. (c)	130
ridiculously funny (c)	63	She unfortunately passed away. (f)	152
Right on the money. (c)	210	She's a hard nut to crack. (c)	188
Right on. (c)	109	She's a real trooper. (c)	188
Rome wasn't built in a day.	250	She's a strong woman. (c)	188
rough (c)	76	She's a tough cookie. (c)	188
run(s) in the family. (c)	192	She's full of herself. (c)	130
run-down (f)	118	She's got a big head. (c)	130

S

		She's got guts. (c)	188
salty (c)	42	She's got her hopes up. (c)	221
sassy (c)	60, 64	She's hoping for the best. (c)	221
saucy (c)	60	She's keeping her fingers crossed. (c)	220
savage (c)	42, 76	She's praying it goes well. (c)	221
savory (f)	18	She's stuck up. (c)	129
Say it straight. (c)	182	She's wishing for good luck. (c)	221
scope it out (c)	79	shocking (f)	24
screw up (c)	96	Shove/Clear/Bugger off! (c)	115
scrumptuous (c)	18	show up (f)	20
scrupulous (f)	17	showcasing (f)	42
secure (f)	30, 46	showy (f)	57, 69
Seriously? (c)	112	shrewd (f)	64
sexy (c)	61	Shut up! (c)	112
Shake a leg. (c)	117	sick (c)	27, 72, 73

side-splitting (c)	63	stay tranquil (f)	45
singular (f)	49	steadfast (f)	15
skillful (f)	66	stella (c)	27
Skip the small talk. (c)	168	Step on it. (c)	117
slick (c)	18, 5472	Stick with it. (c)	158
Slow down. (c)	205	stimulating (f)	76
sly (c)	67	stirring (f)	76
smooth (c)	72	Stop dancing around the issue. (c)	182
snappy (c)	64	Stop it. (c)	114
snazzy (c)	17, 48, 49, 55, 57, 58, 61	stormy (f)	46
sneaky (c)	67	Strike while the iron is hot.	264
snug (c)	45	stud (c)	61
solid (c)	14	stunning (f)	24, 39
Something's fishy. (c)	209	stylish (c) (f)	17, 49, 55, 57
Something's off. (c)	209	Success is virtually guaranteed. (f)	204
sophisticated (f)	18, 49, 55, 60	suffering from depression (f)	97
Sorry. (c)	132	sumptuous (f)	70
sparky (c)	69	sunny (c)	51
spectacular (f)	21	superb (f)	14
spent (f)	118	superior (f)	14
spiffy (c)	49, 60	Sure thing. (c)	109
Spill the beans. (c)	99	Swallow your pride. (c)	148
spirited (f)	54	swanky (c)	49
splashy (c)	57	sweet (c)	24
splendid (f)	72		
Spot on. (c)	210		
sprightly (c)	52	**T**	
spunky (c)	52, 54, 60	Take a hike! (c)	115
staggering (f)	24	take a look (c)	79
stalwart (f)	15	Take it easy. (c)	91
startling (f)	24	Tell me more. (c)	99
Stay calm[cool]. (c)	91	That hits home. (c)	162
Stay composed. (f)	91	That is a shame. (f)	134
Stay cool. (c)	121	That is acceptable. (f)	127
Stay level-headed. (f)	91	That is doable. (f)	127
		That is exceptional. (f)	142

That is extraordinary. (f)	141
That is feasible. (f)	127
That is impressive. (f)	142
That is indeed remarkable. (f)	94
That is lamentable. (f)	134
That is not a problem. (f)	126
That is not worth the price. (f)	123
That is outstanding. (f)	142
That is possible. (f)	127
That is quite an eye-opener. (f)	94
That is quite astounding. (f)	94
That is quite surprising. (f)	93
That is quite[rather] astonishing. (f)	94
That is quite[rather] unexpected. (f)	94
That is regrettable. (f)	134
That is the ultimate tipping point. (f)	192
That is unfortunate. (f)	132
That moved me. (c)	162
That poses no issue. (f)	127
That reminds me of something. (c)	218
That resonates with me. (f)	160
That rings a bell. (c)	216
That sounds familiar. (c)	218
That sparks a recall. (f)	216
That stimulates a memory. (f)	216
That strikes a chord. (c)	160
That will be fine. (f)	127
That will not be an issue. (f)	127
That's a rip! (c)	123
That's awesome. (c)	142
That's bonkers. (c)	94
That's crazy. (c)	94
That's dope. (c)	142
That's fire. (c)	141
That's highway robbery! (c)	123
That's hype. (c)	142
That's insane. (c)	94
That's it. (c)	142, 193
That's nuts. (c)	93
That's sick. (c)	142
That's the last straw. (c)	192
That's unbelievable. (c)	94
That's wild. (c)	94
The apple doesn't fall far from the tree. (c)	192
The best things in life are free.	272
The cost-benefit ratio is unfavorable. (f)	123
The early bird catches the worm.	250
The grass is always greener on the other side.	260
The more, the merrier.	252
The price does not reflect the true value. (f)	123
There is no fee associated with this. (f)	142
There will be no charge for it. (f)	141
There's more where that came from. (c)	196
There's no place like home.	252
There's no smoke without fire.	260
They are (as) thick as thieves. (c)	208
They are best buds. (c)	208
They are buddy-buddy. (c)	208
They are inseparable. (c)	173, 208
They are joined at the hip. (c)	208
They are like glue. (c)	173
They are like peanut butter and jelly. (c)	173
They are like twins. (c)	173
They are like two peas in a pod. (c)	208
They are planning to get married. (f)	172
They are two peas in a pod. (c)	172
They are very similar in nature or behavior. (f)	172
They buried the hatchet. (c)	212

They called a truce. (c)	212
They have decided to end their dispute. (f)	212
They made up. (c)	212
They settled their differences. (c)	212
They share a close and secretive relationship. (f)	208
They squashed the beef. (c)	212
They're getting hitched. (c)	172
They're getting married. (c)	172
They're getting wedded. (c)	172
They're going to tie the knot. (c)	172
They're making it official. (c)	172
They're walking down the aisle. (c)	172
This doesn't add up. (c)	209
This service is complimentary. (f)	142
thorough (f)	17
thrilled (c)	70
thrilling (f)	76
Time flies when you're having fun.	252
To each his own.	244
toasty (c)	46
Totally. (c)	109
tough (c)	75, 76
trendy (c) (f)	18, 48, 57
tricky (c)	67
trustworthy (f)	15
Try not to worry excessively. (f)	120
Two heads are better than one.	236
Two wrongs don't make a right.	268

U

unbelievable (f)	75, 78
unconventional (f)	48, 49
Understood. (c)	139
unorthodox (f)	49
unreal (c)	78, 79
upbeat (c)	36, 67

V

valiant (f)	60
veg out (c)	45
vibing (c)	70
vibrant (f)	52, 57, 70
view (f)	79
vigorous (f)	54, 67, 76

W

wacky (c)	49, 64
Wait a sec(ond). (c)	88
wanna (c)	87
watch (f)	78
Watch your tone. (c)	115
We are in a difficult situation. (f)	224
We are in a similar situation. (f)	200
We ask that you improve your level of cooperation. (f)	115
We must be on our way. (f)	130
We ought to bring this to a close/an end. (f)	108
We ought to take our leave. (f)	130
We request that you halt this behavior. (f)	114
We request that you proceed with haste. (f)	117
We should begin our journey now. (f)	164
We should cease this. (f)	108
We should end this. (f)	108
We should halt this. (f)	108
We should leave now. (f)	129
We should make our exit. (f)	130

We're all in this together. (c)	200
We're facing the same problems. (c)	200
We're going through the same thing. (c)	200
We're golden. (c)	204
We're in a jam. (c)	226
We're in a pickle. (c)	226
We're in deep water. (c)	226
We're in hot water. (c)	224
We're in the same boat. (c)	200
We're in trouble. (c)	226
We're on the same page. (c)	200
We're screwed. (c)	226
We're still figuring it out. (c)	185
We've got it locked down. (c)	204
weary (f)	118
What a cheat! (c)	123
What a con! (c)	123
What a rip-off! (c)	123
What a scam! (c)	123
What are you working on? (f)	93
What's cookin'? (c)	93
What's up? (c)	84
When in doubt, do without.	242
When life gives you lemons, make lemonade.	268
Where there's a will, there's a way.	268
whimsical (f)	64
whimsical (f)	66
wicked (c)	14
wild (c)	69
windy-ish (c)	46
wiped out (c)	118
witty (c)	63
wonderful (f)	72
worn out (f)	118
would like to (f)	87
Would you please excuse yourself? (f)	115

Y

You are a rather challenging individual. (f)	148
You are exacerbating an already difficult situation. (f)	180
You are in a precarious situation. (f)	180
You are involved in a situation with complex, unfathomable obstacles. (f)	196
You are starting an action too soon, before the appropriate time. (f)	204
You bet. (c)	108
You can't have your cake and eat it too.	260
You can't make an omelet without breaking eggs.	262
You don't have to pay. (c)	142
You have my full attention. (c)	99
You nailed it. (c)	210
You reap what you sow.	248
You seem to be misunderstanding the situation. (f)	148
You should not boast about your own achievements. (f)	212
You're a handful. (c)	150
You're a piece of work. (c)	148
You're a real character. (c)	150
You're a tough nut to crack. (c)	150
You're adding fuel to the fire. (c)	180
You're annoying me. (c)	177
You're asking for trouble. (c)	181
You're barking up the wrong tree. (c)	148
You're biting off more than you can chew. (c)	197
You're digging a deeper hole. (c)	180
You're driving me up the wall. (c)	176
You're drowning. (c)	197
You're fanning the flames. (c)	180

You're getting on my nerves. (c) 177
You're getting under my skin. (c) 177
You're in deep water. (c) 197
You're in over your head. (c) 196
You're irritating me. (c) 177
You're jumping the gun. (c) 204
You're kidding! (c) 112
You're making it worse. (c) 180
You're out of your depth. (c) 197
You're playing with fire. (c) 181
You're rushing things. (c) 205
You're stirring the pot. (c) 180
You're throwing oil on the fire. (c) 180
You're treading on dangerous ground. (c) 181
You're walking on thin ice. (c) 180
You've hit the nail on the head. (c) 208
You've taken on too much. (c) 197

Your action is exactly correct. (f) 208
Your actions are causing me frustration. (f) 176
Your cooperation in stopping this behavior would be greatly appreciated. (f) 114
Your cooperation in this matter would be greatly appreciated. (f) 115
Your prompt exit is necessary. (f) 118
Your statement is exactly correct. (f) 208
yummy (c) 17

Z

zany (c) 49, 63
zen (c) 30
zippy (c) 52
zonked out (c) 117